新编21世纪国际经济与贸易系列教材

国际商务

主 编 方 慧
副主编 段国蕊

International
Business

中国人民大学出版社
·北京·

图书在版编目（CIP）数据

国际商务/方慧主编；段国蕊副主编. --北京：中国人民大学出版社，2025. 3. --(新编 21 世纪国际经济与贸易系列教材). --ISBN 978-7-300-33406-6

Ⅰ. F740

中国国家版本馆 CIP 数据核字第 20244U2D61 号

新编 21 世纪国际经济与贸易系列教材

国际商务

主　编　方　慧

副主编　段国蕊

Guoji Shangwu

出版发行	中国人民大学出版社		
社　　址	北京中关村大街 31 号	**邮政编码**	100080
电　　话	010－62511242（总编室）		010－62511770（质管部）
	010－82501766（邮购部）		010－62514148（门市部）
	010－62515195（发行公司）		010－62515275（盗版举报）
网　　址	http://www.crup.com.cn		
经　　销	新华书店		
印　　刷	北京七色印务有限公司		
开　　本	787 mm×1092 mm　1/16	**版　　次**	2025 年 3 月第 1 版
印　　张	15.25 插页 1	**印　　次**	2025 年 3 月第 1 次印刷
字　　数	322 000	**定　　价**	45.00 元

内容简介

本教材以经典的国际商务基本内容和当前国际商务运行中出现的新理论、新特点和新趋势作为主要框架，融合了具有中国元素和中国智慧的案例分析，是一本框架合理、逻辑主线清晰、内容与时俱进的国际商务教材。本教材内容主要涉及国际商务的基本含义、国际商务环境、国际贸易和投资、国际金融环境与制度、企业国际运营五个方面，具体包括全球化与区域化、数字经济、国际商务中的政治和文化环境、国际贸易、国际投资、国际金融、企业国际战略等。

本教材从全球化的视角出发，立足于中国本土特色，用实际案例引出全书各章的主题，同时用章末案例凸显利用中国智慧解决全球化问题的魄力和能力，全方位、立体化、可视化地为读者呈现国际商务的内涵与外延、国际商务传统理论以及国际商务的新进展、新实践。本教材各章前有学习目标和引导案例，各章末有本章小结、关键词和术语、思考题以及延伸阅读，便于读者学习使用。

作者简介

方　慧　山东财经大学二级教授、博士生导师。研究方向为数字贸易、“一带一路”经贸合作。山东财经大学国际经贸学院院长、“一带一路”经济发展研究中心主任，国务院政府特殊津贴专家，全国优秀教师，教育部新世纪优秀人才，山东省有突出贡献的中青年专家，山东省国际贸易重点学科首席专家，齐鲁最美教师。在《管理世界》等国内外重要期刊上发表论文80余篇，出版学术著作3部。主持国家社科基金项目4项、教育部等省部级项目40余项。撰写的研究报告多次被中央部委内参采纳，呈阅件多次获省主要领导的肯定性批示。

段国蕊　山东财经大学副教授，硕士生导师。长期从事国际经贸方面的教学和研究工作。在《南开经济研究》《国际贸易问题》等核心期刊上发表学术论文多篇，出版专著1部。主持教育部基金项目1项，省级基金项目4项，作为主研人员参与国家社科基金项目、省级基金项目多项。

前言

近年来，经济全球化曲折向前。一方面，新一轮科技革命和产业变革深入发展；另一方面，大国博弈、地缘冲突等带来诸多干扰，全球化动力和阻力处于胶着状态。当前，经济全球化主要呈现四个特点，深刻影响国际商务运行环境。一是经济全球化格局正在改写：国际力量对比正在发生前所未有的积极变化，新兴市场国家和发展中国家群体性崛起正在改变全球政治经济版图。二是经济全球化链条加快重塑：在各国相互依存日益紧密的今天，全球供应链、产业链、价值链紧密联系，日益形成利益共同体、命运共同体，全球产业链供应链正经历着深刻的变革。三是经济全球化动能推陈出新：数字化、智能化、绿色化进程不断加快，新技术、新业态、新模式层出不穷，为推动经济全球化、恢复全球经济活力、增强世界经济发展韧性注入了强大动力。四是经济全球化治理挑战增多：全球经济治理滞后，难以适应世界经济新变化，主要体现在多边贸易体制和区域贸易安排是驱动经济全球化的“两个轮子”。当前，经济全球化遭遇逆风，对“两个轮子”都有不同程度影响。

面对经济全球化带来的机遇和挑战，我们应该充分利用一切机遇，合作应对一切挑战，而对外开放是国家繁荣发展、世界合作共赢的必由之路。党的二十大报告把推进高水平对外开放作为加快构建新发展格局、着力推动高质量发展的重要内容，不仅有利于以自身开放推动世界共同开放，而且有利于实现与世界合作共赢，通过坚持共商共建共享的全球治理观，为推动建设开放型世界经济、构建人类命运共同体贡献中国智慧和中国力量。

伴随着经济全球化曲折向前，国际商务环境和规则也在不断变化，这要求国际商务的知识体系和内容也要不断与时俱进。本教材以经典的国际商务基本内容和当前国际商务运行中出现的新理论、新特点和新趋势作为主要框架，融合了具有中国元素和中国智慧的案例分析，是一本框架合理、逻辑主线清晰、内容与时俱进的国际商务教材。其特点主要体现为：第一，落实习近平新时代中国特色社会主义思想入课程教材工作，讲好中国故事，彰显中国智慧。本教材从全球化的视角出发，立足于中国本土特色，用实际案例引出全书各章的主题，同时用章末案例凸显利用中国智慧解决全球化问题的魄力和能力，全方位、立体化、可视化地为读者呈现国际商务的内涵与外延、国际商务传统理论以及国际商务的新进展、新实践。第二，突出数字经济及其理论、政策、规则。由于数字化转型的加速推进，“数字引擎”成为拉动经济增长的新动能，数字贸易规则、结构、政策和治理模式带来了新旧体系的更迭，因此，本教材从数字要素，数字对生产成本、资源配置、持续竞争力的影响，数字贸易壁垒和数字贸易规则等方面对国际商务运行环境和国际经贸理论做出更新与完善。第三，体现当前国内外形势发展和学科前沿新动向。随着国与国之间合作与竞争的演进，世界经济的产业链分工逐步深化，区域分工与全球分工呈现新格局，因此国际商务环境和国际商务活动需要强调产业链及产业链重构、国际分工格局的新变化及新趋势。

本教材内容主要涉及国际商务的基本含义、国际商务环境、国际贸易和投资、国际金融环境与制度、企业国际运营五个方面。全书由山东财经大学国际经贸学院院长方慧教授担任主编，由段国蕊副教授担任副主编，学院老师协助编写。各章具体分工如下：第 1 章、第 2 章由黄丽丽老师完成，第 3 章、第 4 章由杨春艳老师完成，第 5 章由王涛老师完成，第 6 章由丛静老师完成，第 7 章由李真老师完成，第 8 章、第 9 章由王建老师完成，第 10 章、第 11 章由戚建梅老师完成，第 12～14 章由刘璐老师完成，第 15 章、第 16 章由段国蕊老师完成。全书由方慧教授确定编写的总体框架、内容方向、编写进度，审核教材内容并确保编写质量；由段国蕊老师负责协调成员分工，确保编写流程的顺利进行。本教材既适合高等院校经管类专业本科生和研究生作为教材使用，也适合高校教师及相关人员作为参考研究资料使用。

本教材各章前有学习目标和引导案例，各章末有本章小结、关键词和术语、思考题以及延伸阅读，便于读者学习使用。同时，通过电子资源的形式配备了丰富的案例资料和前沿理论，方便读者拓展阅读。

目录

第 4 章

国家间的政治经济差异

第 5 章

国家间的文化差异与伦理问题

第 6 章

国际贸易理论

第 7 章

国际贸易中的政治经济学

第 8 章

国际直接投资

第 9 章

区域经济一体化

第 10 章

外汇市场

第 11 章

国际货币体系及国际金融市场

第 12 章

国际企业进入战略

第 13 章

全球生产

第 14 章

全球营销与研发

第 15 章
国际人力资源管理

第 16 章
国际财务管理

第1章
国际商务概论

学习目标

1. 了解国际商务活动的发展历史
2. 掌握国际商务的概念
3. 熟悉国际商务的研究对象和活动形式

引导案例

应运而生的荷兰东印度公司

16 世纪末 17 世纪初，地圆学说已经流行，造船技术、航海技术、地图学发展到一定水平，为远洋航行做好了准备。随着欧洲商品经济的发展，为了传播天主教、寻找新的贸易伙伴，欧洲人开始了远洋航行探索。欧洲人首先发现了新大陆，后来到达介于亚洲大陆东南与澳大利亚西北之间的区域，包括今天的马来群岛、印度尼西亚、印度一带。这里盛产香料，被命名为香料群岛。于是，欧洲人就把这片区域称为东印度，而把之前哥伦布发现的南北美大陆之间的群岛称为西印度（今天中美洲一带）。

当时的荷兰正处于独立战争的末期，需要大量的资金用于军事和政治目的，而东印度地区的贸易机会蕴藏着巨额的财富，于是 1602 年荷兰东印度公司应运而生了。作为历史上第一个股份有限公司，荷兰东印度公司发行了历史上最早的股票，筹集的资金致力于开发并维护欧洲与东印度地区之间的贸易航线。该公司通过与当地的王国和部落进行贸易或战争来获取香料、茶叶、咖啡、丝绸、瓷器等珍贵商品，并将其运回欧洲销售，从中获取巨额利润。

该公司还在印度、印度尼西亚、斯里兰卡和中国台湾等重要地点设立贸易据点，以更好地控制贸易流通，从而成为世界上最早的跨国公司。荷兰东印度公司不仅掌握了贸易的主导权，还积极参与资源采集、生产和分配的各个环节。这种垂直一体化的经营方式使得公司能够更好地控制成本、质量和供应。这种经营模式帮助荷兰东印度公司在与当时众多的东印度公司的竞争中成功胜出。到 17 世纪中叶，荷兰东印度公司一度贡献了一半的世界贸易额。

资料来源：改编自百度百科“荷兰东印度公司”。

1.1 引言

尽管国际商务是于20世纪50年代才兴起的一门年轻学科，但是国际商务活动却历史悠久。早在人类开始国家间的交换活动时，便开启了国际商务活动的篇章。17世纪初，随着世界上第一个跨国公司——荷兰东印度公司的出现，国际商务的概念初具雏形。在之后的3个多世纪中，公司在国家间从事的国际商务活动越来越频繁，使得世界各国的联系愈加紧密，全球化也愈加深入发展，因此，从因果逻辑上而言，国际商务与全球化密切交织在一起。

商品交换作为初始的国际商务活动形式持续了几千年的时间。15世纪后，地理大发现开启了人类社会的新篇章。生产技术的飞速提高推动着生产方式的快速演变，国际商务活动的形式也日益多样化，囊括了人类社会几乎所有的交易形式，把全球经济紧密地联系为一体。

伴随着国际商务活动形式的逐渐多样化，学者们对国际商务活动的研究也日渐深入。在20世纪60年代之前，国际商务领域的研究主要以国际经济学为主导，研究国家层面的竞争力。1958年11月17日，以哈佛大学约翰·费耶韦瑟（John Fayerweather）教授为首的美国15位学者成立了国际商务教育协会①（Association for Education in International Business，AEIB），该机构的成立标志着国际商务作为一门崭新的学科正式从国际经济学中脱离。此后，随着斯蒂芬·海默（Stephen Hymer）、雷蒙德·弗农（Raymond Vernon）、约翰·邓宁（John Dunning）、彼得·巴克利（Peter Buckley）和马克·卡森（Mark Casson）的研究成果的问世，国际商务的研究真正从传统的国际经济学研究中独立出来，最终形成了以跨国公司为主要研究载体的现代国际商务研究的基本构架和研究体系。1960年斯蒂芬·海默在其博士学位论文《国内企业的国际经营——对外直接投资的研究》中率先提出垄断优势的概念，以此来解释美国企业的对外直接投资行为。这一开创性的研究，促成了国际商务研究对象的根本性转变：从原来国家层面的比较优势转变为跨国公司的企业特定优势。从20世纪90年代开始，国际商务的研究重点又一次发生转变，从跨国公司的对外直接投资行为转向跨国公司全球网络。

1.2 国际商务的概念

作为一门年轻的学科，学者们对国际商务的基本概念仍然没有完全达成共识。典型的几个定义如下：

---

① 后更名为国际商务学会（Academy of International Business）。

美国著名的国际商务管理专家迈克尔·钦科陶（Michael Czinkota）、伊尔卡·龙凯宁（Ilkka Ronkainen）和迈克尔·莫菲特（Michael Moffett）在其合著的《国际商务》一书中指出，国际商务是指那些为满足个人和组织需求而进行的跨越国界的交易。这些交易表现为相互关联的不同形式，包括进出口贸易、对外直接投资、许可生产、特许经营以及管理合同等。

另一位美国学者克里斯托弗·科斯（Christopher Coase）认为，国际商务是指所有跨越国界的任何形式的商业活动，它包括几乎所有形式的经济资源的国际转移，这些经济资源可以是商品和劳务（比如技术、熟练劳动和运输等），也可以是资本。

加拿大学者艾伦·鲁格曼（Alan Rugman）和美国学者理查德·霍杰茨（Richard Hodgetts）在其合著的《国际商务》一书中，把国际商务定义为一门研究为满足个人及组织需求而进行的跨国界交易的学科，这些交易包括进出口贸易以及对海外企业的直接投资。

美国学者约翰·丹尼尔斯（John Daniels）和李·拉德博（Lee Radebaugh）认为，国际商务是指两个或两个以上国家间个人及政府进行的交易，私人企业从事该类交易的目的是获取利润，而政府从事该类交易的目的可能是获取利润，当然也可能不是。

我国学者梁能认为，国际商务主要研究的是国与国之间的商务活动。这一定义表明：首先，国际商务研究的是跨越国界的经济活动；其次，国际商务研究的应该是商业性的跨国经济活动，而不是非商业性的跨国经济活动，换言之，不论从事国际商务活动的主体是私人企业还是政府，其从事国际商务活动的目的都是获取利润。

综合分析上述诸多对国际商务有代表性的定义，它们基本在以下几个方面达成共识：

（1）国际商务活动必须跨越国界，国际商务的内容是在不同国家之间进行任何形式经济资源的转移，包括商品、资本、劳务、信息、技术和数据等资源的跨境转移。

（2）国际商务应该是营利性交易活动。根据剑桥词典的解释，商务活动是指买卖商品及服务的活动或者一个人为赚取收入而进行的工作（Business refers to the activity of buying and selling goods and services, or work that you do to earn money）。交易是指买卖某物或者交换财物的场合或买卖某物的活动（A transaction is an occasion when someone buys or sells something, or when money is exchanged or the activity of buying or selling something）。因此，基于上述权威的英语解释，不论是商务活动（business）还是交易（transaction），都是以营利为目的的商业活动。

基于上述分析，我们把国际商务定义为跨越国界的交易活动，是在国家间进行商品、资本、劳务、信息、技术和数据等经济资源的转移的活动。

1.3 国际商务的研究对象

自从20世纪60年代国际商务学科创立以来，国际商务的研究对象按照发展进程，依次有外国论、跨国论、多国论和认识论。

外国论主要研究国际商务环境，代表学者是美国宾夕法尼亚大学沃顿商学院的斯蒂芬·科布林（Stephen Kobrin)。这类学者主要分析从事国际商务活动所在东道国的政治、经济和经营环境，国际商务活动本身反而不是学者们的研究重点。他们的主要观点为：商务活动所处的经营环境差异导致了国际和国内商务活动的不同。造成经营环境差异的本质原因是诸多不同国家的存在，由此引致了不同国家间在政治经济体制方面的差别，这与一国国内商务环境的差异有质的不同。此类研究大体可以分为以下三个层次的研究：某一国特定环境的研究、若干国家环境的比较研究和国际政治经济体制（环境）整体研究。

跨国论主要研究国际商务活动的本质，即与国内商务活动相比，国际商务活动本身的特征，代表学者是美国南卡罗来纳大学的布莱恩·托因（Brian Toyne)。这类研究认为，跨越国界是国际商务活动的本质特征。国际商务活动是跨越国界的经济交换活动，是发生在两个或两个以上国家之间的交易活动，是一种新型的商业活动，具有与国内商务活动不同的新的运作模式和惯例。国内商务活动与国际商务活动“内外有别”。因此，国际商务真正需要研究的是跨越国界的经济活动及其特殊规律，即研究跨国经营战略战术（专门知识、专业技能）问题，而不是研究各国国内商务活动的一般规律。

多国论强调国际企业组织的管理，主要研究对象是国际商务活动的主体即跨国公司及其全球组织和策略，换言之，研究的是跨国公司的组织管理体制和控制方法。随着全球化的深入发展，到了20世纪80年代后期，有些商品的世界市场业已成型，这使得传统的国内市场和国际市场的界限日益模糊。此时，如果用抽象办法把国际商务活动的具体业务内容舍去，则各种国际商务活动的共性主要体现为一种多国商务活动，其极限为全球商务活动。从这一角度看，国际商务和国内商务的区别体现为：二者的管理活动规模不同。国际商务活动由跨国公司完成，同时在多个国家进行，管理规模巨大；而国内商务活动由本土企业完成，在单一国家内部活动，管理活动规模较小。在一体化程度很高的全球市场，国际竞争是在各大跨国公司体系之间进行的，成败的关键不是成本、产品、技术、品牌优势，而是取决于组织、协调和系统优化的能力优势。因此，国际商务研究的重点逐渐转向国际商务活动的主体——跨国公司及其全球组织与战略。与之相关的是国际商务中关于跨国公司的组织建设、计划协调、信息处理和全球策略等一系列内部管理问题。

上述三个观点都是以国界线为参照系的，是从国际商务活动与国家、国界线的关系角度来考察国际商务活动的特点。具体而言，外国论研究国际商务环境，跨国论研究跨国经营战略战术，多国论则研究国际企业组织的管理。而认识论的研究对象则与前述三个观点存在着巨大的差异，它研究人的内在思维，即国际商务经理人的决策思维方式以及行为模式，从认识论的角度更深入地探讨国际商务活动的特点，考察从事国际商务活动的决策思维方式和行为模式。这类研究的主要内容包括相关人员从事国际商务活动时的认识活动和思维方式等心理特征、行为规范和认知行为等行为模式。认识论研究的内在逻辑基于以下假设前提，即任何国际商务活动都是人的行为，也就是国际商务经理人的行为，因此，研究国际商务活动就应该研究从事国际商务活动的人的心理特征和行为模式，同时又因为国际商务活动是跨越国界的经济交换，所以人们在处理国际商务和国内商务时会采取不同的思维方式，表现出不同的行为特征。

人的认知行为和决策偏好会随着以下两点而变化：所处理的信息量的多少和信息处理难度。基于此，经济活动的决策行为可以区分为传统决策和现代决策。

在传统经济决策理论中，人是理性的，经济活动需要处理的信息量较少，处理难度不大，因而在进行经济活动决策时，决策人尽量收集相关信息，采用精确分析法，利用比较边际成本和边际收益等理性分析工具，以最优化为原则，综合权衡，追求目标函数的最大化，从而选出最佳方案。

在现代经济决策理论中，人的理性是有边界的，称为理性边界。一般认为，在人的理性边界之内，决策应该遵循最优化原则；而在理性边界之外，决策人处于“信息超负荷”状态，信息量和信息处理难度均超出了人的处理能力，因而决策应该遵循“解决问题”原则。现代经济活动的相关信息处理量和信息处理难度均在人的理性边界之外，因而现代经济决策应该遵循“解决问题”原则，不求最佳，但求能解决问题，决策人应采用模糊估计法，以经验为基础进行决策。

当我们运用上述认知理论的基础知识，结合商务活动本身的复杂程度和决策人的认知能力高低来对比研究国际和国内商务活动决策时，可以得出以下结论：国内商务活动决策通常旨在解决最优化问题，具体而言，由于此时信息处理量和处理难度在人的理性边界之内，决策人可以采用精确分析方法，在许多已知的可选方案中分析，从而比较利弊和得失，进而选择出问题的最佳解决方案。而在国际商务活动决策中，信息处理量和处理难度都在人的理性边界之外，变量众多且相互交错、相互影响，情况复杂且不确定性强。这种情况通常不可能通过精确分析再综合权衡，继而找到最优解决方案；更可行的方案是，经过模糊估计，找到一个能够解决问题的办法，不管这一解决方案是否最优方案。

1.4　国际商务活动的主要形式

国际商务是指跨越国界的交易活动，是在国家间进行商品、资本、劳务、信息、技术和数据等经济资源的转移，因此国际商务活动的主要内容包括：国家间转移商品、资本、劳务、信息、技术和数据的交易。根据这些交易的形式不同，参考鲁特

(Root，1994)[①] 的划分方法，我们把国际商务活动区分为贸易式、契约式、权益式和联盟式，具体见表 1－1。

表 1－1 国际商务的形式

类别	形式
贸易式	国际货物贸易、国际服务贸易、跨境数据流动
契约式	授权许可、特许经营、合同制造、管理合同、国际工程承包、服务合同、国际租赁
权益式	国际直接投资、国际间接投资
联盟式	国际战略联盟

1.4.1 贸易式国际商务活动

贸易式国际商务活动主要是指国际商务活动主体间进行商品、服务、信息和数据等有形商品和无形商品的交换，包括各类国际贸易活动，这些国际贸易活动根据交换的内容可以区分为国际货物贸易、国际服务贸易以及跨境数据流动。

国际货物贸易（international merchandise trade），又称国际有形商品贸易（international tangible goods trade），是国家间有形商品的交换活动。

国际服务贸易（international service trade），又称国际无形商品贸易（international intangible goods trade），是指国家间服务的交换活动。《服务贸易总协定》（GATS）把服务行业划分为 12 个部门，分别是商业、通信、建筑、销售、教育、环境、金融、卫生、旅游、娱乐、运输、其他，具体分为 160 多个分部门。该协定还把国际服务贸易区分为四种提供方式：跨境交付（cross-border supply）、境外消费（consumption abroad）、商业存在（commercial presence）和自然人流动（movement of natural persons）。

20 世纪 70 年代，经济合作与发展组织（Organisation for Economic Co-operation and Development，OECD）首次提出了跨境数据流动（trans-border data flow）概念，指的是点到点的跨越国家、政治疆界的数字化数据传递。根据数据流动性，跨境数据大致可分为三类：一是无条件跨境流动的数据。这类数据自由跨境流动，没有附加任何条件与要求。二是有条件跨境流动的数据。这类数据允许跨境流动，但接收国、数据控制器或数据处理器必须满足特定的监管条件，否则数据不能跨境流动。这些条件通常包括数据主体的同意、数据跨境流动后的受保护程度等。但是，如果条件过于苛刻，则此类数据实际上就成了禁止跨境流动的数据。例如，欧盟对于数据跨境流动的“充分性认定”程序就属于这种情形，它要求数据接收国需达到类似欧盟的保护水平时，才允许数据跨境流动。三是禁止跨境流动的数据。这类数据往往被认为非常重要、敏感，不适合进行跨境流动，因此，政府会要求这类数据只能在一国境内存储、处理和访问。但是，到底哪些数据属于禁止跨境流动数据，各国对此认识不一。

---

① Root，F. R. *Entry Strategies for International Markets*. San Francisco：Jossey-Bass，1994.

1.4.2　契约式国际商务活动

契约式国际商务活动是指国际商务活动的一国交易主体与另一国交易伙伴通过签订长期的非权益性契约（即不涉及所有权的交易）在国家间转移技术或劳务等经济资源。这类国际商务活动主要包括授权许可、特许经营、合同制造、管理合同、国际工程承包（交钥匙工程和 BOT）、服务合同、国际租赁等形式。

授权许可（licensing），是指国际商务活动的一国交易主体（许可方）与另一国交易主体（被许可方）签订许可协议，授权对方使用本企业的专利、产品或工艺方面的专有技术等从事生产和销售，然后向对方收取许可费用。这类国际商务活动通常适用于生产型企业。

特许经营（franchising），是指国际商务活动的一国交易主体（特许人），以合同形式将其拥有的商标、品牌等经营资源许可另一国交易伙伴（被特许人）使用，被特许人按照合同约定在统一的经营模式下开展经营，并向特许人支付特许经营费用。这类国际商务活动通常适用于服务型企业。

合同制造（contract manufacturing），是指国际商务活动的一国交易主体（销售方）与另一国交易伙伴（制造方）签订合同，由制造方生产产品，而销售方负责产品销售。这种国际商务活动的优点在于：首先，利用合同制造，销售方将全部或部分生产的工作与责任转移给了合同的对方，将精力集中在营销上，因而有利于在更大范围内提高现有资源的利用率，促进产业链的细化，推动产业链的专业化和规模化；其次，销售方通过合同制造的方式，不仅可以输出技术或商标等无形资产，而且还可以输出劳务和管理等生产要素以及部分资本，增强自身的影响。

管理合同（management contract），是指国际商务活动的一国交易主体根据合同安排，负责另一国交易伙伴在合同期限内的全部或部分经营管理任务，并按照合同收取管理费用。一般而言，这类合同安排只局限于日常经营活动，不涉及交易伙伴新的资本投资、决策红利分配方案等基础管理政策或更改所有权安排。

国际工程承包（international project contracting），是指国际商务活动的一国交易主体（承包方）与另一国交易伙伴（业主）签订承包合同，负责承建并完成工程项目，然后将该项目交付给业主。工程承包允许劳动力、技术、管理甚至是资本等生产要素的全面进入和配套进入，有利于发挥承包方的整体优势。这类国际商务活动分为两种形式：交钥匙工程（turn-key project）和建设-经营-转让（build-operate-transfer，BOT）。

服务合同（service contract），是指国际商务活动的一国交易主体与另一国交易伙伴签订长期的服务合同，向交易伙伴提供财务、营销、人员培训等服务，并收取相应报酬。

国际租赁（international leasing），是指国际商务活动的一国交易主体（承租人）与另一国交易伙伴（出租人）签订长期租赁合同，以支付一定租金的方式向他国出租人租用所需生产设备。在整个租赁期间，不论是经营性租赁还是融资性租赁，出租方都以依据租赁合同获取租金的形式获取报酬。

1.4.3 权益式国际商务活动

权益式国际商务活动以获得所有权为基础，一国交易主体通过获取另一国交易主体全部或部分所有权，实现资本、技术、人力资源等经济资源在国家间的转移。这类国际商务活动包括国际直接投资和国际间接投资。

联合国贸易和发展会议（United Nations Conference on Trade and Development，UNCTAD）将国际直接投资（foreign direct investment，FDI）定义为：由居于一国的直接投资者为获取持续的利益和对被投资设施的控制而在居住国外进行的投资。经济合作与发展组织对 FDI 的定义类似，只不过经济合作与发展组织认为投资者获取的持续利益表明投资者与被投资企业存在长期关系，并对被投资企业的管理有相当大程度的影响。对被投资企业直接或间接拥有 10%或以上的投票权是这一长期关系的佐证。国际货币基金组织也认为，FDI 是指在投资者所属国以外的国家所经营的企业拥有持续利益的一种投资，其目的在于对该企业的经营管理具有发言权。

国际间接投资（foreign indirect investment，FII），又称外国证券投资（foreign portfolio investment，FPI），是指在国际证券市场上通过购买外国企业发行的股票和外国企业、政府发行的债券等有价证券，来获取利息或红利的投资行为。国际间接投资以取得一定的收益为目的，一般不存在对企业经营管理权的获取问题。即使是在对股权证券进行投资的情况下，也不构成对企业经营管理的有效控制。

1.4.4 联盟式国际商务活动

二战后，随着高科技产业与信息产业的迅速发展，经济全球化与经济区域化使得全球竞争更加激烈，全球竞争的主体与形式发生了根本性的转变，从原来“你死我活”的零和博弈变为既合作又竞争的双赢战略，国际战略联盟大行其道。

案例故事

国际商务活动：雅万高铁项目进入全面实施阶段

国际战略联盟（international strategic alliances），是指潜在或实际的竞争对手之间建立的合作协定。[①] 国际战略联盟与国际合作或者合资企业的最大区别在于：国际战略联盟偏重“战略”，即它并不以追求短期利润最大化为首要目的，也不是一种摆脱企业困境的权宜之计，而是与企业长期计划相一致的战略活动。根据联盟的内容不同，国际战略联盟可以区分为技术开发联盟、合作生产联盟、市场营销与服务联盟以及多层次合作联盟；根据合作参与国的发展程度和区域不同，国际战略联盟可以区分为授权型联盟和互补型联盟；根据联盟的组成方式不同，国际战略联盟可以区分为股权型联盟和非股权型联盟。

---

① 查尔斯·希尔. 国际商务：英文版·第13版. 北京：中国人民大学出版社，2024.

章末案例

福耀玻璃的国际化之路

福耀玻璃缘起于1983年曹德旺承包的濒临破产的一家乡镇企业——高山异形玻璃厂。1985年，在曹德旺的带领下，高山异形玻璃厂转战汽车维修玻璃，花巨资从芬兰引进了最先进的生产设备，引进全国各地人才进行技术攻关。在齐心协力的研发下，高山异形玻璃厂终于制造出了汽车专用玻璃，在国内市场供不应求，用了四五年的时间便实现国内汽修市场的完全进口替代。

1987年曹德旺在原有玻璃厂的基础上成立了福耀玻璃。此时福耀玻璃占据了国内三分之二的汽修市场，但是其仅针对国内市场，这使得设备没有办法得到充分利用。同时，汽车销量逐渐放缓，扩张受到了严重限制，其规模已达到上限。

福耀玻璃若要尽快发展，扩张海外市场是必然的选择。1991年，福耀玻璃向加拿大TCG公司出口汽车玻璃，迈出了走向国际市场的第一步。1993—1994年，福耀玻璃在香港成立多家子公司，负责进出口与投资事务。

在美国汽车玻璃市场的高利润率吸引下，1994年福耀玻璃在南卡罗来纳州创建了福耀玻璃美国GGI公司，销售福耀玻璃生产的汽车玻璃。然而由于对当地市场缺乏足够的了解，福耀玻璃的首次海外投资以失败告终。经过充分总结经验教训，福耀玻璃于2004年再次在南卡罗来纳州筹建福耀玻璃北美分公司。该公司成立后经过6年的亏损，终于在2011年扭亏为盈。在此基础上，2014年3月17日福耀玻璃独资组建福耀玻璃美国，该公司是2018年纪录片《美国工厂》中的主角。福耀玻璃美国自2017年开始实现盈利，从此成为福耀玻璃全球化市场的一个利润来源。

随着海外市场的加速拓展，福耀玻璃海外市场的营收占比逐年增加，2019年其海外营收占比达48.26%。福耀玻璃高度重视海外市场与其国际化战略布局是分不开的。自2007年以来，福耀玻璃先后设立了福耀玻璃韩国、福耀玻璃日本、福耀玻璃欧洲和北美配套等子公司。其中，福耀玻璃韩国和福耀玻璃日本主要是做销售业务，而福耀玻璃欧洲则是生产型企业。

经过几十年的发展，福耀玻璃已在中国16个省市以及美国、俄罗斯、德国、日本、韩国等11个国家和地区建立现代化生产基地和商务机构，并在中国、美国、德国、日本设立11个研发设计中心，有全球雇员约2.9万人，销售遍及70多国，市场占有率达到30%，是中国第一、国际第二大的汽车玻璃供应商。

资料来源：从亏损小厂到"玻璃大王"，曹德旺是如何书写华商创业奇迹的. 网易新闻，2020-08-20. 周锡冰. 曹德旺和他的美国工厂，福耀玻璃全球化给中国企业出海的四点启示. 新浪新闻，2023-09-11.

本章小结

本章内容主要包括国际商务的概念、国际商务的研究对象以及国际商务活动的形式。

1. 基于对现有的几个有代表性的概念进行综合分析，给出国际商务的概念，把它定义为“跨越国界的交易活动，是在国家间进行商品、资本、劳务、信息、技术和数据等经济资源的转移的活动”。

2. 国际商务的研究对象历经外国论、跨国论、多国论和认识论的发展演变过程，即从外国论研究国际商务环境、跨国论研究跨国经营战略战术、多国论研究国际企业组织的管理，到认识论研究国际商务经理人的决策思维方式以及行为模式。

3. 国际商务活动的形式可以区分为贸易式、契约式、权益式和联盟式。贸易式国际商务活动包括国际货物贸易、国际服务贸易以及跨境数据流动。契约式国际商务活动包括授权许可、特许经营、合同制造、管理合同、国际工程承包、服务合同、国际租赁等。权益式国际商务活动包括国际直接投资和国际间接投资。联盟式国际商务活动主要采用国际战略联盟形式。

关键词和术语

国际商务	国际货物贸易	国际服务贸易	跨境数据流动
授权许可	特许经营	国际直接投资	国际战略联盟

思考题

1. 什么是国际商务？其基本特征有哪些？
2. 促使国际商务产生与发展的因素有哪些？
3. 论述国际商务的研究对象的演变发展过程。
4. 探讨各类国际商务活动间的区别。

延伸阅读

Boddewyn, J. J. , Goodnow, J. D. A Short History of the Academy of International Business. https://www.aib.world/wp-content/uploads/2022/02/short-history-aib-boddewyn-goodnow-final.pdf.

第2章
全球化

学习目标

1. 掌握全球化的含义
2. 理解全球化的驱动力
3. 熟悉全球化给世界经济带来的变化
4. 领会全球化的曲折发展过程

引导案例

发达国家制造业回流，全球化大洗牌？

欧洲：2012年，欧盟发布“再工业化”战略，提出2020年将制造业增加值占GDP比重提升至20%的目标。然而受欧债危机、英国“脱欧”以及疫情影响，2022年欧盟制造业增加值占GDP比重仅为14.73%，低于2012年水平。欧盟2023年2月提出《绿色协议工业计划》，以增强欧洲净零工业的竞争力，被认为是正面对标美国《通胀削减法案》的重要产业保护计划，防止欧洲工业及相关价值链产业转移至美国。然而乌克兰危机全面升级引发欧盟能源供应紧张、通胀加剧等一连串反噬效应。同时，美国借机向欧洲出口高价天然气，进一步抬高了欧洲的能源成本。而美国则以相对低的能源价格吸引不少欧洲企业转移产业或加大投资。德国《图片报》披露，1/4受访德国中小企业考虑将生产线迁往国外，能源密集型行业尤其如此。仅美国俄克拉何马州就吸引了60多家德国企业前往投资扩展业务。事实表明，欧洲在这波制造业回流的浪潮中处于被动防守的态势。

美国：为了促使制造业回流美国和实现自身的再工业化，早在奥巴马政府时期美国就启动“先进制造伙伴”计划，提出“买美国货”的口号，引起欧洲国家的抵制。特朗普政府时期，美国曾对欧洲汽车、钢铝等产品征收高额关税，大搞贸易壁垒。拜登政府更是先后通过了《两党基础设施法案》《芯片与科学法案》《通胀削减法案》三项法案，投资总计超过1 350亿美元，以支持芯片、电动车以及电池在美国的生产和重要矿物原材料的供应。在能源危机风险加剧的背景下，此类举措可同时兼顾保障就业和维护本土供应链安全，并帮助美国在电池和新能源汽车相关领域与具备先发优势的中国、欧洲各国展开竞争。

亚洲：为减少对中国供应链的依赖，部分美国企业选择了邻近中国的“亚洲替代供应链”（Altasia）地区。2013 年以来，美国企业的生产足迹缓慢从中国向 Altasia 地区转移。虽然按照美元绝对值计算，美国从中国的进口额仍在增长，但与 Altasia 所在国家或地区相比，美国从中国进口的占比持续萎缩。据科尔尼《美国制造业回流指数》报告估计，几乎所有行业都有超过 80%的企业制定了 2023 年后未来三年内至少回流部分制造业务的战略，其中一些企业所在行业为美国政府鼓励本土投资的行业。

这一趋势对于美国经济的发展有着积极的影响。然而，值得注意的是，制造业回流美国的现象并不是一个孤立事件。全球经济环境的变化、各国政策的不同以及疫情等因素都对制造业回流产生了影响。因此，未来制造业回流的趋势将会如何发展，还需要进一步观察和分析。

资料来源：美国为产业回流大搞“诱”“逼”两手. 人民日报海外版，2022-10-29.；重振制造业，欧洲面临多重挑战. 人民日报海外版，2023-07-11.

2.1 引言

全球化一词始见于 20 世纪 60 年代，到 20 世纪 80 年代之后大众和学者才广泛关注并开始研究这一现象。基于全球化的内在特性，史学家将全球化的开端追溯至 15 世纪大航海时代。在地理大发现之前，人类被浩瀚的海洋分割于不同的大陆，人类的文明发展史仅限于有陆地连接的亚非欧大陆。即便在紧密相连的亚非欧大陆上，由于遥远的距离、陌生的语言、文化和价值观的巨大差异、各国政府设置的贸易和投资壁垒等因素，这片大陆上的国家之间也是相互孤立的，甚少联系。

远洋航行和地理大发现在人类历史上第一次突破了海洋的阻隔，建立了连接世界各大洲的海上通道，为全球化进程提供了基本条件。以新航路的开辟为开端，人类世界逐渐形成了以欧洲为中心的世界市场，初步建立了全球性的经济联系。然而这一阶段的国际贸易是建立在自然经济基础之上的，基于生产的国际分工格局仍未形成，所以尽管国际经济联系的范围已经扩展至全球，国际贸易总体规模却仍然不大，国际贸易的商品种类也依然以珠宝、香料等奢侈品为主，全球化仅仅处于萌芽阶段。

工业革命和资本主义生产关系的确立，推动人类进入了机器大生产时代。资本主义工业大生产从根本上改变了全球经济格局，在全球范围内建立了以资本主义国家为中心的工业制成品生产体系，世界其他国家处于外围，为中心国提供原材料并成为制成品销售市场，构建起国际垂直分工格局。至此，全球经济进入以自由市场经济为基础的商品和资本循环流动模式，即全球化阶段。

二战后，伴随着一轮又一轮的科技浪潮，部分产业实现国际转移，产业结构不断升级，产业内分工越来越细致，贸易壁垒和投资壁垒持续削减，跨国公司迅猛发展，人类进入新一轮的全球化进程。

纵观全球经济发展的历史可以发现，只有科学技术发展才是自始至终持续推动全球化深入发展的主要驱动因素。科学技术不断提高生产效率、丰富生产内容、降低交易成本、克服距离限制，为全球化提供了坚实的物质基础。

然而，全球化的发展程度还要受限于国际政治经济秩序。经济资源的跨境移动程度任何时候都要受到跨境贸易壁垒和投资壁垒的限制，以及来自国家间货币体系、信用体系、制度标准和文化价值等差异的制约。二战后主要国家致力于全球范围内倡导大幅降低贸易和投资壁垒，特别是20世纪90年代后新自由主义思潮大行其道，市场自由扩张，金融管制放松，经济大规模私有化，全球化迅猛发展。但是进入21世纪后，全球化的发展就遭到了来自新自由主义的反噬。金融危机、债务危机、英国脱欧、民粹运动、贸易战等等一系列事件似乎证明全球化“不可能三角”的正确，同时成为全球化发展的制动器。

2.2 全球化的概念

马克思和恩格斯在《共产党宣言》中首先关注到全球化现象，只不过当时他们为这种现象冠以“世界性”的标签。自20世纪60年代“全球化”一词问世以来，就引来多个学术领域的关注。由于不同领域的学者对全球化关注的重点不同，因而给出的定义也不尽相同，但是却在一点上是一致的，即全球化使得世界各地间的联系及依赖程度逐渐加深。全球化深刻影响了人类社会的发展进程，人类社会的政治、经济、科技、文化、社会、生活、信息、生态环境等方方面面均被卷入全球化的历程，因此，我们可以看到政治全球化、经济全球化、科技全球化、信息全球化、生态全球化等概念，而我们仅关注经济全球化。为简便起见，下文的全球化仅指经济全球化。

世界贸易组织（World Trade Organization，WTO）官员将经济全球化定义为商品、资本和劳动力市场的国际一体化过程，是市场资本主义加速扩张的历史阶段；国际货币基金组织（International Monetary Fund，IMF）认为全球化是通过贸易、资本流动、技术涌现、信息网络和文化交流，达到世界范围的经济调整融合；联合国贸易和发展会议将全球化定义为生产者和投资者的行为日益国际化；经济合作与发展组织专家指出，经济全球化是指生产要素以更快的速度在全球范围内流动，从而实现资源在全世界范围内的最优配置①。有些经济学家认为全球化是向更加融合和相互依存的世界经济的转变。上述定义尽管表述各异，但是基本观点是一致的，即全球化是指经济资源在全球跨境流动，推动世界各地向着更加相互融合、更加相互依存的方向发展的过程。

全球化的表现有若干不同的侧面，如生产全球化、贸易全球化、金融全球化、科技全球化、信息全球化等。其中，贸易、金融、科技、信息等经济资源越来越频繁地

---

① 经济合作与发展组织前首席经济学家奥斯特里（Ostry）于1990年提出。

在各个国家市场间流动，集中反映了一个趋势，即各国市场间的融合度越来越高，本书集中讨论全球化的两个侧面：市场全球化和生产全球化。

2.2.1 市场全球化

市场全球化是指各个原本相互孤立、相互分隔的不同国家市场通过经济资源的跨境流动而逐渐融合的过程。在当今世界，市场全球化的现象随处可见：世界各地几乎都可以看到可口可乐的饮料、麦当劳的汉堡、肯德基的炸鸡、星巴克的咖啡、苹果的手机、宜家的家具等等。这些公司成功地把标准化的产品卖到了世界的各个角落。

美国历史三部曲《美国人》（*The Americans*）的作者丹尼尔·布尔斯廷（Daniel Boorstin）认为20世纪80—90年代以来世界主要以技术为主导，它的最高法则是趋同，即每个东西变得越来越像其他东西的一种趋势。经济学家西奥多·莱维特（Theodore Levitt）完全赞同这一观点。他认为，在商业领域，这种趋势已经将市场变成全球性的共同体。公司在每个地方以相同的方式销售标准化的产品，如钢铁、化工用品、汽油、水泥、农业产品和设备、工业和商业建筑、银行和保险服务、计算机、半导体以及交通、电子、医药和通信产品，这些都是比较明显的表现。这种全球化的浪潮主要涉及原材料和高科技产品，缘起于某类产品自身的特性，使得其适宜以标准化的方式在世界各国市场销售，从而形成全球市场。这些产品大体可以分为以下类别：大宗原材料类产品或初级产品，如原油、铜、铝、橡胶、小麦、大豆、玉米、砂糖、可可等；由于产品本身特性易于标准化的工业制成品，如微处理器、芯片、半导体、大型航天飞机等；电脑软件类产品；金融资产类产品，如美国政府债券、日经指数期货等。

上述产品之所以能够形成全球市场，主要是由于技术驱动和产品自身特性，可以降低各国消费者消费偏好的独特性，模糊各民族国家市场的界限，即世界各国间频繁的人员流动和文化交流引致的全球物质文化趋同。交通通信技术和旅游业的发展更是使得这一浪潮覆盖到生活的每个细节。

尽管存在市场全球化的趋势，但这并不意味着各国市场偏好的独特性将会消失，这些市场偏好包括需求偏好、分销渠道偏好、企业制度偏好等内容。首先，某些消费偏好是与地理位置或气候直接相关的。比如为了适应俄罗斯的极寒天气，在俄罗斯销售的汽车一般要求油耗高、散热性极差，而在热带地区国家如印度、泰国或印度尼西亚等国销售的汽车则要求不仅散热性能良好而且要具备良好的防雨功能。其次，民族的才是世界的。中国食物、皮塔面包、乡村和西部音乐、比萨饼、爵士乐均无处不在，它们是世界市场的一部分，它们并不否定或与全球趋同性相矛盾，相反，更坚定了这一趋势。最后，某些消费偏好与民族国家的传统文化、宗教信仰以及政治经济制度密切相关。世界上最高明的销售人员也无法把印度的纱丽、日本的和服像可口可乐一样卖到

延伸阅读

市场全球化：中欧班列谱写丝路新传奇

世界的每个角落。正是出于上述原因，全球市场无法替代各民族国家市场。因此，对于某些不适宜标准化的产业，企业应该进行适当的本地化调整，以更好地迎合当地的市场偏好。

2.2.2 生产全球化

生产全球化是指企业在全球不同地区进行产品的生产或服务的提供，以便充分利用世界各地在生产要素供给方面的成本和质量差异。当前进行全球化生产的例子比比皆是。苹果产品的高价值零部件环节，如芯片设计代工和制造代工、面板模块、相机模块等，由高通、三星、索尼、台积电等美国、韩国、日本及中国台湾企业完成；中等价值零部件环节，如声学器件、连接器、印刷电路板等，由3M、安费诺、村田、歌尔股份、瑞声科技等美国、日本、中国企业完成；低等价值零部件环节，如芯片封装测试、键盘、铰链和枢轴、外壳、包装印刷以及组装代工等，则由SABIC、汉高、DSM、江苏长电、精研科技、可成等沙特阿拉伯、德国、荷兰、中国企业完成。2021年苹果产品的供应商除了来自美国、日本、韩国、中国外，还来自新加坡、德国、荷兰、奥地利、瑞士、英国、比利时、印度、越南、沙特阿拉伯等众多国家，苹果产品成为名副其实的“全球产品”。

最早的生产全球化行为始于19世纪60—70年代，当时个别德国的化工企业以及美国的一些缝纫机生产商在海外投资设厂。然而，当时这种现象只是极个别的企业行为。直到一战前，美国所有的制造业海外分支机构加总起来才达116家。由于早期的生产方式限于单件小批生产或者批量生产，早期的生产全球化只能被称为生产国际化。

然而，随着市场竞争的加剧，产品生命周期、交货期的缩短及顾客消费需求从数量消费、质量消费向个性化消费的转变，传统的生产方式及专业分工不再适应竞争的需要。于是在传统分工的基础上，企业进一步将各个细分部分按照功能原则重新聚合，形成了模块化的生产方式，即按照某一标准将复杂产品分解为相对独立的部分，设计并生产出一系列具有通用接口的标准模块，然后与能够满足个性化需求的专用模块或零部件通过标准接口进行组合，以构成满足多样化需求的产品系列的一种生产方式。

在模块化生产之外，进入20世纪90年代后，国际分工领域还出现了另外一种明显的特征，即国际碎片化生产，也就是把整个生产过程按不同的要素密集类型分为不同的阶段，再把不同阶段的生产配置到成本最低的区位。

不管是碎片化生产还是模块化生产，都允许企业根据不同模块生产需要密集投入的生产要素，为不同模块在全球范围内寻求最佳区位。至此，生产国际化演变成生产全球化。在全球化生产模式下，碎片化生产或者模块化生产不仅限于企业通过自身的国际直接投资完成，企业还可以根据自身经营战略的需要，通过外包、原始设备制造、原始设计制造以及原始品牌制造等方式完成。

在生产全球化过程中，产品从设计、生产制造、销售到售后服务等一系列环节在全球范围内形成一种网络组织，各企业发挥自身的比较优势，通过国际贸易和国际直接投资进行全球性的分工合作，形成商品和服务的价值链条，即全球价值链。在全球价值链上，跨国公司是生产全球化的主体，通过国际贸易和国际直接投资形成复杂的国际生产网络，推动形成了当代碎片化生产的垂直型分工与模块化生产的水平型分工紧密交织在一起的网络型国际分工格局。

通过把产品或服务生产的不同阶段分散到全球最优区位，企业希望能够降低其总成本、提高产品或服务的质量、改进产品性能，从而能够更加有效地在全球范围内竞争。然而，生产全球化在为企业带来上述正面影响的同时，还为企业带来了众多的负面影响。首先，生产全球化需要分散化的生产，这使得企业的服务联系成本增加，这些服务联系成本包括运输成本、通信成本以及协调成本。其次，生产全球化意味着企业需要在世界不同的国家或地区从事国际商务活动，因而企业需要支付更多的制度成本及学习成本。最后，生产全球化还使得企业暴露在更多国家风险之下。综上所述，企业究竟是否实施生产全球化战略，或者在多大程度上实施生产全球化战略，取决于企业在生产全球化为其带来的正面影响和负面影响之间的权衡。

即使企业在理论上认为生产全球化战略可行，在现实的世界经济环境下，企业要把生产性活动分散到全球最佳区位以实现资源的优化配置仍然面临重重阻碍。这些阻碍包括国家间正式和非正式的贸易和投资壁垒、运输成本以及各种与政治经济风险相关的问题。

2.3 全球化的驱动力

根据马克思主义理论的基本观点，生产力和生产关系的矛盾运动是人类社会发展的根本的普遍的规律，也揭示了社会历史发展的根本原因和基本趋向。作为人类社会发展到一定阶段出现的必然趋势，全球化也是在生产力与生产关系矛盾运动的驱动下发展演变的。

2.3.1 技术进步与全球化

在全球化发展过程中，技术是生产力的代表，技术进步意味着生产力发展，是全球化发展的根本驱动因素之一，而全球化的发展又将反过来促进技术进步。

2.3.1.1 技术进步提高了生产物质产品的能力，丰富了物质产品的种类

始于1765年的第一次工业革命开启了机器大工业生产时代，生产效率得以飞速提升，生产出远超自身消费能力的剩余产品，迫切需要寻求海外市场。大工业建立了由美洲的发现所准备好的世界市场。世界市场使商业、航海业和陆陆交通得到了巨大的发展。第二次、第三次、第四次工业革命为人类创造出电灯、电话、飞机、各类合

成纤维、芯片、微处理器、机器人、数据等各种产品，更是创造出金融、教育、医疗等可贸易的服务，贸易品种越来越丰富。

2.3.1.2 技术进步打破了区域限制，连接了生产和消费

技术进步帮助人类克服了遥远距离的束缚，打破了地域的限制，对由早期生产力低下造成的生产与消费的强制捆绑进行了“解绑”。造成这种捆绑的主要有三种成本：交通运输成本、通信联络成本（或思想交流成本）和人员流动成本（或面对面交流成本）。随着动力系统的进一步改进，超级货轮、商用大型喷气式飞机等相继问世，极大地提高了运输工具的载货量。20 世纪 70—80 年代集装箱的出现及普及是运输发展史上的里程碑，它的运用促进了码头装卸效率提升，大幅降低了远距离的运输成本。1920—1990 年间，以 1990 年美元计价，美国进出口海运的平均运费从每短吨 95 美元降至每短吨 29 美元。交通运输成本的降低带来了第一次“解绑”。电报、电话以至互联网的兴起，使得处于世界各个角落的人们可以瞬间联络，基于互联网、移动端、社交 App，世界任意角落的人们都可以建立联系，极大地降低了思想交流成本。由于信息通信技术的提升，思想交流成本降低，这被认为是第二次“解绑”，更形象的解释参看图 2-1。在人员流动成本方面，尽管飞行成本降低了，但是由于管理者和工程师薪水的提升，跨国飞行的总成本提高了。维持国际生产网络需要充分的人员流动，但人员流动的成本居高不下，因此这些跨国公司倾向于采用一种“小范围、高密度”的选址方式。未来“远端呈现”技术和“远程操作”技术的发展有望使劳动服务和劳动者人身在全球范围内“解绑”，从而极大降低面对面交流成本。

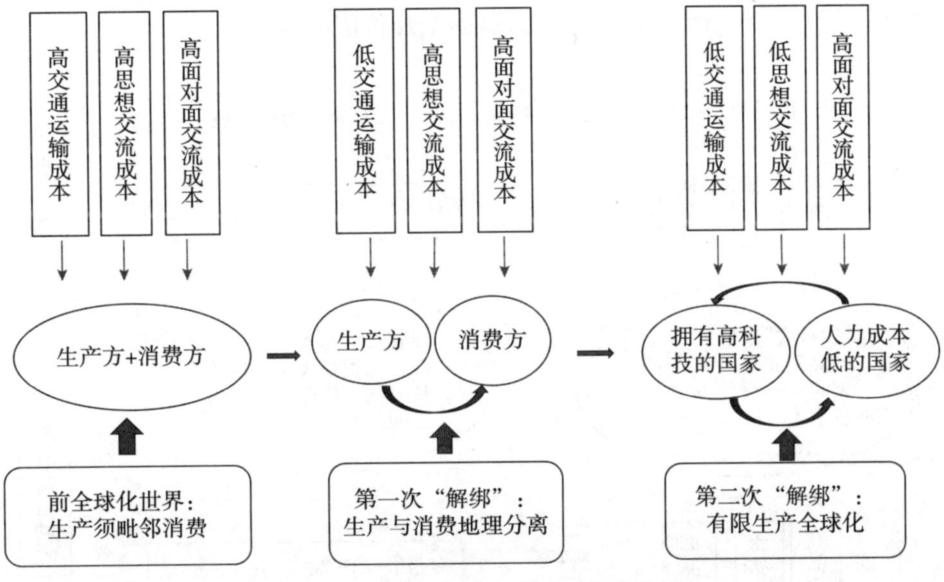

图 2-1 全球化的两次“解绑”示意图

资料来源：基于 Baldwin，R. Globalization：The Great Unbundling(s). *Economic Council of Finland*，2006，20 (September)：51，由本书作者自制。

2.3.1.3 技术进步降低了交易成本

诺贝尔经济学奖得主罗纳德·科斯（Ronald Coase）于1937年提出交易成本的概念，认为交易成本是通过价格机制组织生产的最明显的成本，就是所有发现相对价格的成本，是市场上发生的每一笔交易的谈判和签约的费用及利用价格机制存在的其他方面的成本。诺贝尔经济学奖得主奥利弗·威廉姆森（Oliver Williamson）把交易成本区分为搜寻成本、信息成本、议价成本、决策成本、交易执行成本、监督成本和违约成本。电报、电话、电子邮件、互联网、通信软件等通信技术的进步降低了交易的搜寻成本；电脑、电子数据交换、微处理器、基于互联网的大数据分析等信息处理技术降低了信息成本、议价成本及决策成本；汇票、支票、信用证、电子支付、电子通关等技术进步降低了交易执行成本。

2.3.1.4 技术进步改变了竞争范式

瑞士日内瓦大学经济学教授理查德·鲍德温（Richard Baldwin）指出技术进步使得企业的竞争范式从传统的产品竞争演变为新型的任务竞争，同时国际分工的形式也相应发生了转换，如图2-2所示。鲍德温认为在传统的竞争范式下，每个最终制成品的生产被认为是一个独立的不可分割的任务包，而工厂可以被视为一个个“黑盒子”，工厂负责任务包的完成，因此全球竞争发生在行业层面或者企业层面。20世纪80年代以来，随着运输技术和信息通信技术的进步，原来不可分割的任务包依据生产阶段“解绑”为一个个任务，这些任务可以分拆到不同的地区完成，因此全球竞争深入到了中间产品层面。这种基于任务的竞争范式被吉恩·格罗斯曼（Gene Grossman）称为“新范式”，这种新型国际分工模式就是全球价值链分工。

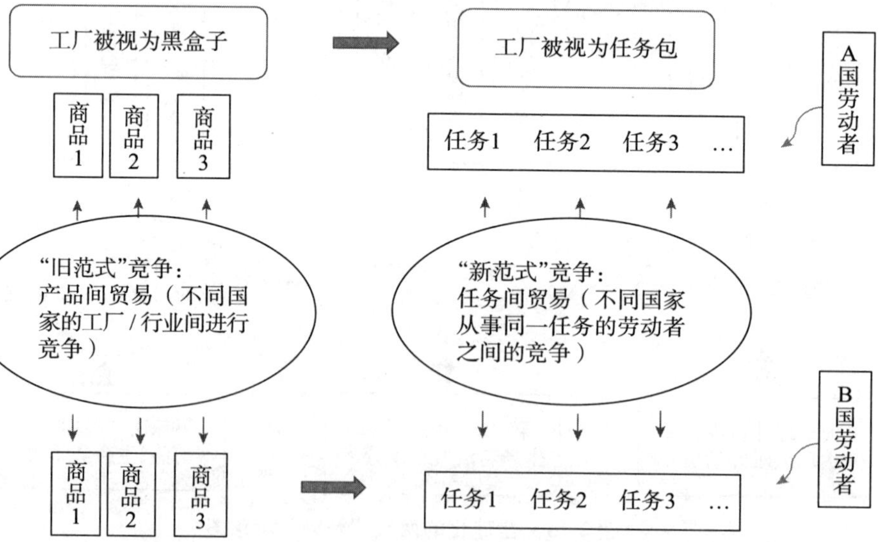

图2-2 两次大“解绑”对应的国际分工及竞争范式

资料来源：基于Baldwin，R. Globalization：The Great Unbundling(s). *Economic Council of Finland*，2006，20（September）：51，由本书作者修改。

2.3.2 国际政治经济秩序与全球化

延伸阅读

技术如何推动全球供应链调整

在全球化发展过程中，国际政治经济秩序集中体现了全球生产关系，制约了全球化发展的广度和深度。尽管技术进步为全球化发展提供了物质基础，但是经济资源跨境流动仍然面临货币体系、制度标准、信用体系、宗教文化等方面差异带来的制约，而稳定的、有序的国际政治经济秩序能有效降低这些制约。在人类不同历史阶段起领导作用的大国以及国际政治格局共同决定了当时的国际政治经济秩序。国际政治秩序决定了当时主流的意识形态和行为准则，影响经济资源可以流动的地理范围；国际经济秩序确定了商业规则和基本的生产关系，影响了经济资源流动的自由度和便利性。

地理大发现后，西班牙、葡萄牙、荷兰、英国、法国相继开启了殖民时代，由政府授权私人设立诸如东印度公司、西印度公司、哈德逊湾公司等特许贸易公司，对殖民地进行垄断经营。这些公司在殖民地制定法律、规则，构建信用体系，确立了当时经济资源流动的范围及结构。

第一次工业革命后，以英国、法国为首的西方国家在全球范围内积极进行殖民扩张，不惜动用武力将落后的国家纳入全球化的范围，如英国分别于1838年、1840年迫使土耳其和中国对外通商，美国于1854年强迫日本开放国门。这一时期以亚当·斯密为代表的古典自由主义在西方工业国家基本确立了自由市场竞争的理念，并随着各国的殖民扩张向全球渗透。第二次工业革命后，美国、德国、意大利、日本等国家先后完成了工业化，在全球范围内形成了以英国、美国、法国、德国等主要西方资本主义国家为中心、众多殖民地和半殖民地为外围的国际分工体系。在这一国际分工体系中，中心国家向外围国家输出工业制成品，外围国家向中心国家提供原材料，中心国家的资本主义制度和金本位制为这一体系构建了稳定的国际政治经济秩序，顺应了当时生产力发展的要求，自由市场竞争顺势推动经济资源在国家间大规模流动。但是生产力发展总是不平衡的，叠加经济增长收敛，结果是美国、德国经济迅速追赶上了当时的头号强国——英国。1870年时美国的生产力水平是英国的87%，德国则为英国生产力的61%；但是到了1890年美国的生产力水平就赶上了英国，德国在一战前达到了英国生产力的80%。经济的发展要求改变当时的国际政治经济秩序，生产力与生产关系的矛盾日益激化，导致一战爆发。战争打破了原有的国际政治经济秩序，迫使全球化进程暂时中断。

二战后，为维护世界和平，美国、苏联、英国和中国发起建立了联合国，但是世界很快就陷入了冷战。世界各国在政治、经济及军事领域分裂成以美国和苏联为首的泾渭分明的两大集团。在西方国家间，以国际货币基金组织、世界银行（World Bank，WB）和关税及贸易总协定（General Agreement on Tariffs and Trade，GATT）为三大支柱的布雷顿森林体系的主要目的在于维护金融领域和贸易领域的秩序。稳定的国际政治经济秩序孕育了第三次工业革命，充分释放了生产力，推动了全球化向广度和深度发展，包括 20 世纪 60 年代后的韩国和东南亚国家以及 20 世纪 70 年代末后的中国。20 世纪 90 年代后，国际政治经济形势发生了深刻的变化。冷战结束，苏东国家及其他转型国家相继进行改革，世界迎来了最大范围的国际分工。基于新自由主义思想，美国率先放松金融管制，积极推动金融自由化，协同国际货币基金组织等机构以"华盛顿共识"为蓝本，在全球范围内推行自由放任的市场竞争。在国际贸易领域，世界贸易组织积极推进多边贸易自由化；以《跨太平洋伙伴关系协定》（Trans-Pacific Partnership Agreement，TPP）和《跨大西洋贸易与投资伙伴关系协定》（Transatlantic Trade and Investment Partnership，TTIP）为代表的众多区域经济一体化协定致力于更大程度的开放，将贸易措施由边境推向国内，以前所未有的力度促进经济资源在全球范围内流动，引领全球化达到新的高度。

全球化的发展过程就是生产力与生产关系的矛盾运动过程，生产力的发展水平决定国际政治经济秩序，为全球化的发展提供稳定的环境。但当生产力的不均衡发展累积到一定程度时，原来的国际政治经济秩序就会因为限制生产力的发展而被打破，基于新的生产力水平分布会构建新的国际政治经济秩序，为全球化的发展继续提供稳定的环境，进入新的循环。综上所述，全球化的驱动力在于生产力与生产关系的矛盾运动。

2.4 国际机构

在经济资源跨国流动的过程中不可避免会出现摩擦和纠纷，最初这些事务仅需要国家出面进行双边或小范围的协商谈判，达成解决方案。随着全球化的发展，国际商务活动日益增加，类似的事务日渐增多，国家间的协商谈判日益频繁，越来越需要正式的国际机构来维护各领域的秩序。于是，国际机构应运而生了。二战后，国际经济活动的主要参与国经过协商谈判达成协定，为国际贸易、国际货币等领域的经济活动设定一系列规则，并设立相应的机构来监督成员遵守协定、管理并规范该领域的秩序。当前世界范围内主要的国际机构有世界贸易组织、国际货币基金组织、世界银行以及联合国。除上述国际机构之外，二十国集团当前在国际治理方面也发挥了重要作用。

2.4.1 世界贸易组织

世界贸易组织于 1995 年 1 月 1 日成立，其前身是 1947 年成立的关税及贸易总协定。截至 2023 年，世界贸易组织有 164 个成员，其中 117 个是发展中成员和单独关税区。164 个成员贡献了全球 98%以上的贸易额，无疑是当今国际贸易领域唯一最具有代表性、最具有影响力的国际机构。

世界贸易组织的总体目标是帮助其成员通过贸易提高居民生活水平、创造就业并改善居民的福利。世界贸易组织致力于以下事项：第一，确保其成员遵守共同签署的一系列货物、服务及知识产权协定；第二，主持多边贸易谈判；第三，解决成员间的贸易纠纷；第四，帮助发展中成员构建贸易能力；第五，为其成员提供交流平台，以进行贸易协商，并解决其共同面临的问题。

2.4.2 国际货币基金组织

1944年7月44个国家在美国新罕布什尔州布雷顿森林会议上签署了《国际货币基金组织协定》。基于此，国际货币基金组织于1945年12月27日在华盛顿正式成立。它于1947年3月正式开始运作，同年成为联合国的一个专门组织。它是在国际合作的基础上，为协调成员间货币政策，加强货币合作而建立的政府间国际金融机构。截至2023年，它有190个成员。

国际货币基金组织的主要职能是维护国际金融货币领域的稳定，为此，它主要致力于以下三项工作[①]：给予成员政府政策建议；提供贷款及其他资金援助；对成员进行能力建设。

2.4.3 世界银行

世界银行是世界银行集团的简称，由国际复兴开发银行、国际开发协会、国际金融公司、多边投资担保机构和国际投资争端解决中心五个成员机构组成，成立于1945年。截至2023年共有189个成员，是世界上最大的政府间金融机构之一。

世界银行主要负责经济的复兴和发展，向各成员提供发展经济的中长期贷款。世界银行在成立之初，主要资助西欧国家恢复被战争破坏了的经济，但在1948年后，欧洲各国开始主要依赖美国的“马歇尔计划”来恢复战后的经济，世界银行于是主要转为向发展中国家提供中长期贷款与投资，促进发展中国家经济和社会发展。世界银行的项目广泛分布于教育、医疗健康、公共管理、基础设施、金融及私人部门发展、农业以及环境和自然资源管理等诸多领域。

2.4.4 联合国

联合国是一个由主权国家组成的政府间国际组织，基于1945年10月24日生效的《联合国宪章》正式成立，截至2023年共有193个成员国，囊括了当前国际社会认可的所有主权国家，还有梵蒂冈和巴勒斯坦两个观察员国。

联合国有四项主要职责：第一，维护世界和平与安全；第二，发展国家间的友好关系；第三，促进国际合作，共同解决国际经济、社会、文化以及人道主义问题，并促进尊重人权；第四，成为协调各国行动以达成上述目标的中心。联合国的最主要职责是维护世界和平与安全，为此它的主要任务之一是帮助提高生活水平、促进充分就业以及经济与社会进步发展，通过消除贫困和提高人民生活水平为维护世界和平提供

---

① 参见国际货币基金组织官网。

基本条件。基于这一理念，联合国系统中约70%的工作都致力于完成这一任务。

2.4.5 二十国集团（G20）

G20包括19个国家（阿根廷、澳大利亚、巴西、加拿大、中国、法国、德国、印度、印度尼西亚、意大利、日本、韩国、墨西哥、俄罗斯、沙特阿拉伯、南非、土耳其、英国和美国）和欧盟，其GDP约占全球GDP的85%，贸易额在全球的份额超过75%，人口大约占世界人口的2/3，故G20是全球经济合作的首要论坛，并在塑造、强化全球结构以及所有全球主要经济问题治理方面发挥重要作用。[①]

G20合作始于1999年，是一个会议机制，而非组织机制，每年由轮值主席国设立临时机构来协调工作和组织会议，并举办峰会。论坛初期大多聚焦宏观经济问题，但是其议题随后扩展到包含贸易、气候变化、可持续发展、卫生保健、农业、能源、环境以及反腐败问题。

2.5 全球化的影响

二战后，科学技术的突飞猛进推动了全球化快速发展，使全球经济发生了巨大的变化，这些变化主要发生在以下几个领域：世界产出、国际贸易、FDI。

2.5.1 二战后世界产出的变化

二战后世界各国迅速构建了国际政治经济秩序，释放了生产力。从20世纪40—50年代开始，人类不断在原子能应用、空间探索、计算机、人工合成材料、遗传工程、分子生物等领域取得了突破性的进展。在短暂的战后恢复重建后，科学技术进步推动全球产出快速增长，如图2-3所示。

从世界GDP的增长趋势可以看出两点：首先，总体趋势在增长；1970年后世界产出开始步入快车道，1980年后开始腾飞，此后世界产出以加速度增长，其原因在于技术进步促进产出增长的滞后效应和累积效应。其次，进入21世纪后，尽管世界产出以更快的速度增长，但是其波动性也显著增强，其原因在于全球化的深入发展使得各国之间的联系比以往更加紧密，国家间的传导渠道增多，传导机制增强，故任何一国的经济变动都比以往任何时候更能影响其他国家。

在世界总产出中，尽管不同类别的国家的产出规模都在增长，但是不同类别国家的产出在世界产出中所占的比重发生了变化，具体见图2-4。低收入国家[②]在世界产

---

① 参见G20官网。

② 世界银行划分收入的标准是动态变化的。根据2022年7月1日更新的标准，人均国民总收入（GNI）高于13 205美元的国家为高收入国家，人均GNI介于4 256美元与13 205美元的为中等偏上收入国家，人均GNI介于1 086美元与4 255美元的为中等偏下收入国家，人均GNI少于1 085美元的国家为低收入国家。中等收入国家包括中等偏上收入国家和中等偏下收入国家。

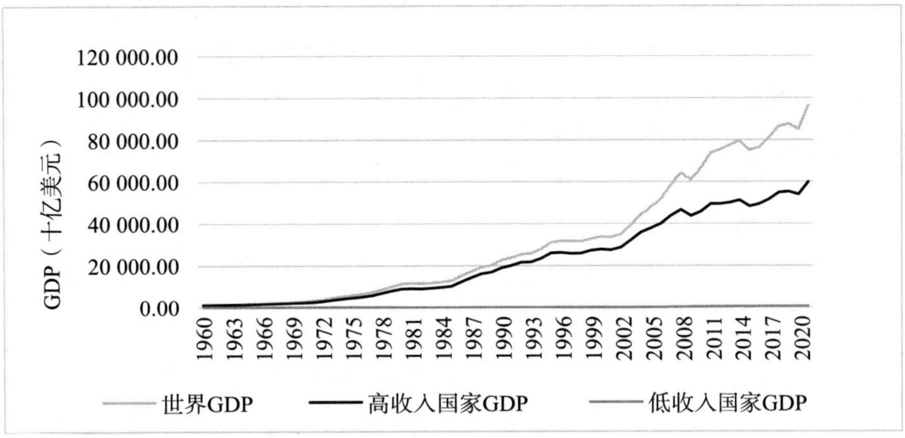

图 2-3　世界产出趋势图

资料来源：世界银行。

出中的比重不仅小，而且随着全球化的深入发展还在不断降低，从 1960 年占世界产出的 1.11%，持续下降到 1994 年的 0.29%，尽管之后有小幅回升，但是截至 2021 年，低收入国家在世界产出中的比重仍然只有 0.58%。高收入国家一直是世界产出的主要构成部分，但是其在世界产出中的比重也在下降。1960 年占世界产出的 76.81%，曾在 1992 年达到 84.97%，但是之后却稳步下降，到 2021 年，高收入国家占世界产出的比重降至 61.98%。中等收入国家是经过几十年发展后唯一出现增长的类别。1960 年中等收入国家占世界产出的 23.51%，到 2021 年增长到 37.13%。

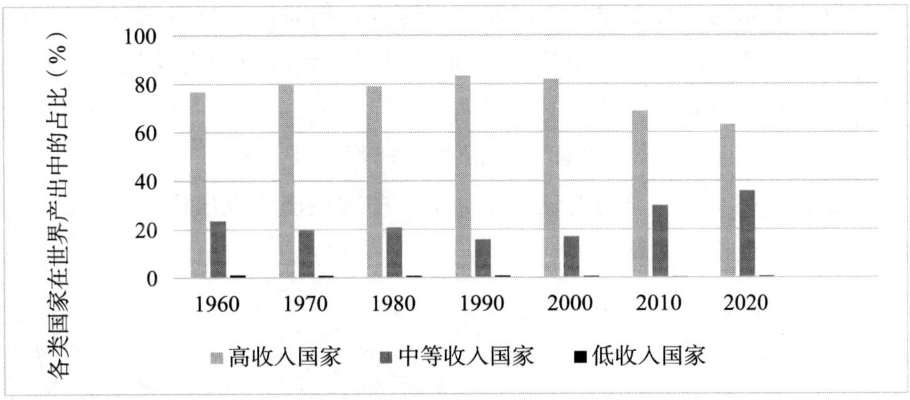

图 2-4　不同类别国家产出在世界产出中的占比

资料来源：世界银行。

几个主要国家的产出在世界产出中的比重也在下降，只有中国在世界产出中所占比重存在上升趋势，如图 2-5 所示。1960 年美国占世界产出的 39.02%，但是该比重随后稳步下降。20 世纪 80 年代后，美国在世界产出中的比重开始回升，特别是到 80 年代后期至 90 年代，美国率先进入信息经济时代，产出快速增长，遥遥领先世界其他国家。但是这一增长趋势被 2008 年的国际金融危机打断，此后美国在世界产出中的比重重新进入下降趋势。日本在世界产出中的比重经历了先上升再下降的过程。英国、法国、德国、意大利、加拿大在世界产出中的比重的基本趋势是下降的。中国在1960年占世界产出的4.29%，之后进入持续下降的过程，直到1987年该比重降至1.58%，随后开始持续增长，到2021年达到18.37%，仅次于美国，成为世界第二重要的国家。

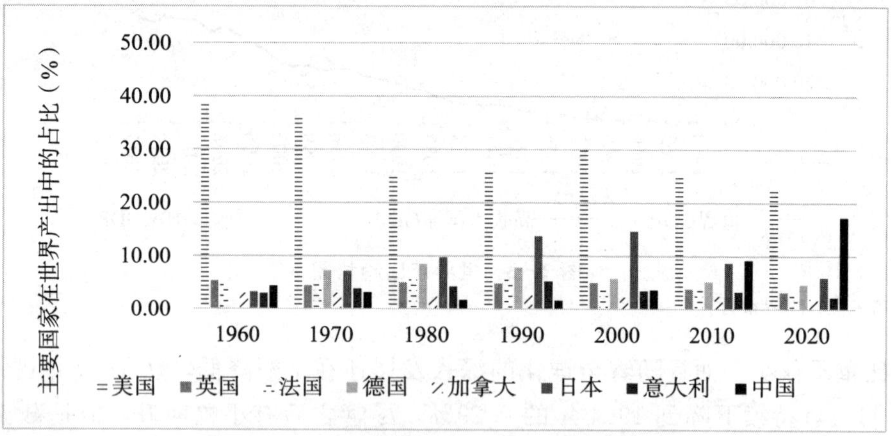

图2-5 世界主要国家在世界产出中的占比

资料来源：世界银行。

2.5.2 二战后国际贸易的变化

国际贸易包括国际货物贸易和国际服务贸易。尽管诸如运输、仓储、商业、饮食等之类的国际服务贸易早在奴隶社会时就已经存在，但是国际服务贸易真正得到发展还是在20世纪70年代之后。如图2-6所示，世界贸易规模的变动趋势与图2-3所示的世界产出变动趋势基本一致，充分说明生产是交换的基础。无论是世界产出还是世界贸易规模均从2002年开始以远高于以往的速度在飞速提升。中国通过入世积极融入全球化进程，在生产与贸易的良性互动下，中国经济迸发出极强的活力，推动世界产出及世界贸易规模飞速跃升。

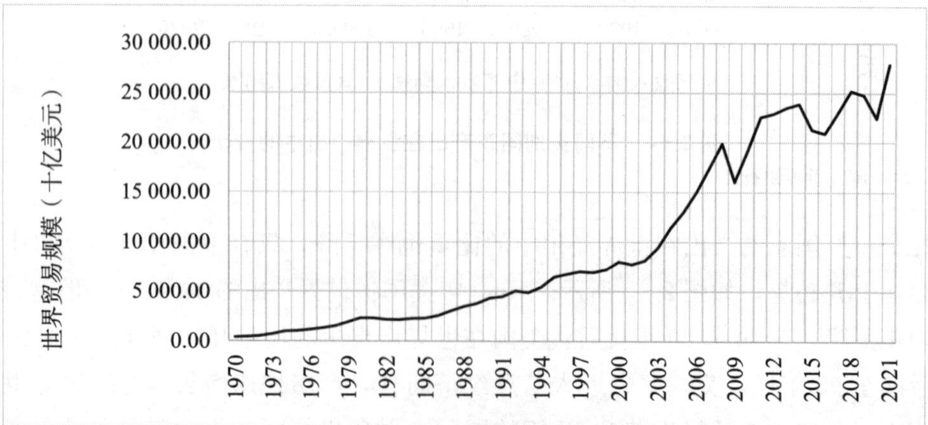

图2-6 世界贸易规模变动趋势图

资料来源：世界银行。

就主要国家的贸易占比而言，其变动趋势也与各自的产出占比变动趋势基本相同，如图 2-7 所示。美国对外贸易额在世界贸易总额中的比重经历了下降后小幅上升再下降的过程。1970 年美国对外贸易额占世界贸易总额的 15.53%，之后逐渐下降到 1979 年的 12.05%。此后缓慢地波动式上升到 1999 年的 13.82%，进入 21 世纪后美国对外贸易额在世界贸易总额中的比重再不复 20 世纪 70 年代的水平。其他几个发达国家中一枝独秀的当属德国，尽管其产出在世界产出中的比重多数时候不能与日本相比，但是其贸易额在世界贸易总额中的比重却绝大多数年份都高于日本，大体稳定在 8%左右。这种情况可能与两个国家不同的产业结构以及实行不同的贸易战略相关。

值得注意的是七国集团（G7）对国际贸易的影响。20 世纪 70 年代，G7 的贸易规模超过世界总贸易规模的 1/2。这种占据国际贸易半壁江山的情况一直持续到 20 世纪 90 年代苏联解体。东欧剧变后，原社会主义国家政治经济体制转型，实现恢复发展；韩国以及东南亚国家在承接国际产业转移过程中大获成功；以中国、印度、巴西、俄罗斯、南非金砖五国为代表的新兴经济体快速崛起。这些国家的贸易额在世界贸易总额中的比重上升，导致 G7 的贸易额在世界贸易总额中的比重相对下降。

1978 年中国刚刚开始改革开放时，在世界贸易中所占的比重在 0.45%的最低点，随后缓慢回升。到 1992 年邓小平同志南方讲话时，这一比重上升到 1.15%。中国对外贸易真正飞速增长是从 2002 年开始，2002 年前中国用了 23 年的时间使自己在世界贸易中的比重变动了 3 个百分点，但是此后的 20 年时间里中国成功地把该比重提高了将近 9 个百分点。这一变动趋势充分说明融入全球化发展进程对中国对外贸易乃至中国经济发展的重要性。

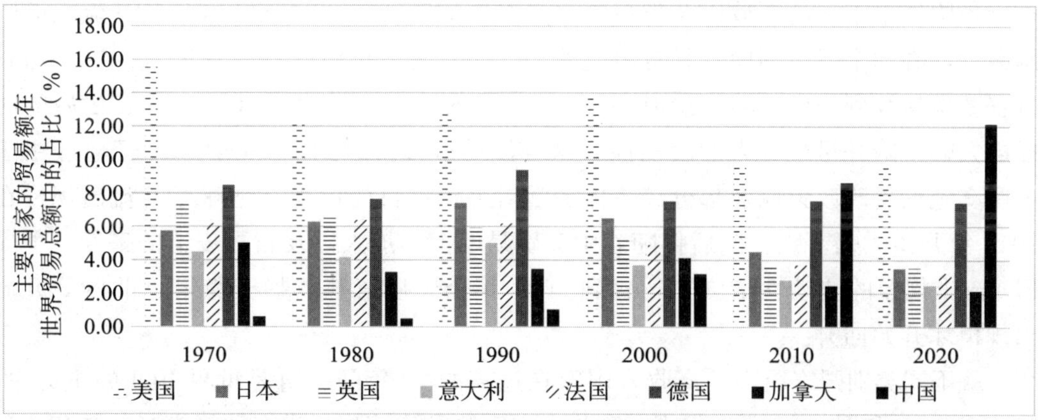

图 2-7　主要国家的贸易额在世界贸易总额中的占比

资料来源：世界银行。

2.5.3　二战后全球 FDI 的变化

二战后，随着全球化的深入发展，在宏观方面，国际政治经济形势发生了极大的变化，特别是 20 世纪 80—90 年代以来，部分国家纷纷进行市场经济改革，积极实施去规则化，极大优化了FDI的外部环境；在微观方面，企业的生产技术及管理技术也发生了巨大的变化。基于上述原因，二战后全球范围内FDI发生了较大的变化，如图2－8所示。

FDI与全球化的发展相互促进。FDI的增长推动全球化持续向着广度和深度发展，而全球化的发展又会反过来要求FDI从规模、区位以及行业结构等各方面进行调整，以使企业在变化了的全球化环境下更具竞争力。图2－8所示的全球FDI流出规模的变动趋势也反映了二战后全球化的大致发展轨迹。

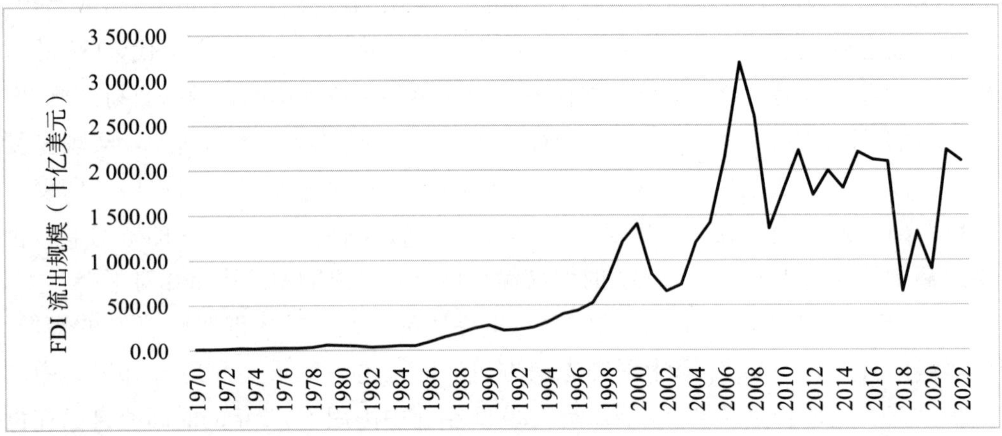

图2－8 世界范围内FDI流出规模变动趋势图

资料来源：世界银行。

全球FDI流出规模在20世纪80年代中后期之前一直保持温和的增长。此后伴随着各国资本市场的开放以及新自由主义思潮的盛行，全球范围内对FDI流入的限制减少，叠加全球范围内贸易自由化受阻，FDI流出规模开始快速增长。这一增长过程基本持续到2008年，受到国际金融危机的冲击，世界FDI流出量在之后的时段内大幅下降并呈现较大的波动性。这一波动过程持续到2018年：2017年底由于美国实施的税改政策以及部分经济体加强对外资项目的审查，全球FDI流出规模在2018年开始大幅下跌。此后伴随着中美贸易摩擦的加大以及新冠疫情的暴发，世界FDI流出规模的波动性增强了，直到2021年全球疫情基本趋于稳定，世界FDI流出规模才开始回升。

就不同类别国家而言，高收入国家在过去的50年间一直是世界FDI的主力军，对比图2－8和图2－9可以发现，高收入国家的FDI流出规模变动趋势与世界FDI流出规模变动趋势高度一致。如图2－9所示，低收入国家的FDI流出规模总额在过去50余年间基本没有大的增长，中等收入国家的FDI流出规模总额即使在2006年大幅增长后也基本保持稳定，对世界FDI流出规模的变动趋势不造成大的影响。

就世界主要经济体的FDI存量而言，各主要西方发达国家在世界FDI存量中的份额基本都在下降，如图2－10所示。与主要西方发达国家FDI存量变动趋势相反的是中国。自1980年以来，中国FDI存量在世界FDI存量中的份额持续上升，特别是在

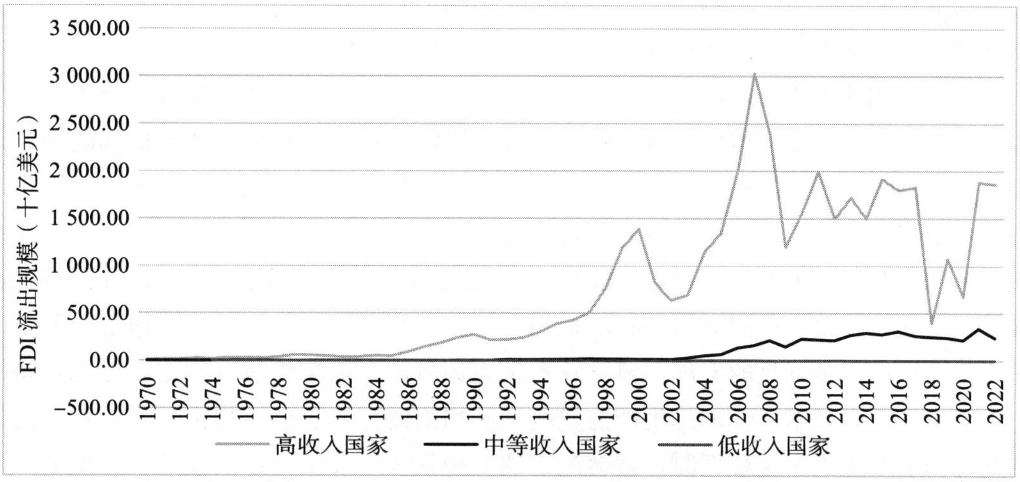

图 2-9 不同类别国家的 FDI 流出规模变动趋势

资料来源：世界银行。

21 世纪的第二个十年中，中国 FDI 存量在世界 FDI 存量中的份额从 2010 年的 1.55% 跃升至 2020 年的 6.53%，已经超过英国、法国、德国、日本等传统的对外投资国，仅次于美国和荷兰，成为世界第三大 FDI 存量国。①

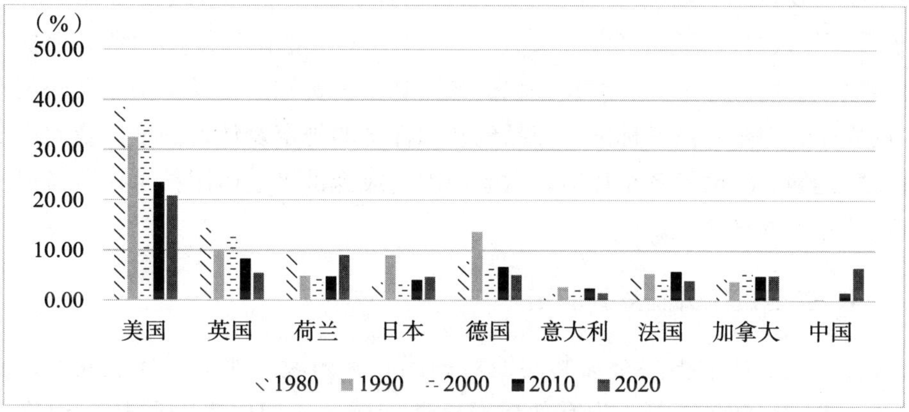

图 2-10 1980—2020 年间主要经济体 FDI 存量在世界 FDI 存量中的占比

资料来源：联合国贸易和发展会议。

2.6 全球化的曲折发展

全球化是一柄“双刃剑”，为世界带来发展和进步，同时埋下发展的“苦果”，当时机成熟，就会在政治、经济、社会、文化、生态环境以及意识形态等各领域对世界造成冲击，使全球化呈现曲折式发展、波浪式前进的发展路径。甚至可以说，在全球

① 产出、贸易以及 FDI 流量数据均来自世界银行，FDI 存量数据来自联合国贸易和发展会议。

化的整个发展过程中，全球化及其对立面如影随形，两者此消彼长、相互掣肘。在某一领域全球化的勃兴就意味着其对立面的式微，反之亦然。

就全球化的本质而言，全球化是一个人类不断突破自身的认知局限和技术羁绊的成长历程。因此，在全球化进程中的每一次阶段性演进，都意味着人类认知能力和认知水平以及技术水平的颠覆性提升。然而，在人类社会的每一次阶段性飞跃得以实现之前，全球化的阶段性转变却需要一定的时滞。在此期间，原全球化的主导力量与在新的认知与技术水平基础上形成的新的全球化力量之间必然存在相互的制约与抵抗，导致全球化的反复（或回潮）。就全球化的内在驱动机制而言，生产力和生产关系的矛盾运动推动了全球化的发展。科学技术是先进生产力的集中体现和主要标志，是第一生产力。而以技术为代表的生产力发展是不均衡的，当这种不均衡分布在现有的全球化架构下累积到一定程度时，就会遭遇现有国际政治经济秩序的制约，自然要求新的全球化架构与之相适应。伴随着 2008 年国际金融危机、2016 年英国脱欧以及一系列的贸易保护主义措施的出现，当前的全球化表现出在曲折中发展的态势。

2.6.1 贸易保护主义复兴

自 2008 年金融危机后，为了加快国内经济复苏，主要西方国家采用隐蔽性强的绿色贸易壁垒及技术贸易壁垒等措施加强贸易保护。英国经济政策研究中心发布的《全球贸易预警报告》显示，2008—2016 年，美国对其他国家发起的贸易保护措施多达 600 余项，位居全球第一。欧盟是积极参与者，其实施的贸易保护主义政策涉及工业产品的安全、卫生、技术标准、商品包装和标签的规定及认证制度以及农产品的生产、加工、运输、储藏等各个环节。欧盟也因此成为世界上运用技术性贸易保护措施最多和最严格的地区之一。

2.6.2 多边合作机制受到冲击

全球化的发展造成很多全球共同面对的问题和困境，如生态环境问题、能源问题、跨国犯罪、疾病传播等。为有效应对这些问题，长期以来国际社会构建了一系列多边合作机制，取得了卓有成效的进展。作为全球化的主要受益者和规则制定者，西方主要发达国家一直都是多边合作机制的引领者。但是 2008 年金融危机后，世界经济复苏缓慢，西方主要发达国家亟须解决的国内问题繁杂和棘手，如失业率居高不下、欧债危机、难民危机、通货膨胀率持续上升等，在这种背景下，发达国家开始鼓励资本回流，重振本土制造业，并锁定绿色能源等高端制造业加以重点扶持。

2.6.3 全球分工协作体系受到冲击

复杂的全球协作生产供应体系成为推动全球 GDP 增长的主要力量，1995—2008 年间，基于贸易衡量的全球价值链参与率由 35.2%提升至 46.1%，基于生产衡量的全球价值链参与率由 9.5%提升至 14.2%。就全球价值链的平均生产长度而言，中国、美国、德国、荷兰、日本、韩国、意大利、法国、比利时、墨西哥等进出口排名前十的国家，在 2008 年国际金融危机前，基于前向联系和基于后向联系的全球价值链平均生产长度均呈现扩张态势。日益拉长的全球价值链平均生产长度意味着最终制成品完成之前多次经过贸易壁垒，因此顺畅的全球生产要求各国普遍降低贸易壁垒。

然而，有学者以贸易限制指数测度 G20 国家的贸易保护程度，结果表明，2000—2015 年大部分经济体贸易保护程度在波动中呈下降趋势，其中中国下降幅度最大；但是发达经济体的贸易保护程度呈上升趋势，2008 年后，特别是 2012 年欧债危机后，欧盟、日本、韩国、美国的贸易限制指数分别从 2012 年的 4.11、4.43、35.31、4.74 上升到 2015 年的 4.90、4.70、41.39、5.18，其贸易保护程度均有所上升。在此背景下，全球供应链的成本开始上升，世界主要发达经济体已经着手加强供应链的风险防范与控制。

近年来，全球产业链、供应链的脆弱性问题进一步凸显，使得主要经济体更加确认供应链安全问题的重要性和迫切性。如果少数位于全球价值链中心位置的国家生产停止，或是停止关键部件的提供，将对全球产业链、供应链造成严重的损害。因而基于安全性和稳定性考虑，企业势必要对全球供应链进行重组。一方面，对外国供应商的合作关系持审慎态度，可能考虑让部分活动回流国内，缩短跨境供应链，以降低供应链过长可能导致的外部冲击的风险概率；另一方面，建立多元化的供应商组合，从而降低生产过于集中的脆弱性，分散不确定性风险，这因此将使全球供应链向着本地化及多元化的方向进行调整。

章末案例

中国企业在非洲

截至 2022 年底，中国对非洲直接投资存量超过 470 亿美元。在非洲投资的中国企业有 3 000 余家，七成以上是民营企业，它们是中国拓展非洲市场的主力军。中国对非投资领域正不断拓宽，很多中国企业员工本地化率都在 80%以上，同时加大对非技术转移、人员培训等，为非洲国家社会稳定和发展振兴做出了重要贡献。

中国企业投资非洲帮助这些国家节省了外汇。华嘉铝业 2017 年开始在埃塞俄比亚建厂生产铝型材，现在年产量达到 1 万吨。铝型材的本地化生产帮助埃塞俄比亚节省了不少外汇。此外，中国企业还帮扶非洲本地企业发展，比如向缺钱的小企业提前付款，帮它们渡过难关。

中国企业投资非洲也帮助中国企业拓展了海外市场。坦桑尼亚、乌干达等广大撒哈拉以南非洲国家享受美国《非洲增长与机遇法》和欧盟关于非洲产品免关税、免配额的政策，中国企业投资这些国家可以规避反倾销等贸易壁垒。

英国《经济学人》报道称，在中国巨大的投资力度下，非洲消费者从廉价的中国产品中受益。2021 年，伦敦政治经济学院的一篇论文发现，中国直接投资在 6～12 年后，对非洲的经济活动产生了积极影响。

资料来源：在非洲感受中国民企投资热. 环球网，2023-09-02.

本章小结

本章内容主要包括全球化的概念、全球化的驱动力、国际机构、全球化的影响以及全球化的曲折发展。

1. 全球化，本书特指经济全球化，是经济资源在全球跨境流动，推动世界各地向着更加相互融合、更加相互依存的方向发展的过程。全球化有多个侧面，本章主要分析市场全球化和生产全球化。市场全球化是指各个原本相互孤立、相互分隔的不同国家市场通过经济资源的跨境流动而逐渐融合的过程。生产全球化是指企业在全球不同地区进行产品的生产或服务的提供，以便充分利用世界各地在生产要素供给方面的成本和质量差异。

2. 从唯物史观的视角而言，全球化是一个矛盾的动态发展过程。在这一过程中，技术进步与国际政治经济秩序的矛盾运动过程始终推动着全球化的发展。

3. 随着全球化的发展，国际商务活动日益增加。为维护世界和平稳定的环境和市场秩序，国际货币基金组织、世界银行、联合国、世界贸易组织以及 G20 等机构和合作平台陆续得以创立。

4. 二战后，科学技术的突飞猛进推动了全球化快速发展。世界产出在 20 世纪 70 年代步入快车道，1980 年开始腾飞，进入 21 世纪后尽管增长速度加快，但是波动性也显著增强。世界贸易与世界产出的增长趋势高度相似。全球 FDI 流出规模在 20 世纪 80 年代中后期之前一直保持温和的增长，之后开始快速增长，其增长势头持续到 2008 年，此后全球 FDI 流出规模进入波动性增长阶段。

5. 在全球化的整个发展过程中，全球化及其对立面如影随形，两者此消彼长、相互掣肘。

关键词和术语

全球化　　市场全球化　　生产全球化
全球分工协作体系　　全球价值链

思考题

1. 在全球化的发展过程中，技术进步如何影响了市场全球化和生产全球化？
2. 生产全球化对企业有哪些影响？

3. 市场全球化如何影响全球消费者和企业？

4. 全球化的过程可以逆转吗？

5. 分析全球化给全球贸易和投资带来的变化。在这样的变动过程中，作为发展中国家的企业，中国企业如何更好地应对并发展？

6. 对比历史上的几次全球化回潮，本轮逆全球化存在哪些不同？

延伸阅读

[1] 约瑟夫·E. 斯蒂格利茨. 全球化逆潮. 北京：机械工业出版社，2019.

[2] 丹尼·罗德里克. 全球化的悖论. 北京：中国人民大学出版社，2011.

第3章 数字经济的兴起与发展

学习目标

1. 掌握数字经济的概念
2. 了解数字贸易的内涵
3. 了解世界数字贸易发展趋势
4. 掌握跨境电商的概念与分类
5. 了解全球主要跨境电商平台

引导案例

2022 年美国电商市场规模逾万亿美元

comScore 数据显示，2022 年美国电子商务市场规模达到 1.09 万亿美元，首次突破万亿美元大关。美国 2022 年第四季度电子商务总额为 3 322 亿美元，同比增长了 18%；其中移动端同比增长 26%，移动端在电子商务总额中的占比已接近 40%，超越桌面端占比。

comScore 表示，2018 年到 2022 年底，美国电商中的杂货类销售额增长了 333%。2018 年第四季度，美国消费者在网上购买杂货的支出不到 150 亿美元，而在 2022 年第四季度，这一数字达到了 640 亿美元，其中近一半交易通过移动设备完成。

与此同时，美国的社交商务市场也在不断扩大，Facebook 上零售商和品牌赞助内容的参与度提高了 153%，Instagram 上的这一数据也提高了 175%。社交媒体新兴强者 TikTok 也获得了一定增长：消费品类相关活动增加了 33%，直接零售参与度增加了 150%。

此外，2020—2022 年，美国零售和消费品品牌的浏览量增幅达到了惊人的 407%，尽管这并不一定能直接转化为销售量。有趣的是，86%的 TikTok 用户也使用或至少访问过亚马逊，双边卖家也注意到了这一趋势，并主动加以利用。社交商务正在成为零售生态系统中不可或缺的一环。

资料来源：美国 2022 年在线零售额首次突破 1 万亿美元. 福建省商务厅官网，2023－03－04.

3.1 引言

随着信息技术以及数字化技术的成熟与应用，数据作为一种新的生产要素广泛参与到传统经济活动中，形成新的经济形态——数字经济。数字经济推动全球要素资源重组，重塑各国经济结构，已经成为全球经济增长的新引擎。数据成为数字经济的关键生产要素，与以往诸如劳动力、资本、土地等生产要素不同，数字技术将海量烦琐的数据转化为有价值的交易信息、数字服务等，降低了交易成本，优化了资源配置，提升了企业全要素生产率。在数字经济发展的引领下，数字技术在全球贸易领域也加快渗透，推动数字贸易迅猛发展，并带来贸易方式和贸易对象的深刻变革。数字贸易的兴起源于数字经济，是全球化和数字经济发展到一定阶段的产物，形成新的价值创造模式——数字价值链。数字经济时代，跨境电商发展也呈现出巨大的潜力与机遇。数字技术的发展和互联网的普及消除了全球范围内消费者与商家之间的地理距离限制，通过电子商务平台，实现"买全球，卖全球"。数字技术创新将加速跨境电商便捷化和高效化，实现供应链的优化与精准化，提供个性化产品和服务。

3.2 数字经济的产生与发展

21世纪以来，以数字技术为主导的新一轮技术革命在世界范围内展开，数字技术与实体经济深度融合，不断改变着传统产业的生产方式，为技术创新、产品创新、组织和营销方式创新提供了新动能，为企业优化资源配置提供了新平台。

3.2.1 数字经济产生的背景

3.2.1.1 数字技术创新

通常认为，数字技术创新不但提高企业业绩，还诞生新产品、新服务和新商业模式。数字技术创新具有以下特征：

（1）数字技术创新具有虚拟性。数字技术营造出了虚拟的数字化空间，克服了物理条件对技术创新及应用的约束。数字技术创新的虚拟化主要带来两个方面的变化：一方面是技术模块得到虚拟化的完整呈现，模块之间的互联性显著增强，带来了更多的创新可能性。另一方面是数字技术实现了实体经济在数字化空间的虚拟反应，增强了实体经济在创造消费者价值等方面的能力。

（2）数字技术创新以数据为核心。数据是数字创新的最核心要素，数字技术创新主要由数据驱动，数据量的不断增加将进一步促进创新效率的提升。在数字经济中，价值链的各个环节均围绕着数据进行，而非依附于传统的物质产品，形成独立的数据价值链。

（3）数字技术创新具有深层构建性。数字技术在与传统经济进行深入融合时，将形成新的数字技术组合，创造出大量新业态、新模式，改变产业组织的生产关系，对产业组织进行重构。

（4）数字技术创新有利于数字经济形成良性循环“生态圈”。通过数字技术整合数据价值链各个环节，可以形成数字经济“生态”系统。从消费角度来说，数字创新可以大大降低信息成本，提高创新网络的连通性，缓解消费端与创新端的信息不对称，增加消费者对异质性的需求。从生产角度来说，对于更高利润、更高生产效率的追求，可以激发数字创新。数字创新行为又使得生产部门获得更高的利润和更低的成本，实现循环创新。同时，数字经济通过数字创新实现不同产业间跨界关联，与实体经济深度融合，推动区域技术创新，优化产业结构，形成相关产业间良性循环。

3.2.1.2 数字经济概念的衍生

20 世纪 90 年代，随着互联网技术日益成熟，数字技术与互联网技术融合，不断产生新生产要素，形成新商业模式，譬如电子商务。新业态、新模式引致经济特征发生变化，需要新概念加以界定。1996 年美国学者唐·泰普斯科特（Don Tapscott）首次提出“数字经济”概念。美国商务部在《浮现中的数字经济》I 和 II 以及 2000 年、2002 年和 2003 年的《数字经济》报告中从信息技术角度阐述了数字经济的内涵。同时，经济合作与发展组织在 2014 年《衡量数字经济：一个新的视角》中也有所涉及，但是对于数字经济尚未形成明确的概念和范围界定。一直到 2016 年 G20 国际峰会，数字经济概念得到明确界定：“以使用数字化知识和信息为关键生产要素，以现代信息网络作为重要载体，有效使用信息通信技术作为提高效率和优化经济结构的重要推动力的一系列经济活动”。根据中国《数字经济及其核心产业统计分类（2021）》，数字经济可以被划分为核心数字产业和非核心数字产业。具体而言，计算机通信和其他电子设备制造业、电信广播电视和卫星传输服务业、互联网和相关服务业、软件和信息技术服务业等都属于核心数字产业。它们完全依赖数字技术、数据要素，能够提供数字技术、产品、服务、基础设施和解决方案。非核心数字产业则指产业数字化部分，也被称为数字经济融合部分，应用数字技术和数据资源为传统产业带来的产出增加和效率提升，是数字技术与实体经济融合的结果。

3.2.2 数字经济发展——数字贸易

3.2.2.1 数字贸易发展的历史演进

国际商贸活动不断演进升级，从传统商务贸易到电子商务，到跨境电子商务，再到现在的数字贸易。

传统商务和贸易指一切以货币为媒介的交换活动或行为，不仅包括国内贸易，也包括国际贸易。相对来说，传统商务贸易范围是最为广泛的。

电子商务是指商务活动的电子化、网络化，即借助信息技术开展商务贸易活动，如线上推广、网络零售、移动支付等。经济合作与发展组织在《电子商务的经济与社会影响》中将电子商务定义为“发生在开放网络上的企业之间、企业和消费者之间的商业交易”。

电子商务活动范围扩大，跨越国界，衍生为跨境电子商务。阿里研究院发布的《2016年中国跨境电商发展报告》将跨境电子商务进行广义和狭义区分。广义的跨境电商指分属不同关境的交易主体通过电子商务手段达成的跨境进出口贸易活动。狭义的跨境电商特指跨境网络零售，指分属于不同关境的交易主体通过电子商务平台达成交易，进行跨境支付结算，通过跨境物流送达商品，完成交易的一种国际贸易新业态。

数字贸易是电子商务的发展与延伸。数字贸易更突出数字化产品和服务贸易。美国认为数字贸易不仅包括网上消费产品的销售和在线服务的供应，还包括使全球价值链成为可能的数据流、使智能制造成为可能的数字服务以及无数其他平台和应用。澳大利亚和经济合作与发展组织也将信息和数据的跨境流动、数字的物理传输包含其中。

3.2.2.2　数字贸易概念的演进

关于数字贸易的概念，国内外尚未形成统一的认识，美国、澳大利亚等国家和经济合作与发展组织等国际组织均尝试对数字贸易进行界定。

美国国际贸易委员会（United States International Trade Commission，USITC）是最早提出数字贸易概念的官方机构之一。根据美国国际贸易委员会在2013年、2014年发布的《美国与全球经济中的数字贸易Ⅰ》和《美国与全球经济中的数字贸易Ⅱ》，数字贸易是以网络或网络技术为基础开展的在线订购、生产交付和服务等国际贸易活动。数字贸易的标的具体包括：

（1）基于数字技术递送的数字产品和服务。

（2）使用数字技术订购的产品和服务，如电子商务平台上购买的实体货物。

（3）利用数字技术生产的产品和服务，如存储软件、音乐、电影CD和DVD等。

2017年，美国贸易代表办公室（Office of the United States Trade Representative，USTR）发布的《数字贸易的主要障碍》报告认为，数字贸易应该是一个广泛的概念，不仅包含个人消费品在互联网上的销售以及在线服务的提供，还包括实现全球价值链的数据流、实现智能制造的服务以及无数其他平台和应用。

澳大利亚政府在2017年发布的《澳大利亚网络国际化战略》中指出，数字贸易不只是线上商品和服务贸易，还包括信息和数据的跨国流动。

经济合作与发展组织认为数字贸易是指数字技术赋能于商品和服务贸易，涉及物理交付和数字交付的贸易，有助于软硬件基础设施的供给，加速全球价值链的贸易。

世界贸易组织暂时没有采用“数字贸易”表述，主要沿用“电子商务”概念，即通过电子方式生产、分销、营销、销售或交付货物和服务。

2020年3月，经济合作与发展组织、世界贸易组织、国际货币基金组织发布《数字贸易测度手册》，将数字贸易定义为“所有通过数字订购和/或数字交付的贸易”。

综上，数字贸易是以数据为核心生产要素，以数字技术为手段，以数字产品或服务为载体，通过数字交易并以电子方式跨境传输的国际贸易。数字贸易可以实现传统实体货物、数字产品与服务、数字化信息的高效交换，是传统贸易在数字经济时代的拓展与延伸。

3.2.2.3 数字贸易的内涵

从数字贸易的概念来看，数字贸易的构成需要具备三个条件：数字产品和服务；数字订购、数字交付或者数字中介服务；数据跨境传输。数字贸易可以分为三种模式，即数字订购模式、数字产品贸易模式和数据服务模式。

数字贸易概念蕴含丰富的内涵：第一，无论电子商务还是跨境电商，只有为货物或服务提供跨境数字服务的部分才算数字贸易。第二，数字产品的载体可以是货物，也可以是服务。第三，数字贸易的实现可以通过数字平台方式，也可以通过非数字平台方式。具体而言，数字贸易具有如下特征：

（1）虚拟化。数字贸易的虚拟化主要体现在三个方面：其一，要素虚拟化，即生产过程使用数字化知识与信息；其二，交易虚拟化，即交易在数字化平台进行；其三，传输虚拟化，即数字产品与服务的流通传输虚拟化。

（2）平台化。数字化平台是配置资源的核心组织，更是实现价值创造的核心。平台与制造商、商家、支付企业、物流企业等，共享数据资源、共创价值，形成数字贸易生态系统。平台化运营已经成为互联网企业的主要商业模式，淘宝、阿里巴巴等电子商务平台是其中的典型代表。

（3）集约化。数字贸易依托大数据，实现要素集约化投入，促进研发、设计、采购、生产、营销等各环节的精准匹配。

（4）普惠化。数字技术的广泛使用降低了贸易门槛，中小企业、自然人都可以通过平台，面向全球消费者提供服务。

（5）个性化。根据消费者的个性化需求提供定制化产品与服务。

（6）生态化。借助数字技术搭建的全球网络空间，各环节参与者沟通合作、共享数据资源，共同实现价值创造，形成一个互利共赢的生态体系。

3.2.3 世界数字贸易发展

在全球化与信息化推动下，数字贸易已呈现出爆炸式增长态势，跨境数据的增长速度远高于传统的货物与服务贸易。根据中国信息通信研究院《全球数字经贸规则年度观察报告（2022年）》，2011—2020年，数字服务贸易复合增长率达4.4%，显著高于服务贸易增长率（1.19%）和货物贸易增长率（−0.4%）。与数字经济分类一致，数字贸易也可以分为贸易数字化和数字贸易化。

3.2.3.1 贸易数字化

贸易数字化指信息通信技术与传统货物贸易手段融合渗透，与跨境电子商务的内涵基本相符，包含贸易方式的数字化和贸易对象的数字化两大部分。

贸易方式的数字化，即面向贸易全流程、全产业链的数字化转型。贸易方式数字化存在两个方面的作用：第一，可以推动传统贸易大部分流程的数字化、网络化和智能化的发展，实现贸易成本更低、效率更优、主体更多元化。第二，可以促进各类服务贸易跨境交付方式的数字化变革，丰富了贸易的形式。贸易方式的数字化催生了新模式和新业态，比较有代表性的是跨境电子商务。根据阿里研究院的研究，2014 年全球 B2C 跨境电商市场规模为 2 360 亿美元，到 2020 年则超过 9 940 亿美元，年均增幅超过 27%。

贸易对象的数字化，即以数字形式存在的要素和服务成为国际贸易的重要交易对象。贸易对象的数字化大体可以分为三类：第一类是信息通信服务的贸易，包括电信服务、计算机服务、软件复制和分发等，可以为经济社会各领域的数字化发展提供强有力的支撑。第二类是信息通信赋能的其他服务贸易，包括数字金融、数字教育、数字医疗、工业互联网等数字化服务贸易。第三类是具有商业价值的数据要素的跨境流动。这些都可以归为通过计算机网络完成远程交付的国际贸易，代表性的业态为各类型可以通过线上交付的服务贸易。

由图 3-1 可见，2005—2021 年，全球数字交付贸易出口规模从 1.20 万亿美元增长到 3.81 万亿美元，增长 2.175 倍，年均增长速度为 7.5%。全球数字交付贸易出口规模在全球服务贸易出口中的比重呈现持续增长态势。2017 年以前，增长较为平缓，从 2005 年的 44.67%增长到 2017 年的 51.12%。2018 年以后，全球数字交付贸易出口规模在全球服务贸易出口中的比重迅速提高，到 2020 年达到顶峰 64.46%。2021

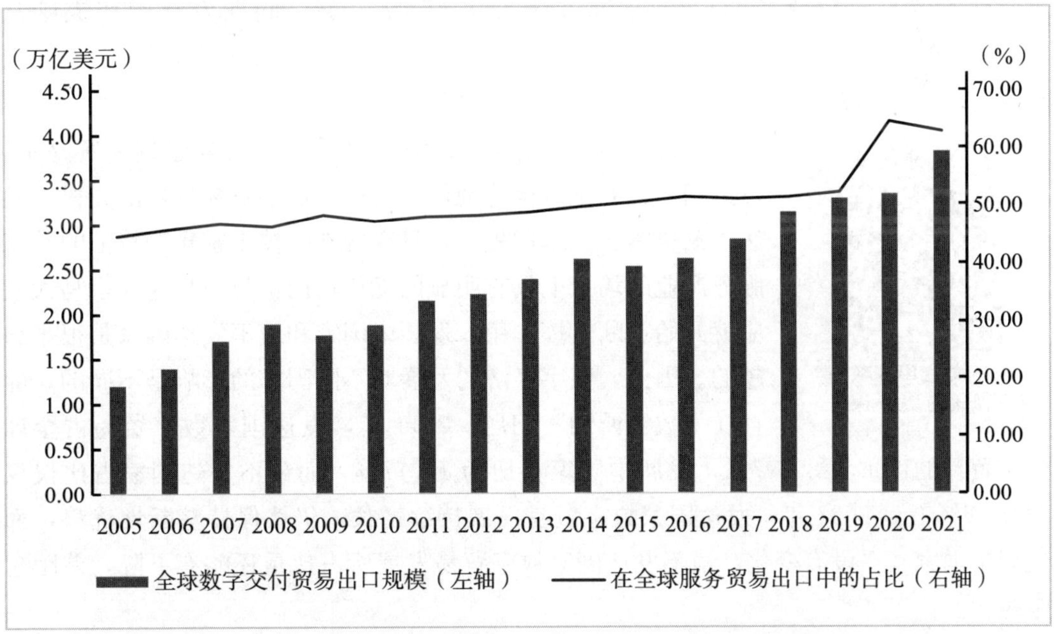

图 3-1 2005—2021 年全球数字交付贸易出口规模及其在全球服务贸易出口中的占比

资料来源：联合国贸易和发展会议。

年，该比重为62.77%，保持良好增长态势。数字交付贸易在服务贸易中的核心地位得到确定和巩固。从长期趋势来看，数字交付贸易出口增速超过服务贸易出口增速。需要指出的是，中国信息通信研究院发布的《数字贸易发展白皮书（2020年）》指出，全球数字贸易忽略了商业存在模式的数据，仍存在被严重低估的可能，否则数字交付贸易数据将更为扩大。

总体而言，全球数字贸易发展迅速，但是各国数字贸易发展极为不平衡。美国、英国、欧盟、日本、加拿大是全球数字贸易强国（地区），而发展中国家及最不发达国家数字贸易发展则相当落后。

单个国家中，美国数字交付贸易出口规模一直排名全球第一，得益于其数字技术和产业的绝对优势，拥有苹果、谷歌、亚马逊、微软等超大跨国信息通信服务（电信、计算机和信息服务）企业。英国紧跟美国，在单个国家数字贸易中排第二位。值得注意的是，英国数字交付贸易出口在英国服务贸易出口中所占比例一直在72%以上，最高达到2021年的84.78%。这主要得益于英国伦敦在世界金融体系中的核心地位，以及其发达的金融、保险服务业。欧盟、日本、加拿大等发达国家或地区的数字交付贸易出口规模增长都较为迅速。

中国数字交付贸易出口规模从2011年的1 151亿美元增长到2021年的2 646亿美元；2011—2021年，中国数字交付贸易出口额占中国服务贸易出口总额的比重从32.39%增长至49.06%，增长速度尚不及美国等发达国家。

另外，从世界各国发达程度来区分可以看出，发达国家数字交付贸易出口发展更快，占其服务贸易出口比重日益提高。2011—2021年，发达国家数字交付贸易出口额占其服务贸易出口总额的比重从53.01%增长至67.16%；同期发展中国家则从40.20%增长到51.03%；而最不发达国家该比重仅仅从20.43%增长至20.58%，几乎没有增长（见表3-1）。

延伸阅读

最不发达国家数字鸿沟日益加深

与此同时，从表3-2中可以看出，在全球数字贸易中，发达国家占有绝对优势地位，占据了数字贸易发展的先机。发达国家资本、技术优先，在具有资本、技术密集型特征的数字服务产业的培育上具有明显的优势；而优势一旦建立，马太效应就开始不断发挥作用，发展中国家和最不发达国家是很难逾越的。因此，数字经济的发展对不同国家的影响是不同的，即存在“数字鸿沟”问题。2011年，发达国家数字贸易占全球数字贸易的比重为80.97%，发展中国家占比为18.77%，而最不发达国家占比仅仅为0.26%。到2021年，发达国家数字贸易发展持续增长，仍然保持垄断性优势，而发展中国家几乎没有变化，最不发达国家数字贸易发展所占比重还略有下降，差距越来越大。

表 3-1　2011—2021 年世界主要国家（地区）数字交付贸易出口规模及占比

		2011	2012	2013	2014	2015	2016	2017	2018	2019	2020	2021
美国	金额（亿美元）	3 777	3 996	4 156	4 430	4 461	4 629	5 060	5 158	5 441	5 536	6 130
	比重（%）	58.59	58.34	57.77	58.51	57.99	59.09	60.42	59.59	61.05	76.21	77.08
英国	金额（亿美元）	2 517	2 534	2 700	2 873	2 733	2 703	2 800	3 173	3 118	3 270	3 533
	比重（%）	74.41	74.63	73.93	73.66	73.18	72.82	73.82	74.47	76.12	74.64	84.78
欧盟	金额（亿美元）	8 067	8 138	8 971	10 089	9 533	10 007	11 041	12 482	13 147	13 079	15 016
	比重（%）	48.97	50.01	51.06	52.89	54.15	55.11	54.66	54.98	56.34	64.96	62.86
日本	金额（亿美元）	736	640	674	872	862	970	1 016	1 071	1 195	1 162	1 224
	比重（%）	52.27	46.77	49.82	53.25	53.00	55.19	54.39	55.15	57.03	71.70	72.90
加拿大	金额（亿美元）	509	537	548	538	489	492	528	605	650	665	753
	比重（%）	58.15	58.33	58.48	57.99	57.51	56.37	55.85	57.40	57.60	70.91	72.53
中国	金额（亿美元）	1 151	1 177	1 294	1 492	1 463	1 468	1 613	1 962	2 076	2 181	2 646
	比重（%）	32.39	31.61	32.88	36.14	36.81	38.39	38.74	41.01	43.19	54.50	49.06
发达国家	金额（亿美元）	17 531	17 890	19 184	20 968	20 126	20 952	22 679	24 924	26 051	26 188	29 688
	比重（%）	53.01	53.26	53.74	54.85	55.74	56.72	56.66	56.78	57.83	68.42	67.16
发展中国家	金额（亿美元）	4 692	5 140	5 170	5 229	5 636	6 442	6 826	7 198	8 426	7 198	8 426
	比重（%）	40.20	41.30	39.11	36.69	40.25	46.13	44.43	41.96	47.18	53.25	51.03
最不发达国家	金额（亿美元）	60	67	67	75	66	65	68	75	81	75	71
	比重（%）	20.43	20.92	18.55	19.38	17.68	17.79	17.51	16.38	16.40	22.99	20.58

资料来源：联合国贸易和发展会议。

表 3-2　2011—2021 年不同发达程度国家数字贸易占全球数字贸易比重（%）

	2011	2012	2013	2014	2015	2016	2017	2018	2019	2020	2021
发达国家	80.97	79.77	79.53	79.66	78.82	79.21	79.36	78.54	78.32	77.93	77.75
发展中国家	18.77	19.96	20.22	20.09	20.94	20.57	20.43	21.25	21.46	21.87	22.07
最不发达国家	0.26	0.27	0.25	0.25	0.24	0.22	0.21	0.21	0.22	0.20	0.18

资料来源：联合国贸易和发展会议。

延伸阅读

亚马逊 2021 年财报强势出炉

3.2.3.2　数字贸易化

数字贸易化主要指数据、数字内容产品（音乐、视频、图书、游戏等知识产权内容）和信息技术服务（云计算提供的基础设施服务、平台服务、软件服务，以及相关的解决方案、数据分析和安全防护等）。数字技术的发展极大地改变了数字产品和服务贸易的基础，进而引致服务贸易发生变化，促进服务贸易发展。按照联合国贸易和发展会议的报告，数字服务贸易可以细分为保险服务、金融服务、知识产权服务、信息通信服务、其他商业服务、个人文娱服务 6 大类。其中信息通信服务数字化程度较高，且处于快速扩展期，是数字服务贸易增长的关键动力。2005—2021 年，全球信息通信服务类数字贸易出口额从 1 667.12 亿美元快速增加至 8 484.11 亿美元，年均增长速度达到 10.7%。

3.3　跨境电商及其发展趋势

3.3.1　跨境电商的兴起与发展

3.3.1.1　跨境电商的兴起

电子商务活动范围扩大，跨越国界，衍生为跨境电子商务。与境内电子商务相比，跨境电商的业务环节还需要经过海关通关、检验检疫、外汇结算、出口退税、进口征税等多个环节。在商品运输上，跨境电商的商品需要通过跨境物流出境，商品从售出到送达消费者手中所用的时间更长。

3.3.1.2　跨境电商的分类

从交易模式来说，跨境电商可以分为 B2B、B2C 和 C2C 三种类型，其中后两者属于跨境网络零售的范畴。在 B2B 模式下，分属于不同关境的企业通过电商平台达成交易、进行支付结算，并通过跨境物流送达商品完成交易。B2B 跨境电商的代表性企业有阿里巴巴国际站、敦煌网、环球资源网等。在 B2C 模式下，分属于不同关境的企业直接面向个人消费者在线销售商品和服务，通过电商平台达成交易、进行支付结算，并通过诸如航空小包、邮寄、快递等方式送达产品完成交易。B2C 跨境电商的代表性企业有天猫国际、全球速卖通、网易考拉、兰亭集势、米兰网等。在 C2C 模式下，分属于不同关境的个人卖方向个人买方在线销售商品和服务，个人卖方通过第三方电商平台发布商品和服务售卖信息等，个人买方进行筛选后，最终通过电商平台达成交易、进行支付结算，并通过跨境物流送达商品完成交易。个人卖家入驻淘宝全球购、洋码头、海蜜等平台开店均采用 C2C 模式，其中淘宝全球购是 C2C 跨境电商平台中规模最大的一个。

按照进出口方向不同，跨境电商可以分为进口跨境电商和出口跨境电商。进口跨境电商指境外卖家通过购物网站等电商平台，将商品直销给境内的买家。出口跨境电商指境内卖家将商品直销给境外买家，并发国际物流将商品送达给境外买家的国际商务活动。手机和手机附件、服装、健康与美容用品、母婴用品、家居用品、消费类电子商品、计算机和网络商品等都是主要的出口跨境电商产品。

3.3.1.3　全球跨境电商的发展

近些年，全球跨境电商发展势头强劲。2021 年，全球电子商务销售额总计约为 4.9 万亿美元。就跨境电子商务方式来说，B2B 方式占主导，但 B2C 方式迅猛发展。eMarketer 的数据显示，全球跨境电子商务交易额中 B2B 占比从 2014 年的 76.9%上升至 2017 年的 82.8%，随后有所波动，2021 年占比仍然超过 80%。其原因在于，B2B 跨境电商交易额往往都比较大，甚至单笔业务的交易额即可超过 1 亿笔 B2C 交易加总的金额。但是，B2C 交易呈现飞速发展态势。根据阿里研究院的研究，2014 年全球 B2C 跨境电商市场规模为 2 360 亿美元，到 2020 年则超过 9 940 亿美元，年均增幅超过 27%。

近几年，各国电商流量份额发生明显变化。美国市场电商流量份额明显下降（下降 19%），印度市场的电商流量增长 8.43%，位居世界第二，德国退居第三。菲律宾跻身全球电商流量前十国名单，成为全球增长最快的电商市场之一。2023 年，欧美电商市场的增速有所放缓，但总体保持稳定。近几年，东南亚是跨境电商蓝海市场的说法正在得到验证。据《e-Conomy SEA 2023》报告，2023 年东南亚电商平台的商品交易总额增长 6%，从 1 300 亿美元增至 1 390 亿美元。根据 PCMI 的数据，2023 年拉美电商贸易额预计将达到 5 090 亿美元，到 2026 年，这一数字将增长近一倍，达到 9 230 亿美元。据预测，2023—2026 年，拉美将是全球增长最快的电商市场。

3.3.1.4　我国跨境电商的发展

我国跨境电商行业发展迅速，为对外贸易注入新动力，成为拉动经济增长的新引擎。海关统计显示，2017—2021 年，我国跨境电商年复合增长率超过 15%，跨境电商行业渗透率从 29.14%逐年提高，增长至 36.32%。2022 年我国跨境电商进出口规模首次突破 2 万亿元。2023 年我国跨境电商继续保持快速增长，跨境电商进出口额达到 2.38 万亿元，增长 15.6%。跨境电商占中国对外贸易的比重从 5 年前的不足 1%上升到 7%，行业规模增长近 10 倍。

我国政府高度重视跨境电商的发展，出台了一系列政策，包括跨境电子商务零售进口税收政策、跨境电子商务出口退运商品税收政策等等，为跨境电商发展打造了良好的政策环境。在 2021 年发布的《国务院办公厅关于加快发展外贸新业态新模式的意见》中，我国进一步完善跨境电商发展支持政策，扎实推进跨境电子商务综合试验区建设，鼓励传统外贸企业、跨境电商和物流企业等参与海外仓建设，提高海外仓数字化、智能化水平。中国跨境电子商务综合试验区是中国设立的跨境电子商务综合性质的先行先试的城市区域。截至 2022 年 11 月，中国跨境电子商务综合试验区数量达到 165 个，覆盖 31 个省份。我国政府支持指导跨境电商综合试验区进一步优化服务平台功能，引导海外仓企业对接线上综合服务平台，力争集通关、税收、金融、海外仓储功能于一体，实现“一点接入、一站式”综合服务。

在跨境电商中，跨境物流起着至关重要的作用。跨境物流涵盖了国际运输、清关、报关、货物追踪等环节，确保商品按时、安全地送达客户手中。目前，我国跨境电商物流的主要模式有邮政物流、国际快递、专线物流和海外仓等。我国出口跨境电商中 70%的包裹是通过邮政系统投递的，其中中国邮政占 50%左右。另外，全球邮政特快专递也比较常用，是由万国邮政联盟管理的国际邮件快递服务，在各国邮政、海关、航空等部门均享有优先处理权，清关能力比较强。国际快递主要借助 DHL、TNT 快递、FedEx 和 UPS 在全球的服务网络定时定点跟踪货物的去向、协助清关，为跨境电商客户带来了极好的物流体验。专线物流则通过专业的跨境物流公司，利用其自有的物流网络和资源，将商品发往国外。专线物流模式的优势在于能够集中大批量商品，通过规模效应降低物流成本，例如美国专线、中欧班列、澳大利亚专线、俄罗斯专线等。海外仓模式也是一种重要的跨境物流模式，是由物流企业、跨境电商平台或大型跨境电商卖家等主体在境外通过自建或租用，分批将货物发往国外仓库，实现本地销售、本地配送的跨国物流形式。海外仓是新型外贸基础设施，是外贸新业态新模式的重要组成部分。目前，我国海外仓数量已超过 2 000 个，业务范围辐射全球。通过海外仓直接本地发货，大大缩短配送时间，也降低了清关障碍；货物批量运输，降低了运输成本；客户收到货物后能轻松实现退换货，也改善了购物体验。

3.3.2 跨境电商平台的发展

3.3.2.1 亚马逊

亚马逊是美国乃至全球最大的网络电子商务平台。亚马逊 1994 年由杰夫·贝佐斯（Jeff Bezos）成立于美国西雅图，初期只经营书籍类的网络销售，之后扩大到电子产品、软件、服饰、食品、珠宝等各种品类。亚马逊销售网络遍布北美、欧洲、日本、澳大利亚、中东等数十个海外站点，目前已成为全球最大的在线零售商。亚马逊从“地球上最大的书店”发展到全球最大的综合网络零售商，最后发展到以客户为中心的综合服务提供商，不断推出网络服务、Prime服务、外包物流服务（FBA）、Kindle出版服务（KDP）等。在零售业务之外，亚马逊加强物流、云计算等布局，构建良性生态循环，实现快速增长。

MarketPlace Pulse的数据显示，截至2021年第一季度，亚马逊在全球拥有150万活跃卖家，其中42%的头部卖家来自中国。WBResearch的数据显示，亚马逊全球活跃用户高达3.1亿，其中9 000万为Prime会员，平均每人每年在亚马逊上消费金额达1 300美元，其余2.2亿非Prime会员平均每人每年花费700美元。

2015年，亚马逊全球开店业务进入中国。目前，亚马逊美国、加拿大、墨西哥、英国、法国、德国、意大利、西班牙、荷兰、瑞典、比利时、日本、新加坡、澳大利亚、印度、阿拉伯联合酋长国、沙特阿拉伯、波兰和巴西等19大海外站点已面向中国卖家开放，吸引数十万中国卖家入驻。不过，2019年，亚马逊停止为亚马逊中国网站上的第三方卖家提供卖家服务，亚马逊海外购、亚马逊全球开店和亚马逊云计算等其他业务仍然在中国稳健发展。2023年亚马逊继续业务调整，宣布自2024年1月27日起，亚马逊海外购将进一步拥抱移动购物趋势，推出新版“亚马逊购物”App。亚马逊中国电脑端服务正式关闭，不再提供购物服务。

3.3.2.2 全球速卖通

全球速卖通于2010年正式创立，是阿里巴巴旗下的面向国际市场打造的跨境电商平台，被广大卖家称为“国际版淘宝”。全球速卖通以B2C为主要跨境贸易方式，面向海外买家客户，通过支付宝国际账户进行担保交易，并使用国际物流渠道运输发货，是全球第三大英文在线购物网站。

全球速卖通已经开通了18个语种的站点，覆盖全球220多个国家和地区，累计买家数已经超过1.5亿。俄罗斯、美国、西班牙、巴西、法国等国是全球速卖通的重点市场，其交易量占据了全球速卖通交易量的60%～70%。全球速卖通的买家以个人消费者为主，他们约占平台买家总数的80%，其他为境外批发商和零售商。全球速卖通的优势行业主要有服装服饰、手机通信、鞋包、美容健康、珠宝手表、消费电子、电脑网络、家居、汽车摩托车配件、灯具等等。

3.3.2.3 eBay

eBay是全球网民买卖物品的线上拍卖及购物网站，1995年由皮埃尔·奥米迪亚（Pierre Omidyar）以Auctionweb的名称创立于美国加利福尼亚州，1997年更名为eBay。eBay首创C2C线上交易模式，逐渐发展成为全世界最大的交易平台之一。1998年，eBay在纳斯达克成功上市，eBay业务拓展涉猎甚广，投资和收购了包括交易平台、支付以及电商服务/平台开发等领域的多家公司。2003年，eBay在中国开展跨境电商业务。为顺应互联网发展，eBay从最初的拍卖平台逐渐转型为渠道和服务兼备的综合互联网技术平台。

随着交易规模的不断扩大，eBay的交易模式也逐渐完善，形成拍卖、定价、拍卖与定价综合等三种交易模式，全面满足用户需求。eBay在全球拥有庞大的用户群，有近50个全球站点，覆盖了主要的发达国家，其中美国站、英国站和澳大利亚站是比较重要的站点。据统计，截至2020年，eBay的跨境电商业务已经覆盖全球190多个国家和地区，日均交易额达到7 000万美元。在eBay平台比较热销的类目是电子类、时尚类、汽摩配件类、家居类及工业制品类。

3.3.2.4 Wish

Wish是由ContextLogic于2011年独立设计开发的一款移动电商购物App，平台通过反复计算消费者行为和偏好进行个性化产品推荐。Wish的操作界面非常简洁，弱化了传统电商搜索的功能，通过机器学习和演算，采用创新的"发现式"购物模式，用个性化推送的方式把产品呈现给用户。Wish会根据用户在社交媒体留下的浏览痕迹来判定用户的喜好，然后将准确的产品通过"千人千面"的方式呈现到用户面前。Wish的这种智能化推送技术能极大增强用户黏性，平台买家主要来自美国、加拿大以及欧洲一些国家或地区。

据Marketplace Pluse数据，Wish中94%卖家来自中国，广东卖家占27%。但是，平台收取的费用较高，目前成交订单需要收取15%的产品成交费用和1.2%的提现费用。2018年开始非有效商业账户必须为店铺预缴注册费2 000美元。Wish主要销售的产品包括家居产品，配饰，时尚、美容与健康，鞋包，手表，3C电子，户外运动，母婴，汽配等等。

3.3.2.5 敦煌网

敦煌网创立于2004年，是中国首个一站式跨境出口B2B电商平台，也是全球领先的B2B跨境电子商务交易平台。敦煌网致力于帮助中国中小企业通过跨境电子商务平台走向全球市场，开辟一条全新的国际贸易通道，让在线交易不断地变得更加简单、安全、高效。

目前，敦煌网已经拥有254万以上累计注册供应商，年均在线产品数量超过3 400万，累计注册买家超过5 960万，覆盖全球225个国家及地区，提供100多条物流线路和10多个海外仓，在北美、拉美、欧洲等地设有全球业务办事机构。2022年，敦煌网公司宣布正式升级为敦煌网集团，以中心化跨境电商平台敦煌网和去中心化社交电商平台MyyShop为核心业务引擎。智能物流平台驼飞侠DHLink、金融支付服务驼驼数科，是敦煌网集团支撑双擎发展的服务板块。

3.3.2.6 其他

除了诸如亚马逊、全球速卖通、eBay等典型跨境电商平台之外，其他众多跨境电商平台也如雨后春笋般不断涌出。

Shopee（虾皮）成立于2015年，是东南亚最大的电商平台。Shopee覆盖新加坡、马来西亚、菲律宾、泰国、越南、巴西、墨西哥、哥伦比亚、智利等十余个市场，同时在中国深圳、上海和香港设立跨境业务办公室。2022年，Shopee总订单数量达76

亿，全球经济不稳定形势下总订单数量同比增长23.7%；Shopee在全球购物类App中，平均月活跃用户数增速位居前三，并在囊括东南亚及巴西市场的购物类App中，平均月活跃用户数增速位居第一。

Lazada成立于2012年，是东南亚重要的电商平台，致力于在印度尼西亚、马来西亚、菲律宾、新加坡、泰国和越南等市场发展。Lazada日渐繁荣的数字生态系统已成功帮助东南亚1.6亿活跃消费者和每月超过100万的活跃卖家联结起来，他们可以透过Lazada钱包等可信赖的支付渠道安全地进行交易，并享受到在东南亚覆盖最广的极致物流体验。2022年，Lazada在东南亚六国以及中国共获得多达16个各类雇主品牌奖项，成为广受东南亚当地年轻人欢迎的“亚洲最佳雇主”之一。

Temu是拼多多跨境电商平台，定位偏中端用户，意为“Team Up，Price Down”，与拼多多的意思相近，即买的人越多，价格越低。2022年9月，拼多多跨境电商平台正式在海外上线，首站面向北美市场，该平台被命名为Temu。Temu上线仅一周便冲进了美国购物应用的第14名。2023年4月，继美国、加拿大、新西兰以及澳大利亚之后，Temu在英国正式上线。2023年7月，拼多多旗下跨境电商平台Temu在美国市场向本土卖家开放入驻。2023年9月，拼多多跨境电商平台Temu马来西亚站上线。Temu主要产品包括家居园艺、宠物用品、女士服装、童装、男士服装、鞋包、内衣、电子产品、美妆、运动等全品类。

延伸阅读

Temu狂飙的2023年：冲向世界，掀起全球“价格战”

章末案例

2023年中国跨境电商出口增长19.6%

近年来，跨境电商作为发展速度最快、潜力最大、带动作用最强的外贸新业态，显示出巨大的市场活力和增长韧性，成为外贸领域的一抹新亮色。

海关统计显示，2020年我国跨境电商进出口总额为1.69亿元，2022年我国跨境电商进出口规模首次突破2万亿元。2023年我国跨境电商进出口规模继续保持快速增长，跨境电商进出口总额达到2.38万亿元，增长15.6%（见图3-2）。其中，出口额为1.83万亿元，增长19.6%；进口额为5 483亿元，增长3.9%。跨境电商占中国对外贸易的比重从5年前的不足1%上升到7%，行业规模增长近10倍。在全球贸易不确定性增长和贸易低迷的情况下，跨境电商依托灵活、高效、韧性的供应链，为全球消费者提供更加物有所值的产品，也给全球贸易增长注入了新的动力。

2023年，相关部门持续完善通关、税收、外汇等政策，创新监管模式，推动企业降本增效；支持跨境电商综试区、行业组织和企业等积极参与“丝路电商”、共建“一带一路”经贸合作，助力跨境电商出口行稳致远。在广东珠海，拱北海关积极助力构建大湾区跨境物流快速通道，支持符合条件的出口商品采用“简化申报、清单核放、汇总统计”方式办理报关手续，探索海陆空联运新线路，已吸引顺丰、DHL、菜

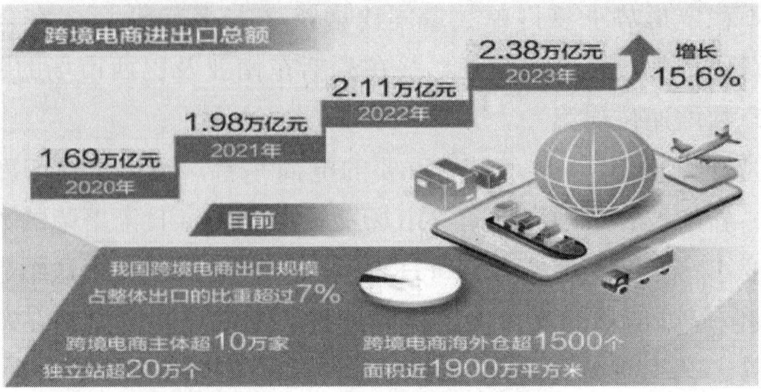

图3-2　跨境电商进出口情况

鸟等多家企业在港珠澳大桥珠海公路口岸开展电商业务，出口目的地达200多个国家和地区。

资料来源：跨境电商出口增长19.6%. 人民日报，2024-01-22.

本章小结

1. 数字经济推动全球要素资源重组，重塑各国经济结构，已经成为全球经济增长的新引擎。数字贸易的兴起源于数字经济，是全球化和数字经济发展到一定阶段的产物。从传统商务贸易到电子商务，到跨境电子商务，再到现在的数字贸易，数字贸易的概念与内涵在不断演进，并持续发展。数字技术在全球贸易领域加快渗透，推动数字贸易迅猛发展，并带来贸易方式和贸易对象的深刻变革。

2. 数字贸易可以分为贸易数字化和数字贸易化两大部分，而贸易数字化又包含贸易方式的数字化和贸易对象的数字化。2005—2021年，全球数字交付贸易出口规模从1.20万亿美元增长到3.81万亿美元，增长2.175倍，年均增长速度为7.5%。全球数字交付贸易出口规模占全球服务贸易出口的比重呈现持续增长态势。具体国家而言，美国、英国、欧盟等发达国家和地区的数字贸易发展迅猛，而发展中国家以及最不发达国家数字贸易发展相对落后。各国都积极制定相应的数字贸易战略及政策，扶持数字贸易发展。

3. 跨境电商是指分属于不同关境的交易主体通过电子商务平台达成交易，进行跨境支付结算，通过跨境物流送达商品，完成交易的一种国际贸易新业态。从交易模式来说，跨境电商可以分为B2B、B2C和C2C三种类型，其中后两者属于跨境网络零售的范畴。按照进出口方向不同，跨境电商可以分为进口跨境电商和出口跨境电商。我国跨境电商行业快速发展，为对外贸易注入新动力，成为拉动我国经济增长的新引擎。截至2022年11月，我国已经建立165个跨境电子商务综合试验区，覆盖31个省份。跨境电商平台对于跨境电商的发展至关重要，各大跨境电商平台各有特点。典型的跨境电商平台有亚马逊、全球速卖通、eBay、Wish、敦煌网等，也有一些新兴的跨境电商平台，诸如Shopee、Lazada、Temu等。

关键词和术语

数字经济	数字贸易	贸易数字化
数字贸易化	跨境电商	跨境电商平台

思考题

1. 数字贸易与传统贸易的区别是什么？

2. 中国数字贸易发展的现状是什么？

3. 全球有哪些主要的跨境电商平台？

4. 根据联合国贸易和发展会议数据，2021 年全球可数字化交付服务出口额为 3.81 万亿美元，同比增长 14.2%，在全球服务出口中的占比达到 62.8%。其中，发达经济体占主导优势，2021 年可数字化交付服务出口额约为 3 万亿美元，占全球市场份额的 77.9%，发展中经济体可数字化交付服务出口额为 8 425.8 亿美元，同比增长 17.1%，占全球市场份额的 22.1%。2021 年，中国可数字化交付服务出口额为 2 646 亿美元，同比增长 21.3%。2011—2021 年，中国可数字化交付服务出口额从 1 151 亿美元增长到 2 646 亿美元，年均增长 8.7%。2021 年，中国跨境电商进出口额为 1.92 亿元人民币，同比增长 18.6%。近五年中国跨境电商进出口规模增长近 10 倍。

请结合当前国内外环境，分析中国数字贸易发展现状及未来发展趋势。

延伸阅读

[1] 戴龙. 数字经济产业与数字贸易壁垒规制：现状、挑战及中国因应. 财经问题研究，2020 (8)：40 - 47.

[2] 高山行，刘伟奇. 数据跨境流动规制及其应对：对《网络安全法》第三十七条的讨论. 西安交通大学学报（社会科学版），2017 (2)：85 - 91.

[3] 韩剑，蔡继伟，许亚云. 数字贸易谈判与规则竞争：基于区域贸易协定文本量化的研究. 中国工业经济，2019 (11)：117 - 135.

[4] 刘斌，甄洋. 数字贸易规则与研发要素跨境流动. 中国工业经济，2022 (7)：65 - 83.

[5] 刘斌，甄洋，李小帆. 规制融合对数字贸易的影响：基于 WIOD 数字内容行业的检验. 世界经济，2021 (7)：3 - 28.

[6] 刘典. 全球数字贸易的格局演进、发展趋势与中国应对：基于跨境数据流动规制的视角. 学术论坛，2021 (1)：95 - 104.

[7] 沈玉良，彭羽，高疆，等. 是数字贸易规则，还是数字经济规则?：新一代贸易规则的中国取向. 管理世界，2022 (8)：67 - 82.

[8] 史丹，聂新伟，齐飞. 数字经济全球化：技术竞争、规则博弈与中国选择. 管理世界，2023 (9)：1-14.

[9] Aguerre, C. Digital Trade in Latin America: Mapping Issues and Approaches. *Digital Policy, Regulation and Governance*, 2019, 21 (1): 2-18.

[10] Amador, J., Cabral, S. Networks of Value-Added Trade. *The World Economy*, 2017, 40 (7): 1291-1313.

第4章
国家间的政治经济差异

学习目标

1. 掌握政治风险的概念与分类
2. 了解民主与专制
3. 理解市场经济体制和计划经济体制之间的区别
4. 了解普通法和大陆法的区别

引导案例

新兴经济体发展韧性较强

在2023年外滩金融峰会上，国际货币基金组织第一副总裁吉塔·戈皮纳特（Gita Gopinath）表示，新兴市场经济体在全球经济中扮演的角色愈发重要。40年来，其在全球经济体量中所占份额已从不足40%增长到近60%。近10年来，新兴经济体对世界经济增长的贡献率都在50%以上。尽管全球经济近年来遭遇俄乌冲突、一系列极端气候事件等影响，但新兴市场经济体依然表现出了强大的韧性。

随着全球产业链的重组和全球价值链的重塑，新兴市场的地位和影响力不断提升。这些国家和地区在制造业、服务业和科技创新等领域取得了重要的成就，成为全球资源配置的热点区域。同时，新兴市场的人口红利和庞大的市场需求也为全球企业和投资者带来了巨大的商机。

以中国、印度、巴西、墨西哥、印度尼西亚、俄罗斯、南非等为代表的新兴经济体在未来十年有望继续发挥重要作用，成为全球经济的重要增长引擎。新兴市场国家中存在着丰富的投资机会，但同时也需要投资者对风险进行充分的评估和管理。政策的变化和政治不确定性可能导致投资风险增加。只有了解并把握当地的市场情况、法规政策、政治环境等因素，才能准确判断投资机会的可持续性和回报，从而实现成功的投资。

资料来源：国际货币基金组织第一副总裁吉塔·戈皮纳特：新兴经济体发展韧性较强. 中国经济网，2023-10-03.

4.1 引言

国际商务环境（international business environment）具有狭义和广义之分。广义的国际商务环境是指国际区域经济组织、国际贸易政策与贸易格局、国际金融环境、国际技术市场等全球性影响商务活动的组织与因素。狭义的国际商务环境是指目标市场国的商务环境，即东道国对企业国际商务活动预期收益产生有利或不利影响的特定环境因素。具体而言，主要包含东道国的政治法律制度、经济环境、社会文化环境等国别环境因素。国际商务与国内商务存在较大差异，主要涉及跨越国界的交易活动，商品、资本、劳务、信息、技术和数据等经济资源将在不同国家间进行转移。从事国际商务活动所在东道国的政治体制、经济体制、法律体系和文化习俗等环境差异都会对国际商务产生重要影响。因此，国际企业在不同国家开展商务活动所面临的风险是不同的，成本与收益也有所不同，其经营方式也随之改变。

早期以美国宾夕法尼亚大学沃顿商学院斯蒂芬·科布林为代表的学者强调外国论，主要研究国际商务环境，包含某国特定环境、若干国家环境的比较研究以及国际政治经济体制研究。而后的跨国论主要研究国际商务活动的本质，代表学者是美国南卡罗来纳大学的布莱恩·托恩。他们研究认为跨越国界是国际商务活动的本质特征。国际商务活动是跨越国家界限的经济交换活动，是发生在两个或两个以上国家之间的交易活动，深受不同国家经济、政治、文化等差异的影响。随着全球化的深入发展，世界各国经济更为紧密地结合，成为互相依存的全球经济系统。国际商务活动的共性更是体现为一种“多国”商务活动，其极限为全球商务活动。全球性商务活动，使得跨国公司更加关注经营环境的变化，评估商务环境的不确定性，减少商务环境风险，保证其商务项目获得预期收益。

4.2 政治体制

政治体制（political system）是一个国家的政府体制，是国家政府的组织结构和管理体制，包含管理本国的各类政府机构、规范各机构职能的政治规则与程序以及具体管理活动。政治体制是政治制度的体现，不同政治制度的国家，其经济文化、外贸等政策也不同。一国的经济体制和法律体系取决于该国的政治体制。

4.2.1 集体主义与个人主义

4.2.1.1 集体主义

集体主义（collectivism）是指集体目标优先于个人目标的一种政治体制，主张个人从属于社会，个人利益应当服从集体和国家的利益。通常社会整体的需求比个人的自由重要，当个人行为被认为与社会利益或者集体利益相悖时，个人行动的权利就会被限制。

早期，集体主义的有关主张可以追溯至古希腊哲学家柏拉图。他在《理想国》中主张统治者实行公产，个人利益服从国家利益，财产归公众所有。他将社会分成不同的阶层，治国者统治国家，军人们辅助治国保卫国家安全，农民、手工业者和商人等劳动者则为全国提供物质生活资料。他强调法律的重要性，统治者制定相应法律来治理社会，为社会整体谋利益。

随后，将集体主义继承并广泛发展的是卡尔·马克思提出的社会主义思想。马克思指出，既然正确理解的利益是整个道德的基础，那就必须使个别人的私人利益符合全人类的利益，只有在集体中才可能有个人自由。这些论述已经蕴含了在处理个人利益和集体利益关系时的集体主义原则。马克思认为，在一个个人自由没有约束的资本主义社会中，少数人的获益以多数人的付出为代价。在资本家成功地积聚起惊人的财富的同时，资本主义社会中大多数工人所得的报酬仅能勉强维持生存。根据马克思理论，工人的报酬并未体现出其劳动的全部价值。要改变这一不合理的现象，必须对生产、分配和交换等各环节实行国家所有制。如果实行国家所有制，国家就能保障工人的劳动得到完全的补偿。因此，其核心思想是建立国家所有制企业，使整个社会而不是少数资本家获益。

20世纪，社会主义意识形态分裂为两大阵营：共产主义者和社会民主主义者。共产主义者认为通过武装革命和专政，社会主义才能取得成功。社会民主主义者则反对武装革命和专政，认为通过民主方式可以实现社会主义。两种不同的社会主义思潮在整个20世纪此起彼伏。共产主义一方在20世纪70年代后期达到高峰，出现苏联、波兰、捷克斯洛伐克、匈牙利、中国、柬埔寨、老挝、越南、安哥拉、古巴等众多社会主义国家。但是，20世纪90年代初期，苏联解体，取而代之的是15个独立的民主国家，社会主义思潮逐渐弱化。

当然，社会民主主义也对一些西方民主国家具有较大影响，包括澳大利亚、法国、德国、英国、挪威、西班牙和瑞典等；在这些国家，社会民主党经常成为执政党。第二次世界大战之后，许多社会民主主义政府遵循马克思主义路线，部分行业实行国有化，将其转变为国有企业。但是，经验表明，一些国家国有企业的经营状况不尽如人意。许多执政党派更倾向于自由的市场经济体制，在私有化与国有化之间不断修正与调整。

4.2.1.2　个人主义

个人主义（individualism）与集体主义相对立，强调个人自由、个人利益，即个人应该享有自我支配经济、政治追求的自由。《简明不列颠百科全书》关于“个人主义”的解释是这样的：“一种政治和社会哲学，高度重视个人自由，广泛强调自我支配、自我控制、不受外来约束的个人或自我……作为一种哲学，个人主义包含一种价值体系，一种人性理论，一种对于某些政治、经济、社会和宗教行为的总的态度。”

早在古希腊时期，个人主义思想就逐渐萌发。古希腊哲学家普罗泰戈拉在《论真理》中指出：“人是万物的尺度，存在时万物存在，不存在时万物不存在。”他突出体现了人的地位与作用，奠定了个人主义的思想基础。另一位古希腊哲学家亚里士多德主张人有自己的权利，倡导个人多样化和私人所有制。他认为私有财产具有比公有财产更高的生产效率，因而能刺激进步。

18世纪，个人主义在英国一系列哲学家的著作中得到进一步发展，例如大卫·休谟（David Hume）、亚当·斯密（Adam Smith）等。美国独立伊始就尊崇个人尊严，信奉个人自由和权利神圣不可侵犯的理念。个人主义是美国政治、文化的核心基石，美国《独立宣言》的内在思想也是个人主义。

20世纪以来，个人主义与集体主义在相当长一个时期内出现了较为严重的意识冲突，例如倡导集体主义的苏联和鼓吹个人主义的美国之间的冷战。20世纪80年代到21世纪初，集体主义日渐式微，而后个人主义又兴盛起来，个人主义与集体主义处于此消彼长的态势。

4.2.2 民主与专制

4.2.2.1 民主

民主政体（democracy）是一种由公民直接选举或者其代理人选举而推出的代表来治理国家的政治制度。现代民主制都是代议民主制，即由公民选举出本团体的代表，由他们代为表达整个团体的政治需要和观点。

4.2.2.2 专制

专制政体（autocracy）与民主政体相对立，是一个人或一个政党独自掌握国家权力的政治制度。在专制政体下，统治者将国家集权体制作为其专制统治的工具，对社会有着绝对权威并尽一切可能谋求控制公众与私人生活。

实质上，集权是与民主、专制不同的概念。国家就是一种集权组织，无论哪种类型的国家都存在着集权体制，只是集权的强弱程度有所不同。恩格斯认为："集权是国家的本质、国家的生命基础，而集权之不无道理正在于此。每个国家必然要力求实现集权，每个国家，从专制君主政体起到共和政体止，都是集权的。美国是这样，俄国也是这样。没有一个国家可以不要集权"①。国家集权体制就是国家权力集中的制度体系，它是由统一的公共权力中心、系统的政府机构设置、专门的官员队伍和以权力为中心的有效运行机制构成的组织制度。国家集权体制的特点是权力集中、政令统一，具有强大的动员功能、协调功能、整合功能和控制功能，有助于国家的统一领导和管理。

简而言之，国家就是一种集权组织，无论哪种类型的国家都存在着集权体制。从国家政权组织形式来说，国家存在着专制政体和民主政体两种不同的政体。与集权相对立的概念是分权，集权并不直接等同于专制。专制是与民主相对立的概念，民主的反面才是专制。

---

① 马克思恩格斯全集：第41卷.北京：人民出版社，1982：396.

4.2.3　政治风险

政治风险（political risk），亦称国家风险，是指由于东道国对外战争、内战、政变、内乱等政治事件给跨国企业带来巨大的不确定，而导致企业失去部分或者全部投资价值，或者给企业管理控制方面带来损失，迫使企业接受低于预期的收益率的风险。政治风险是跨国企业面临的最具有威胁性的风险。政治风险主要包括以下类别：

（1）没收、征用和国有化风险。

（2）战争和内乱风险。

（3）汇兑限制风险，亦称转移风险。

（4）政府违约风险。

一些国家和地区发生内战、局部冲突、骚乱、恐怖袭击、政权变更、暴力等，都会导致原有产权股权、商业合同、债权债务关系发生变化，以及对各种经营活动产生负面影响，最终造成不可估量的损失。尤其在能源开发、基础建设、工程承包等长期的国际合作项目中，企业都需要将国家政治风险纳入考量，以便进行可行性判断并调整其商务战略。

延伸阅读

俄乌冲突引致全球供应链现“梗阻”

4.3　经济体制

与政治体制同样重要的是经济体制。经济环境因素是国际商务活动中众多因素中最直接、最根本的因素。经济体制（economic system）指一国社会经济层面的资源配置制度，主要包括市场经济体制、计划经济体制和混合经济体制三种基本类型。经济体制决定着国际商务企业获得经济资源的难易程度和经营利益，导致跨国企业在经济体制不同的国家进行商务活动所采用的策略和模式有所差异。

4.3.1　市场经济体制

市场经济（market economy）体制是以市场机制作为社会经济资源配置手段的一种经济制度。在市场经济体制下，生产要素为私人所有，拥有生产要素的企业在利润驱动下决定生产货物和服务类别及生产数量。市场调节机制即所谓“看不见的手”的调节机制，其核心思想是，在理想的市场制度中，供给和需求通过价格涨落机制得到灵活调节和自动平衡。当供给不足时，商品价格上涨，高利润通过价格信号刺激投资者，促使其将资源、劳动力、技术转入短缺部门，于是供给增多，使需求得到满足。当供给超过需求时，商品价格下跌，低利润及低价格信号促使投资者转移资源、劳动力和技术，减少生产，于是供求恢复平衡。同时，在供给趋向满足的进程中，市场竞争激烈化，进而自然淘汰低效益的投资者，自然调整经济结构，从而保持生产的高效率。在这只看不见的市场之“手”的调整下，市场与经济结构自动得到调整和运转，资源得到最有效的配置。

但是，市场需求也是千变万化的，历史实践也证明生产力过剩以及经济周期波动和震荡都有存在的可能性，需要政府适当干预。诸如道路、国防、医疗、教育等市场无法自发实现的产品和服务需要政府的介入来实现。同时，市场经济体制也需要政府作为经济运行的调节者，对经济运行进行宏观调控。

4.3.2 计划经济体制

计划经济（planned economy）体制是指一国的生产要素都为国家所有，被政府控制，资源分配、产品和服务的生产与分配、产品消费等都由政府计划制定的经济制度。计划经济一般是政府按事先制定的计划，提出国民经济和社会发展的总体目标，制定合理的政策和措施，有计划地安排重大经济活动，引导和调节经济运行方向。

最早的计划经济构想出现在李斯特（List）的《政治经济学的国民体系》中。他系统阐述了政府对经济干预的必要性和对经济发展的主导性，大力宣扬政府控制经济行为。正是在这种思想的主导下，德国工业飞跃发展，使得德国在很短的时期内就赶上了其他先进的资本主义国家。

在马克思、恩格斯对古典经济学的批判过程中，计划经济思想更加清晰。后来，苏联的列宁继承和发展了马克思、恩格斯的计划经济思想，提出“计划经济”概念，并开始了苏联计划经济实践。苏联、东欧以及包括中国、越南、古巴、朝鲜和老挝在内的社会主义国家都采用计划经济。计划经济可以将有限的经济资源不计收益地向某方面的发展倾斜，比如教育、交通、重工业、医疗等，使其短时期内实现飞跃。战后的日本，实行对钢铁行业和重化工业的倾斜生产，使得日本钢铁和加工等行业领域短时内飞速提高，最终成为经济大国。

20 世纪 90 年代，随着苏联的解体和东欧国家的政治变革，计划经济跌入历史低谷。其根本原因在于，在计划经济下劳动分工和生产过程不是真正由市场规模和需求拉动，不能真正反映要素的稀缺性，微观资源无法有效分配。另外，由于缺少私人竞争，国有企业往往对控制成本和提高效率缺乏动力，也缺乏积极创新的激励。

4.3.3 混合经济体制

混合经济（mixed economy）体制是一部分经济领域实行私有制和自由市场机制，另一部分经济领域实行国有制和政府计划机制。从政府在经济中所起作用的角度看，政府和私人同时对经济发生作用。在混合经济体制下，经济通过市场机制配置资源、调节经济运行；同时也运用计划这一调控手段，对宏观经济活动进行预测、规划和指导，规范微观经济，引导市场经济的发展方向。混合经济介于纯粹的市场经济和计划经济之间，只是市场或者计划所起作用的范围与程度有所区别。

汉森（Hansen）在 1941 年发表的《财政政策和经济周期》中，较系统地解释了混合经济的含义。后来，美国经济学家保罗·萨缪尔森（Paul Samuelson）和威廉·诺德豪斯（William Nordhaus）专门论述了混合经济。他们认为自由放任的市场经济和国家干预指令经济是两种极端的经济组织形式，当代社会中没有任何一个社会完全属于上述两种极端中的一种。相反，所有的社会都是既带有市场成分也带有指令成分的混合经济。

战后初期到 20 世纪 80 年代，混合经济在一些发达国家盛行，国有经济比重较高。如在 1983 年，法国国有经济在 GDP 中的占比达到 17%；奥地利、英国、意大利等国家国有经济在 GDP 中所占的比例都超过 10%；联邦德国的国有经济在 GDP 中所占的比例也接近 10%。战后初期到 20 世纪 70 年代末 80 年代初，英国经历一系列的国有化政策，在煤炭、造船、电力、煤气、铁路、邮政、电信等部门，国有企业的比重达到 100%；在钢铁和航空部门达到 75%。同期，法国国有企业在钢铁行业的比重为 80%，在航空运输行业的比重为 87%；在邮政、电信、铁路运输、烟草以及煤气生产方面，国有企业的控制程度甚至高达 100%。同期在德国，国有企业几乎垄断了煤炭生产，国有煤炭企业的产出占全部产出的 98%；在电力、铝和生铁的产出上，国有工业企业的产出占比都在 50%以上。但是，而后这些发达国家又开始对国有企业进行调整和改造，大规模推行国有企业的私有化。国有化与私有化不断进行反复，混合经济处于不断调整之中。

延伸阅读

土耳其经济
私有化价值几何?

4.4　法律体系

一国的法律体系（legal system）是指由一国现行的全部法律规范按照不同的法律部门分类组合而形成的一个体系化的有机整体。一国的法律体系对于国际商务极其重要，其规定企业在此框架内开展商务活动。在相对民主开放的国家，政府制定的法律倾向于鼓励私有企业和消费者，国际商务的法律环境相对宽松；反之则倾向于制定相对严格的法律限制，不利于国际商务活动。目前，世界各国所采用的法律主要有三大体系：普通法系、大陆法系和宗教法体系。

4.4.1　不同的法律体系

4.4.1.1　普通法系

普通法系（common law system），又称英美法系，是以中世纪英国法为基础，特别是以它的普通法为基础，融合相关法律因素逐步形成的世界性法律体系。普通法系的主要渊源为判例，采用“遵守先例”的原则。法院在判决中所做的判决理由必须得到遵循，即对做出判例的法院本身和对下级法院日后处理同类案件均具有约束力。在英国，法律最先形成的是不成文法，它没有经过国家通常的立法程序，但是由国家认可并赋予法律效力。在普通法系下，法官有权解释法律，会依据先前判例行事，在某种程度上具有一定灵活性。

在英美法系国家和地区，原则上没有民法和商法之分，只有普通法和衡平法之分。英美法系形成于英国，主要代表是英国和美国，其他国家和地区还有英联邦国家，如加拿大、澳大利亚、新西兰、印度等，以及亚洲、非洲、大洋洲、加勒比地区等原英国殖民地和附属国。我国香港地区实行的法律也属于英美法系。

4.4.1.2 大陆法系

大陆法系（civil law system），又称民法法系或罗马法系，即以罗马法为基础，以法国法和德国法为代表，首先在欧洲大陆逐步形成的世界性法律体系。大陆法系强调成文法（written law）或称制定法（statute law）的作用，它以一套十分详尽的法律条文所组成的法典为基础。其法律条文是国家立法机关依照立法程序制定、颁布和实施的。大陆法系在结构上强调系统化、条理化、法典化和逻辑性。与普通法系相比较，大陆法系的灵活性有限，法官只有适用法律的权力。大陆法系以法典化为其主要特征，是西方国家中与英美法系并列的渊源久远和影响较大的法系。

大陆法系形成于欧洲大陆，以法国和德国为代表，采用大陆法的国家包括意大利、瑞士、奥地利、荷兰、西班牙、卢森堡、葡萄牙等欧洲国家，以及拉丁美洲所有国家、非洲部分国家，亚洲的日本、伊朗、印度尼西亚、泰国、土耳其等国家。此外，美国的路易斯安那州、英国的苏格兰、加拿大的魁北克省，也采用大陆法。中国也属于大陆法系国家。

4.4.1.3 宗教法体系

宗教法体系（theocratic law system），又称神权法系，以宗教教义为基础，其核心意旨是“神的话语是法”。伊斯兰教法是当今世界使用最广泛的宗教法律制度，它更侧重于道德伦理，而不是商业法规。伊斯兰教法是以《古兰经》、伊斯兰教规、伊斯兰先知穆罕默德的言论以及伊斯兰学者根据《古兰经》和伊斯兰教规的原则精神所撰写的论著为基础形成和发展的。在现代，多数伊斯兰国家的伊斯兰教法已经顺应时代需要而变化，将伊斯兰教法与普通法或大陆法相融合。

4.4.2 法律环境

法律环境是指国家或地方政府颁布的各项法规、法令、条例等法律规范，以及国家司法机关和社会组织的法律意识。法律环境对企业商务活动的影响具有刚性约束的特征，这是由法的强制性所决定的。因此，企业应该研究并熟悉法律环境，从而不仅可以保证自身严格依法经营和运用法律手段保障自身权益，还可以通过法律条文的变化对市场需求及其走势进行预测。

不同法律体系对合同法的监管与保护存在差异。合同是商务活动的重要组成部分，它规定了交易发生的条件、交易双方的权利与义务。合同法（contract law）就是管理合同履行的法律。合同双方在发生争议、确信另一方违反合同条款时将诉诸合同法。在英美法系下，合同是法律为之提供救济的诺言。合同讲究对价制度，诺言有了对价，成为交易的对象，诺言才有了被强制执行的效力。而在大陆法系下，合同本质是“合意”，是合同双方意思一致的表达；无利益交换的协议，如赠与协议也是合同。由此可见，在国际商务中出现合同纠纷时，法律的适用性、法律环境都是非常重要的。健全的法律系统、相对规范公平的法制秩序，有利于企业进行合理预期并规划其商务活动。

章末案例

中国企业赴印度投资的客观评估

印度政府在法律制定和执行方面存在很大的不确定性。这种不确定性主要体现在政府对外资政策的频繁调整上。例如，印度政府曾多次修改外资准入政策，限制外资在特定行业的投资。这种政策的不稳定性使得外资企业在印度市场面临巨大的风险，从而导致外资企业对印度市场的信心不断下降。印度政府的“短视”造成了其畸形的营商环境，导致中国对印度投资数量和流量不断减少。

据印度商工部的数据，2014 年 4 月—2019 年 3 月，中国流入印度 FDI 约合 18.1 亿美元，平均每年约 3.6 亿美元。然而，报告指出，2020—2021 年，中国对印度 FDI 降至仅 2 亿美元，达近几年来最低水平，远低于 2014—2019 年平均水平。2021 年至 2022 年上半年，这一数字继续下降，仅为 3 600 万美元。2020 年、2021 年中国对印度投资额连续两年断崖式下跌，两年增速同比减少 66%。2020—2022 年间，印度政府共收到 382 份来自中国的投资申请，其中仅有 80 份通过审批。微观上，中国企业在印度生存现状堪忧。自 2020 年 6 月以来，包括 TikTok、百度、钉钉、微博等 59 款中国应用程序在印度被永久封禁。2020—2022 年，多家中国在印度投资企业受到了税务及合规性普查，其中不乏中兴、小米、VIVO、OPPO 等通信制造厂商。

与此同时，由于税务纠纷、反垄断调查以及较差的印度政府公信力，其他国家在印度的投资也举步维艰，大量外资企业对印度失去信心，或已（计划）退出印度市场。印度长期对亚马逊和沃尔玛进行垄断性调查。德国 Fraport 集团、阿联酋电信公司、巴林电信公司等因印度政府下令取消其执照而退出印度市场。

资料来源：任泽平：中国企业赴印度投资的客观评估. 新浪财经，2022 - 07 - 28.

本章小结

1. 从事国际商务活动所在东道国的政治体制、经济体制、法律体系和文化习俗等环境差异都会对国际商务产生重要影响。国际企业在不同国家开展商务活动所面临的风险是不同的，成本与收益也有所不同，其经营方式也随之改变。政治体制是政治制度的体现，不同政治制度的国家，其经济文化、外贸等政策也不同。一国的经济体制和法律体系取决于该国的政治体制。一般来说，一个国家政治体制越民主，就越有开放和包容胸怀，开展国际商务活动的风险就越小；反之，一个长期实行独裁专制的国家，更倾向于实行人治而非法治，国际商务活动就面临更大的政治风险。

2. 经济环境因素是国际商务活动中众多因素中最直接、最根本的因素。经济体制是指一国社会经济层面的资源配置制度，主要包括市场经济体制、计划经济体制和混合经济体制三种基本类型。经济体制决定着国际商务企业获得经济资源的难易程度和经营利益，导致跨国企业在经济体制不同的国家进行商务活动所采用的策略和模式有所差异。

3. 一国的法律体系对于国际商务极其重要，其规定企业在此框架内开展商务活动。在相对民主开放的国家，政府制定的法律倾向于鼓励私有企业和消费者，国际商务的法律环境相对宽松；反之则倾向于采用相对严格的法律限制，不利于国际商务活动。目前，世界各国所采用的法律主要有三大体系：普通法系、大陆法系和宗教法体系。

关键词和术语

国际商务环境	民主	专制
市场经济体制	计划经济体制	政治风险

思考题

1. 市场经济体制与计划经济体制的区别在哪里？
2. 东道国政治环境对企业投资具有哪些影响？
3. 试着从东道国经济、政治、法律环境角度来分析企业对外直接投资的区位选择。
4. 中欧班列已成为共建“一带一路”的旗舰项目和标志性品牌。目前，中欧班列已联通中国境内112座城市，途经11个亚洲国家和地区的100多座城市，通达欧洲25个国家和地区的200多座城市。波兰的罗兹等城市，借助中欧班列实现了向新兴物流枢纽城市的转变。100多家物流和电子商务等领域的中国公司在德国杜伊斯堡落户，“钢铁驼队”让“中国制造”在欧洲越来越受欢迎，也让越来越多的欧洲产品走进中国千家万户。哈萨克斯坦的面粉等农产品搭乘中欧班列运销中国，使当地民众生活得到实实在在的改善。中欧班列开创了亚欧国际运输新格局，搭建了经贸投资合作新平台，已成为友好合作的使者、互利共赢的桥梁。

请结合本章所学内容分析国际商务环境对经贸投资的影响。

延伸阅读

[1] 陈炳辉. 构建民主基础上的国家集权体制. 政治学研究，2022（6）：99－110.

［2］岑树海. 欧美国家的政党分权变革及其启示：基于集权制、分权制和联邦制的分析. 上海行政学院学报，2016（1）：86－95.

［3］郭净，张居营，霍家旭. 东道国国家风险对中国企业国际投资绩效的影响. 金融发展研究，2023（4）：43－51.

［4］饶春晓，周子浩，王斌. 东道国制度环境对中国对外直接投资的影响：基于RCEP国家的研究. 对外经贸实务，2023（4）：55－63.

［5］田文林. 土耳其经济私有化的后果及教训启示. 经济导刊，2014（3）：49－53.

［6］王珏，吕佳，刘夏明. 国际商务理论在新兴经济体研究中的应用与发展. 国际贸易问题，2019（1）：160－174.

［7］习近平. 在庆祝中国共产党成立100周年大会上的讲话. 人民日报，2021－07－02.

第5章
国家间的文化差异与伦理问题

学习目标

1. 掌握文化的定义、特点与构成要素
2. 了解主流文化研究及其对文化的维度界定
3. 理解文化差异对国际商务的影响，树立跨文化意识和共情
4. 掌握伦理的内涵与主要伦理标准
5. 了解商业伦理领域的热点议题
6. 能够从文化、伦理角度开展国际商务分析

引导案例

莫以文化“无知”为借口

“我们必竭尽全力更加理解及尊重中国文化。”意大利品牌杜嘉班纳陷入“涉嫌辱华”危机后，于2018年11月23日发布道歉声明。此前，杜嘉班纳为一场时尚秀发布了题为“起筷吃饭”的广告片，被网友质疑存在歧视和丑化中国传统文化的嫌疑。随后，杜嘉班纳设计师在与网友发生争论时又出言不逊，使用辱华言辞。此事不但引起网友的群情激愤，还引发一系列“连锁反应”：原定参加时尚秀表演的国内演艺明星和模特纷纷表示不会出席；文化和旅游部也正式下发通知，取消杜嘉班纳的相关活动；中国知名电商下架所有与杜嘉班纳品牌相关的产品。

实际上，国外公司类似事件屡见不鲜。以近期为例，2023年9月有网友爆料，苹果官网苹果手表专家一对一选购页面的一张客服人员的图片涉嫌辱华。消息一出，引发部分网民对苹果不满。有网民在社交网络表达不满，称“这辫子咱们都剪掉100年了，还来羞辱我们，居心何在”。也有网民认为，“没必要太敏感，大清早亡了，我们要有文化自信”。也有知名人士指出，跨国公司做宣传时应多一些谨慎，国人也不要放任自己的敏感。几乎与此同时，阿迪达斯在2023年9月发布了一组令人震惊的照片。这些照片是为了宣传其新款运动鞋而拍摄的，但是却选择了中国的文物作为背景。其中一张照片显示，一名模特穿着阿迪达斯的鞋子站在北京故宫的屋檐上；另一张照片则是一名模特踩在西安兵马俑上。有网友在阿迪达斯官方旗舰店页面发现，一

款商品的展示图片为鞋子踩在彩陶壶上。据查询，图中鞋下踩的彩陶壶与1974年出土于泰安大汶口遗址的彩陶壶文物高度相似。阿迪达斯这次的行为不仅暴露了其对中国文化和历史的无知和轻视，也反映了其对中国市场和消费者的漠视和冷漠。它没有意识到，在一个全球化和多元化的世界中，尊重他国的文化和价值观是必要的基本素养和商业道德。

资料来源：周东滨．莫以文化"无知"为借口．中国国防报，2018-11-28.；苹果陷入"辱华"风波?．澎湃新闻，2023-09-18.；"令人不适!"阿迪达斯摊上事了．"杭州交通918"微信公众号，2023-09-28.

文化的表现与影响无处不在，人们习惯上把不同国家和民族的差别都简单地归结为文化的差异，但是古今中外对文化的理解并不统一。在国际商务交往与经营实践中，克服文化差异与冲突往往是企业面临的首要问题。本章较为系统地介绍了文化的内涵及特点，着重梳理了学术界在国家和民族层面对文化的维度界定。依托霍夫斯泰德等学者对文化的维度界定和数量测量方法，我们可以从质性和数量两个方面对不同文化进行比较，特别是从实证的角度考察文化差异对国际贸易、国际投资等国际商务活动的影响，从而提出跨文化管理的内容要求。与文化密切相关的概念是伦理与道德。今天，商业伦理已经成为企业成功与否的关键性影响因素，明晰伦理准则，践行商业伦理，成功应对可持续发展、全球化、数字经济和人工智能等新议题对商业伦理带来的新挑战，是当前跨国公司亟须解决的重大课题。

5.1 文化的内涵

5.1.1 文化的定义

古今中外，对文化的定义可谓千人千面。在汉语中，"文化"一词最早见于西汉时期刘向的《说苑·指武》："凡武之兴，为不服也，文化不改，然后加诛。"这里"文化"的本义就是"以文教化"，它表示对人的性情的陶冶，品德的教养，属精神领域的范畴。英语中，文化（culture）一词可追溯到15世纪，起源于拉丁语cultura，词源是cultus，基本含义是"耕种、栽培、修饰、打扮、景仰、崇拜、祭祀"，是使一个事物变得更加美好的意思。

近现代社会对文化的定义多来自人类学家和社会学家。1871年英国人类学家爱德华·泰勒（Edward Tylor）在其出版的《原始文化》一书中提出："文化，或文明，就其广泛的民族学意义来说，是包括全部的知识、信仰、艺术、道德、法律、风俗以及作为社会成员的人所掌握和接受的任何其他的才能和习惯的复合体"。1952年美国人类学家阿尔弗雷德·克罗伯（Alfred Kroeber）和克莱德·克拉克洪（Clyde Kluckhohn）在其著作《文化：关于概念和定义的探讨》一书中梳理了1871—1951年间关于文化定义的各种文献，共收集了164个文化定义，文化的概念之众可见一斑。著名荷兰社会心理与组织人类学家吉尔特·霍夫斯泰德（Geert Hofstede）认为，文化不仅局限于传统上通过教育、艺术和文学等对人的心智提升和文明教化，从更广义的层面来说，文化像电脑程序一样，是指导人们应对社会环境的心理软件和心理程序，是人们一生中学到的有关思考、感觉和行为的所有模式的代名词。菲利普·凯特奥拉（Philip Cateora）等人给出了一个相对简洁而综合的定义，即“文化是由价值观、仪式、符号、信仰及思维模式构成的总和，文化由一个群体后天习得、在群体内共享并进行代际传承”。尽管学者们对文化的定义并未达成一致意见，但不难看出，文化是一个复杂而宽泛的概念，既包含价值观、信念、思维方式等内在精神层面，也体现为风俗仪式、行为方式、物质财富创造等外部表现，是物质文明和精神文明的综合呈现。

5.1.2 文化的特点

5.1.2.1 后天习得性

文化不是与生俱来的，它是人们在社会化和体验过程中学习获得的，既包含与同辈间的相互模仿与学习，也包括来自权威的教育与灌输，如政府、机构、企业、宗教、学校和家庭等。人类是社会性生物，文化是社会互动的产物。从幼年时期开始，个体通过观察和模仿周围的人，特别是家人、同龄人和社区成员的行为、态度和实践，来接受他们的文化。语言在文化学习中起着至关重要的作用。通过语言，个体学习到文化中的共享符号、意义和沟通方式，从而传递文化知识。

5.1.2.2 共享性与排他性

文化被某个群体或社会成员之间共享，它为群体内部之间的沟通与互动提供了共同的语言和符号，也对人们的身份认同和归属感提出了要求，只有具备相同文化背景的人才能被群体接受和认可，具有明显的群体性和排他性。外来文化由于在价值观、信仰、符号、语言及行为方式等诸多方面存在差异甚至冲突，通常难以被接受或认可。

5.1.2.3 稳定性与适应性

文化是在漫长的历史中逐渐形成的，是资源、地理、气候、动植物条件、科学技术、政治经济众多因素综合作用的结果，具有相对的历史稳定性，其核心价值观和信念仍然具有顽强生命力。中华文化上下五千年，源远流长，很多文化观念、传统已经根深蒂固，仍然深刻影响着人们生活的方方面面。当然，随着时代的变迁，文化也在进行适应性演变，有些文化活动、习俗观念等不断消亡或涌现。不同文化之间的交流与融合丰富了文化多样性，推动文化创新和进步。文化借鉴（culture borrowing）是指在文化交流和互动中，一个文化群体从另一个文化群体中吸收、采纳和融合某些文化元素或价值观念。文化借鉴是一个双向的过程，既包括对其他文化的吸收和接纳，也包括对本土文化的传播和推广。在全球化不断深入推进的背景下，不同文化间的交流和互动可以促进文化的多元化和包容性，同时也有可能引发文化冲突和认同危机。因此，在进行文化借鉴时需要尊重和保护原文化的权益和尊严，避免对文化价值的扭曲和误解，同时保持文化的自我认同和独特性。

5.1.2.4 多样性

文化受到地理、历史、宗教、社会和经济条件等因素的影响，是地域、民族、宗教、历史等多种因素综合作用的结果，不同的地区、群体和社会之间在文化上总是存在差异。不同的文化群体之间存在着丰富的文化差异和多样性。不同历史和国情、不同民族和习俗，孕育了不同文明。人类文明的多样性是世界的基本特征，不同文明交流互鉴是推动人类进步的重要动力。中国提出全球文明倡议，倡导尊重世界文明多样性，弘扬全人类共同价值，重视文明传承和创新，加强国际人文交流合作。全球文明倡议向全世界发出增进文明交流对话、在包容互鉴中促进人类文明进步的真挚呼吁，为推动构建人类命运共同体注入了精神动力。

5.1.3 文化的构成要素

5.1.3.1 符号

符号是指文化中代表特定含义的物体对象、手势、图像或词语等，例如国旗、手势、商标等。符号的最重要的功能在于为文化群体内部成员沟通提供了共享、统一的语言，使得具有相同文化背景的人能够轻松地表达和理解复杂的想法和情感。

此外，符号还可以用来创造和强化文化群体内部的社会规范和价值观。比如，在许多文化中，握手是问候和尊重的象征，它强化了社会互动和合作的重要性。类似地，宗教符号，如十字架、星星和新月，可以强化对特定信仰的价值观和信念。

符号还可以在不同代际传递信息和知识。现代符号，如表情符号和标志，则以一种紧凑和容易识别的形式传达复杂的思想和情感。总之，符号在塑造文化群体成员如何沟通、互动和理解周围世界上扮演着关键性角色，理解一个文化的符号是理解其价值观、信仰和实践活动的重要一步。

5.1.3.2 语言

语言是文化群体成员之间表达自我、分享知识和交换想法的一种交流系统，既包括口头和书面形式的语言交流，也包括非语言交流，如肢体语言。语言与文化的关系复杂，早期学者倾向于认为语言与文化是一种重合关系。语言涵盖整个世界观和思维模式，即语言就是文化，而且是一个民族文化中最核心的部分。

我们认为，语言是文化的一个子系统，语言是一种社会文化现象，语言与文化之间既有对应性的一面，又有非对应性的一面。语言不仅是一种文化现象，而且是历史文化的活化石，是一种特殊的、综合性的文化凝聚体。一方面，语言在文化的建构、传承以及不同文化间的交流等方面发挥着不可替代的作用；另一方面，不同的文化特点往往也会导致不同的语言特点。语言的诸多功能包括促进社交互动、传递信息、表达情感以及构建和维持社会关系等。

语言还可以成为个人和社群的身份和骄傲的来源，既可以反映和强化文化价值观和传统，也可以提供归属感、构建与文化传承的心灵连接。但是繁杂多样的语言及其差别也造成了不同文化和群体间沟通的障碍，可能导致刻板印象与偏见，甚至引发误解与冲突。因此，了解和掌握不同文化的语言是增进不同文化间沟通与相互理解的重要前提。

5.1.3.3 规范

规范是文化群体内部对行为的规则和期望要求，规范可以是正式的，如法律法规，也可以是非正式的，如社会习俗和礼仪。正式规范通常是由政府和其他机构执行的成文法律法规和行为准则。非正式的规范则是由社会压力和他人的认可或反对施加的一种不成文的规则和期望，包括社会习俗、礼仪举止以及不同情况下恰当行为的不成文规则。不管是正式的规范还是非正式的规范，有形的规范还是无形的规范，它们涉及人们生产生活的方方面面，在引导恰当行为、推进社会协作、维系社会秩序等方面起着重要作用。

5.1.3.4 仪式

仪式是文化中具有特定意义的象征性行动或事件，通常表现为重复性的行为模式，是价值观、信仰、规范等的重要体现形式和手段。仪式可以是宗教的或世俗的，正式的或非正式的，也可以由个人或团体进行。

仪式在文化中发挥着多种功能。它们能够给人们带来社群意识和归属感，彰显和强化社会规范和价值观，记载人生重大转折与事件。它们给人们提供一种意义感和目的感，将个人与他们的文化传承绑定；在一个快速多变、充满压力和不确定性的世界，仪式及其代际传承为人们创造连续和稳定的港湾，带来身心归属和被认同的舒适与满足的同时，价值观、信仰和规范得到不断强化，忠诚度不断提高。

5.1.3.5 信仰

信仰是文化对世界的本质、人类在其中的角色以及超自然力量或存在所持的观点或信念。信仰可以是宗教的，也可以是世俗的，它们对文化群体内部成员的思考、感觉和行为方式产生深远的影响。

根据皮尤研究中心（Pew Research Center）的报告，目前全世界约有84%的人口信仰宗教，世界上最大的几个宗教包括基督教、伊斯兰教、印度教、佛教等。需要注意的是，世界宗教的分类和排名可能根据不同的统计数据和定义而有所不同。此外，还有其他重要的宗教，如犹太教、道教和锡克教等，虽然它们在全球范围内信徒数量相对较少，但在特定地区或文化中具有重要影响力。

5.1.3.6 文化物品

文化物品是与文化相关的物理实体和物质文化，例如服装、建筑、工具和技术等。文化物品既反映一种文化的价值观、信仰和历史活动，更是对它们存在的历史证据。文化物品可以是功能性的，也可以是装饰性的，它们在不同的文化和地区有很大的不同。例如，传统的服装和珠宝可以成为文化身份的重要标志，反映一种文化对美丽、装饰和社会地位的价值观和信念。总的来说，文化物品在塑造一个文化群体成员的思考、感觉和行为方式方面发挥着关键作用。它们为一种文化的价值观、信仰和实践提供了有形证据，能够帮助来自不同文化的个体理解彼此的观点和生活方式。

5.1.4　文化的分类

文化可以按照多种标准进行分类，这些分类方式并不是互斥的，它们之间可以有重叠和交叉，不同的分类方式可以从不同的角度呈现文化的特征和差异，以下便是常见的几种文化分类：

地域文化：按照不同地理区域或国家的文化差异划分，如东方文化、西方文化、中华文化。

时代文化：按照历史时期的不同划分，如古代文化、现代文化等。

民族文化：按照不同民族的文化差异划分，如汉族文化、藏族文化等。

宗教文化：按照不同宗教信仰和教义的文化差异划分，如佛教文化、基督教文化等。

企业文化：按照不同企业组织的文化差异划分，如家族企业文化、创新型企业文化等。

艺术文化：按照不同的艺术类型和表现形式的文化差异划分，如音乐文化、绘画文化等。

社会文化：按照不同社会群体或阶层的文化差异划分，如青年文化、女性文化等。

5.2　国际商务与跨文化管理

不管是走出去还是引进来，国际商务活动都必然受到文化的影响，文化差异往往成为企业开展国际商务活动的无形障碍从而影响着国际商务活动的成败与企业绩效的好坏。对东道国文化以及文化差异的深刻洞见，已经成为国际竞争优势的重要来源，有效的跨文化管理已经成为跨国公司成功的关键和企业共识。

5.2.1　文化差异对国际商务的影响

5.2.1.1　文化差异对国际贸易的影响

一方面，文化差异使得外来企业面临"外来者劣势"，增加了贸易的成本，妨碍了贸易的发展。另一方面，文化差异也对商品贸易存在促进作用，互补性是国际贸易产生的主要动因，而各国间的文化差异正是这一互补性的体现。文化差异导致了各国在生产行为、比较优势和需求偏好等方面的不同，文化差异较大的国家以产业间贸易为主，而文化背景趋同的国家则以产业内贸易为主，两国间文化距离的扩大有可能促进双边贸易。

5.2.1.2 文化差异对国际投资的影响

（1）文化差异对国际直接投资流向的影响。

在企业开展对外投资的国际化进程中，文化距离给跨国公司带来了“外来者劣势”，这使得跨国公司在与东道国企业的竞争中处于先天不利的地位，文化差异导致不论何种形式的投资都存在较大的难度和较高的成本，文化距离和国际直接投资流向之间理论上存在负向关系。研究表明，在中国对全球 94 个国家（尤其是 61 个“一带一路”共建国家）的对外直接投资中，制度距离总体上促进了中国的对外直接投资，而文化距离抑制了对外直接投资，并且文化距离的抑制作用显著大于制度距离的促进作用，因而文化距离比制度距离更重要。

（2）文化差异对市场进入方式的影响。

一方面，文化距离越大，企业跨国经营的风险和困难越大，企业越倾向于选择较低控制权、较少投入量的进入模式，合资进入模式越易成为首选。文化距离会阻碍母公司与东道国市场的信息交流、经验与技术传递，文化差异带来的不确定性也会使母公司管理人员低估海外投资价值，企业为此会采取谨慎性的投资策略，降低在东道国投入资源的强度和控制度。文化距离可以被理解为不同国家之间在标准、管理和目的等方面的巨大差异，而诸如创新意识、企业家精神、决策机制等都很难通过独资或新建形式在不同的国家文化之间进行模仿和发展，因此并购成为跨国公司成功进入海外市场的重要方式。

另一方面，文化距离越大，企业交易成本越高，组成合资企业后员工之间会存在巨大的协调成本与管理成本，因而企业越倾向于选择独资或者绿地投资模式。文化差异越大，子公司员工对母公司的经营方式越不熟悉，母公司越难将经营方式成功移植到子公司。相反，由于母公司可以在新设公司中聘用当地尚未接触其他经营方式的新人，他们的可塑性更强，对母公司的经营方式更容易产生认同感。

文化距离也是影响企业战略联盟决策的关键变量。为了减少交易成本，外资企业经常会和东道国其他企业合作，以战略联盟的形式获得外部信息和进入当地市场的机会，同时帮助外资企业获得合法性，适应当地环境。尽管文化距离使跨国公司需要与东道国企业合作，但也面临可行性挑战：一方面，随着文化距离的增大，企业“外来者劣势”增加，由于需要获取当地文化知识，增加了合作需求。另一方面，文化距离的增加使企业更难理解潜在合作伙伴的行为，增加了寻求合作的可行性难度，两者交互作用以决定企业的联盟决策。

总的来看，文化距离对市场进入模式选择的影响并不绝对。文化因素往往是影响首次市场进入方式选择的重要因素，但随着企业经验的积累，文化将不再是最关键的因素，即文化距离对进入模式选择的影响越来越小。

5.2.2 跨文化管理

伴随着全球化的持续深入和中国企业“走出去”步伐的持续加快，中国企业进入国际市场开展国际经营与竞争已经成为大势所趋。面对新的市场环境和来自不同国家、文化背景的客户和员工，正视不同国家和地区的文化差异，做好跨文化管理已经成为企业能够成功“走出去”的关键。

跨文化管理针对的是不同文化背景下的企业，既包括对跨国经营过程中所涉及的人、事、物的管理，又包括对不同种族员工价值观、思维方式、管理模式等的管理。跨文化管理可以理解为企业在跨文化条件下设法克服因文化差异导致的冲突和摩擦，从管理方面进行融合和创新，最终实现企业的高效管理。

5.2.2.1 树立正确的跨文化理念

要树立正确的跨文化理念，这是解决跨文化管理问题的前提。要正确地看待文化差异。企业员工和管理者来自不同的国家和地区，他们的工作态度、行为方式、价值观念和文化背景不同。文化只存在差异性，而没有“对”与“错”、“好”与“坏”之分，文化的差异性表现为不同文化所选择的解决问题的方法不同。只有承认文化差异的客观存在和允许多元文化的存在，在面对文化冲突时，才不至于不知所措，才能紧紧抓住跨文化团队管理的主动权。

在跨文化交往和管理中，要务必克服自我参考准则和民族中心主义两种认识误区。自我参考准则是指人们会无意识地参考自己以往的知识、经验和价值观等作为评价事物和决策的标准。比如，在中国文化中红烧鱼代表着年年有余的美好寓意，但是“鱼”一词在匈牙利语的发音中与“死亡”类似，寓意不太吉利，所以还有一些匈牙利人依然保留不吃鱼的习惯。如果不了解这一点就容易犯自我参考准则的错误。民族中心主义则体现为一种盲目自信和认知偏见，认为本民族、本文化和本企业的价值观、管理方式等就是最好的、放之四海而皆准的。

5.2.2.2 尊重和理解文化差异，善于利用文化维度理论进行区别管理

要合理利用跨文化管理正反两个方面的影响。反面影响会给企业带来矛盾和冲突，正面影响会给企业带来竞争优势，同时不同的价值观以及行为方式能够使企业管理者顺应多变的环境，在思考问题时有更广阔的视野。由于企业跨文化管理的员工大多来自不同的文化体系，对自己的文化都有着强烈的认同，所以与异类文化容易产生冲突，在接受度上存在一定困难。正因为如此，他们在陈述自己的观点时，可能会更加自信和乐观，更容易与不同文化背景的成员产生思维激荡与交流。思维激荡与交流的结果会使整个企业内部更具创意，信息更加多元化，而且不会轻易产生“趋同”。与此同时，经过交锋和争辩的观点，一旦被大家接受，承诺的程度会更加深刻和广泛。

5.2.2.3 积极开展跨文化培训

跨文化培训是进行高效跨文化管理的有效途径，其本身也是一种学习方式。一方面，跨文化培训通过全面系统地讲授异国文化的价值观念、伦理道德、风俗习惯、法律制度等，提高员工对异国文化的认识和文化敏感性，引导员工理解和尊重文化差异，减少文化冲突以及提高文化冲突的解决能力。另一方面，跨文化培训还能够培养

和发展员工的观察能力和面对面交流的能力，使员工在真实的企业环境中理解和学习异国文化。

5.3 国际商务中的伦理问题

国际商务活动也必须遵循伦理道德。企业作为社会存在，同样需要明确什么样的行为是对的和应该的，什么样的行为是错的和不能做的。商业伦理对于商业实践和社会发展有着重要的影响，它可以帮助企业和组织理解和应对道德和社会责任问题，促进商业活动的可持续发展。

5.3.1 商业伦理的内涵

伦理与道德作为约束人的行为的规范、准则和价值观，已经渗透到人们生活的方方面面。商业伦理（business ethics）则是专门针对商业制度、组织和行为的道德标准和规范。简单来说，商业伦理关注的是商业情景下商业活动和决策的道德是非问题，即什么样的行为和操作是对的，什么样的行为和操作是错的。由于商业活动的内容包含谈判、生产、公司治理、流通、消费、服务等诸多环节，涉及政治、经济、文化、法律、科技、竞争、全球化等多方面因素的影响，因此商业伦理尽管内涵清晰，但内容广博。

从层次上我们大致可以把商业伦理议题划分为三类，即系统性议题、企业议题和个人议题。所谓系统性议题是指在开展商业实践时面临的与政治、经济、文化制度等大环境相关的道德是非问题，如拉美国家对行贿腐败的普遍纵容；企业议题则涉及企业内部存在的有关道德是非的规范、行为和文化倾向等问题，如支持或鼓励非道德行为的企业文化及操作等；个人议题则涉及个人在行为和决策时面临的道德是非问题，如不讲诚信、假公济私等个人行为。

延伸阅读

拉丁美洲的腐败顽疾

5.3.2 商业伦理的相关议题

5.3.2.1 商业与人权

在与企业相关的环境、社会和治理问题中，商业与人权和企业社会责任是两个密切相关的话题。

联合国工商业与人权指导原则（United Nations Guiding Principles on Business and Human Rights，UNGP）是联合国人权理事会在2011年通过的，旨在指导企业在业务运营中如何遵守人权标准和确保人权的保护。UNGP的核心理念是企业在其业务活动中应该尊重人权，避免对人权的侵犯，并承担相应的责任。这份指导原则明确了企业应该履行的三个主要职责：（1）尊重人权。企业应该尊重所有人权，包括工人权利、社区权利、土著人权利、儿童权利、妇女权利等，不得参与或者牵涉到侵犯人权的活动，例如强制劳动、歧视、污染等。（2）承担侵犯人权的责任。企业应该采取措施来避免侵犯人权的行为的发生，并在必要的情况下，承担自己的责任，包括赔偿受害者、修复损失等。（3）向受影响的人提供补救措施。企业应该采取措施来帮助受影响的人获得补救，包括提供赔偿、修复损失、改善工作条件等。

UNGP作为一个全球性框架，适用于各种类型的企业，无论其规模、行业或者地理位置。企业需要确保其业务活动符合这些指导原则，并主动采取措施来避免侵犯人权的行为的发生。同时，政府、民间社会和其他利益相关者也应该扮演重要的角色，监督企业的行为，确保其符合人权标准。

5.3.2.2　企业社会责任

企业社会责任已成为世界范围内主流的商业实践，吸引了企业、消费者、学者和政策制定者的广泛关注，引导企业以负责任的态度关注其活动带来的社会和环境后果。根据毕马威公司2022年可持续报告调研数据，全球500强企业中营收最多的250家企业里96%的企业公开报告和披露了企业的可持续发展或环境、社会和公司治理（ESG）相关政策。企业社会责任的驱动因素通常有两个：一是来自利益相关者的偏好，既需要满足内部利益相关者的价值追求，又要考虑来自社会团体、政府等外部利益相关者的压力，企业社会责任可以减轻负面监管行动的可能性，并有助于获得社会合法性；二是把承担企业社会责任作为实现产品差异化的竞争策略，企业社会责任可以让企业更好地获得有价值的资源，吸引有社会责任感的投资者，招徕和留住高质量的员工，创造不可预见的市场机会，使企业开发无形资产，吸引具有社会意识的消费者，开发出更好的产品和服务，还能达到类似广告的效果，提升对产品和服务的需求，降低消费者价格敏感性。

5.3.2.3　数字经济与人工智能

伴随信息科技的飞速发展，人们正享受着数字时代带来的各项利好，互联网在改变商业和生活模式的过程中，也带来了前所未有的伦理挑战。信息安全和隐私权问题一直是互联网行业的热点问题。2023年7月12日，美国联邦贸易委员会针对2018年3月Facebook数据泄露事件开出50亿美元的罚单。此次事件中，被曝超过8 700万用户的资料在未获得用户授权的情况下遭第三方数据分析公司“剑桥分析”非法收集并用于大数据分析从而对用户精准推送广告和假新闻，以及在未通知用户或未获得用户许可的情况下允许流行网站、智能手机和其他设备制造商获得用户的社交数据等问题。

电子商务领域已经成为商业活动不可或缺的一部分，电商的广泛应用在变革传统商业模式的同时也带来了诸多新的伦理挑战。互联网“广泛性、开放性、隐蔽性和无约束性”的特征有可能引发电商经营者突破传统的道德规范。“网络病毒”“网络垃圾邮件”“网络商业欺诈”“虚假信息”等行为，严重影响了电商营商环境。用户信任问题是阻碍电子商务发展的重要因素，企业通过加强自我规制和增加透明度，比如以正式的书面伦理准则文件的形式单方面自发地向社会报告自己的商业实践，或者遵守独立第三方标准并接受监督的形式都可以提升企业形象，增进用户信任；政策制定机构则应当进一步强化该领域的商业伦理要求。

5.3.2.4 全球化与伦理相对主义

全球化是指人类社会在经济、文化、政治等方面的相互联系和依存程度不断加深的过程。随着全球化的加速，人们开始关注全球化对各种伦理观念的影响，其中包括伦理相对主义。伦理相对主义认为，在不同的文化、社会、历史背景下，人们的价值观和道德观念会有所不同，没有一种普遍适用的道德标准。因此，伦理相对主义认为，我们不应该对其他文化的行为或价值观进行评判，而应该尊重不同文化之间的差异。在全球化的进程中，伦理相对主义的观点得到了一定程度的关注和接受，因为全球化使得不同文化之间的接触和交流变得更加频繁和紧密。

然而，伦理相对主义也受到了批评。一些人认为，伦理相对主义会导致道德沦丧和文化冲突，因为如果没有普遍适用的道德标准，那么我们无法对任何行为进行评判或谴责。此外，伦理相对主义也可能导致文化优越感和歧视，因为如果我们认为不同文化之间没有任何区别，那么我们也就无法认识到一些文化之间的差异和矛盾。因此，对于全球化与伦理相对主义的关系，应该采取一种平衡的态度。我们应该尊重和理解不同文化之间的差异，但也应该保持一种普遍适用的道德标准，以便对任何行为进行评价或谴责。同时，我们也应该反思自己的文化和价值观念，以便更好地理解和尊重他人的文化和价值观念。

章末案例

让中国智慧教育经验“走出去”，希沃助力数字“一带一路”建设

2022年8月9日，2022“一带一路”媒体合作论坛在陕西西安举行。视源股份助力数字“一带一路”建设的案例成功入选论坛典型案例。

近年来，希沃积极参与“一带一路”教育新基建。在数字化环境建设上，希沃同联合国教科文组织高等教育中心合作，计划为10个国家的高校捐建智慧教室，在尼泊尔的特里布文大学与马来西亚的博特拉大学智慧教室捐建即将完成。依托智慧教室，学校可打造沉浸式教学体验、生成个性化人才培养方案，助力更多国家培养引领数字化时代发展的创新人才。同时，希沃与教育部中外语言交流中心合作，即将在全球落地约50间“语合智慧教室”，集合互联网、物联网、人工智能、虚拟现实等技术优势用于国际中文教学，更好培养学习者学习兴趣，提升教学质量，为海内外开展学习中文、理解中国和体验中华文化提供智慧教育平台。在数字化教学上，希沃可提供丰富的产品支持。目前，希沃的软件应用覆盖了备课、授课、教学管理等各环节。在海外，希沃针对阿拉伯地区开发了教学工具软件，希望能够帮助阿语地区教师提高备授课效率。在教师数字化能力提升上，2021年，希沃旗下教师成长项目——希沃杏坛

计划，为超过53个国家和地区的教师提供信息化教学在线培训，助力共建“一带一路”国家消弭教育领域数字鸿沟，传递中国数字友好声音。

此外，2022年，视源股份携手中石油、中兴通讯、中南集团等央国企，计划在更多“一带一路”共建国家合作建设智慧教室，在基础设施“硬联通”之外，通过教育新基建积极推动当地民生工程发展，与共建国家实现“心联通”，为“一带一路”互联互通做增量，实现多方互利共赢发展，推动建设更加紧密的“一带一路”伙伴关系。

资料来源：让中国智慧教育经验“走出去”，希沃助力数字“一带一路”建设. 新浪新闻，2022-08-10.

本章小结

1. 文化是由价值观、仪式、符号、信仰及思维模式构成的总和，文化由一个群体后天习得、在群体内共享并进行代际传承。文化具有后天习得性、共享性与排他性、稳定性与适应性以及多样性等特点。

2. 跨文化管理是企业开展国际商务需要首要解决的问题，应当树立正确的跨文化理念、尊重和理解文化差异、积极开展跨文化培训。

3. 商业伦理是专门针对商业制度、组织和行为的道德标准和规范。商业伦理必须引领政府制定公共政策，引导企业采取符合伦理道德的企业理念和治理结构，应对全球化、人权、企业社会责任、数字经济与人工智能等议题及其对伦理道德带来的新挑战。

关键词和术语

文化	文化借鉴	文化距离	自我参考准则
民族中心主义	商业伦理	商业与人权	企业社会责任

思考题

1. 文化是如何影响国际商务的？
2. 如何处理文化冲突？
3. 企业如何应对不同文化间的伦理差异？

延伸阅读

[1] 尧新瑜.“伦理”与“道德”概念的三重比较义. 伦理学研究，2006 (4)：21-25.

[2] 赵子乐，林建浩. 经济发展差距的文化假说：从基因到语言. 管理世界，2017 (1)：65-77.

第6章

国际贸易理论

学习目标

1. 理解为什么国家之间存在贸易
2. 了解国际贸易理论的发展历史
3. 熟悉主要的国际贸易理论及观点
4. 理解为什么国家之间的自由贸易将增加参与自由贸易的各国的经济福利
5. 熟悉政府在促进某些产业的国家竞争优势中扮演的积极角色
6. 理解国际贸易理论与国际商务实践的重要关系

引导案例

把握全球价值链重构的深层动因

基于全球价值链的一体化生产体系，既是国际分工深化的必然产物，也是经济全球化的重要标志。当前，新一轮科技革命和产业变革方兴未艾，全球化演进的动力机制由资本和成本驱动加快转向由创新和知识驱动，进而引发全球价值链重构。新工业革命对制造范式及国际生产体系正在产生复杂而深远的影响，且这种影响尚未充分释放，再叠加贸易保护主义“抬头”，使得全球化进程及全球价值链的变化充满不确定性。

过去20年间，全球价值链的扩张势头放缓，一些产业的全球价值链呈现出较为明显的收缩态势；尽管全球价值链的总体参与度仍在提升，但其增速却大幅下降。与此同时，全球价值链上服务创造的价值增长较快，这是全球化推动世界范围内产业结构升级的结果，有可能进一步加剧全球价值链参与度的下降。主要原因在于：目前服务业国际分工的深度和广度在总体上不及制造业，现行统计体系对服务在全球价值链上增值的核算还不够全面，难以准确体现服务对不同国家（地区）和行业全球价值链参与度的影响。

过去20年中，引发全球价值链正向扩张的动力大致可以归为三类：不断下降的交通、通信和信息成本，快速的技术进步，逐步减少的制约贸易和投资自由化的政治经济壁垒。长远来看，上述三类驱动因素及其作用机理仍然能够成立，基于分工深化和成本级差的全球价值链延展还会持续。但也要看到，新工业革命、贸易保护主义“抬头”与大国竞争加剧等因素相互交织，使包括技术进步、成本优势、贸易环境在内的那些以往具有正向动力的因素表现出更为复杂的影响方式和效应，甚至在特定的条件下，这些因素还有可能演变成全球价值链扩张的反作用力。驱动全球价值链重构的因素有：

第一，新工业革命的多重影响。对于全球化进程而言，科学技术和创新活动表现出“双刃剑”的作用，其在为商品和服务流动带来便利的同时，在某些领域以及特定的历史时期却会抑制生产要素的全球配置。比如，新技术的代际更迭周期显著缩短。这反映出技术创新日益活跃，同时也增加了科技投入及其收益的不确定性，影响了新技术收益的市场预期，导致全球价值链上新技术的扩散动力不足，阻碍创新要素的跨境配置。一旦技术扩散放缓，新技术便将对低收入国家构成“双重打击”。一方面，削弱了其比较优势，减少了这些国家的贸易收益；另一方面，全球价值链上的低端锁定，又降低了低收入国家以低技能劳动力替代其他要素投入的能力，以至这些国家更加难以利用劳动力成本优势抵消技术劣势。

第二，贸易政策的转向。新工业革命呼唤国际贸易规则的变革。然而，国际金融危机催生贸易保护主义“抬头”，其持续时间之长、对现行多边体系的破坏之大，超出预期，贸易政策环境也发生了相应变化。相较于创新活动及技术扩散的复杂影响，贸易壁垒对各国的全球价值链延展具有负面作用。随着贸易环境恶化及其影响逐渐释放，美国等发达国家中间产品和最终产品进口占国内消费和工业增加值的比重均有下降，中间产品供应和最终产品消费的本地偏好不断加强，这进一步抑制了美国等主要贸易国参与全球价值链的倾向。

第三，风险偏好的变化与跨国公司的供应链布局调整。在以往的经济全球化中，跨国公司在世界范围内寻求“成本洼地”，推动全球供应链日益分散化。但现阶段全球供应链不时出现断点，现有国际分工方式暴露出其固有的脆弱性，凸显了保持供应链稳定的迫切性和重要性。生产和贸易集聚度提高，显然不利于跨国公司维护供应链稳定，但过于分散的供应链体系同样会放大安全方面的风险。因此，学术界和国际机构普遍认为，把更多的生产活动和供应链环节配置到更易掌控的本土或周边国家，将成为未来跨国公司布局全球供应链的方向。

推动全球价值链重构的另一个重要因素是新兴经济体持续扩张的国内需求。其中，中国参与全球价值链分工方式的变化及其影响不容忽视。很多研究成果发现，中国嵌入全球价值链的路径和效应正在发生变化。中国已经成为世界第二大经济体、制造业第一大国、货物贸易第一大国，随着自身配套能力的提升，中国嵌入全球价值链的方式不再局限于承接国际产业转移，而是凭借健全的产业体系、活跃的创新活动向全球价值链更高端环节攀升。

资料来源：杨丹辉，渠慎宁. 把握全球价值链重构的深层动因. 经济日报，2021-05-31.

6.1 引言

16—17 世纪盛行重商主义，主张国家鼓励出口，限制进口。虽然重商主义是一种古老且受到极大怀疑的学说，但是在现代政治争论和许多国家的贸易政策中仍时有反响。1776 年出版的亚当·斯密的《国富论》，提出了绝对优势学说，第一次解释了为什么自由贸易对一个国家是有利的。自由贸易（free trade）是指一国政府不通过关税或其他非关税手段来影响民众的进出口决策，斯密认为应当由市场机制这只看不见的手，而不是由政府的政策来决定一国进口什么产品和出口什么产品。他的论点还表明对贸易采取的这种自由放任态度符合一国的最大利益。在斯密理论的基础上，有两种具有影响力的学说被发展出来：一是 19 世纪英国经济学家大卫·李嘉图（David Ricardo）提出的比较优势理论，该理论是古典自由贸易的理论基础。二是赫克歇尔-俄林理论，该理论由瑞典经济学家伊莱·赫克歇尔（Eli Heckscher）和贝蒂·俄林（Bertil Ohlin）创立。

6.1.1 贸易利益

斯密、李嘉图和赫克歇尔-俄林理论的主要贡献在于，它们精确地确认了国际贸易的特定利益。人们通常认为有些国际贸易是有利的，例如，俄罗斯无须自己种植咖啡豆，它可以通过贸易，以低成本生产的产品（如大豆）来换取不能生产的另一些产品（如咖啡豆），从而获得利益。这样，通过从事国际贸易，俄罗斯人就能够既吃到大豆又喝到咖啡了。

然而，斯密、李嘉图和赫克歇尔-俄林的理论超出了这些常识观念，还解释了为什么一个国家通过国际贸易来获取自己可以生产的产品也是有益的。这种利益产生的原因在于国际贸易允许一国在制造业中实行专业化生产，专门出口该国最有效率生产的产品，而进口别国更有效率生产的产品。因此，对美国来说，专业化生产和出口商用喷气式客机是有益的，因为商用喷气式客机的专业化生产需要投入的资源在美国很丰富，如高度熟练的劳动力和专有技术。同时，美国从孟加拉国进口纺织品是有利的，因为纺织品的专业化生产需要投入相对便宜的劳动力，而廉价劳动力不是美国的丰富资源。

6.1.2 国际贸易模式

斯密、李嘉图和赫克歇尔-俄林的理论解释了我们在世界经济中观察到的国际贸易模式，例如气候和自然资源禀赋解释了为什么加纳出口可可，巴西出口咖啡，沙特阿拉伯出口石油，中国出口小龙虾。至于为什么日本出口汽车、消费电子产品和机床，为什么瑞士出口化工产品、药品、钟表和珠宝，为什么孟加拉国出口服装，大卫·李嘉图的比较优势理论根据劳动生产率的国际差异做了解释。赫克歇尔-俄林理论强调了不同国家可获得的生产要素（如土地、劳动力和资本）比例与生产特定产品需要的要素比例的相互影响。这种解释基于不同国家具有不同的生产要素禀赋的假设。然而，当我们检验这个理论时，发现它解释现实世界的贸易格局的能力比人们曾经认为的要弱得多。

对于不能用赫克歇尔-俄林理论解释的国际贸易模式，雷蒙德·弗农提出产品生命周期论，认为在产品生命周期的初期，大多数新产品由发明国生产和出口，当新产品在国际上被广泛接受后，就逐渐转到其他国家生产。该理论认为，产品最终可能被出口到原发明国。

沿着类似的思路，20 世纪 80 年代的经济学家保罗·克鲁格曼（Paul Krugman）提出一种新贸易理论（new trade theory）（2008 年克鲁格曼因该理论获得诺贝尔经济学奖）。该理论强调，在某些情况下，一些国家分工生产和出口特定产品并不是因为要素禀赋的差异，而是因为某些产业中世界市场只允许少数企业存在（如商用喷气式客机产业）。在这种产业内，首先进入市场的企业所建立起的竞争优势地位很难被撼动，因此，国家之间的贸易模式可以部分归因于企业捕捉先入者优势的能力。美国是商用喷气式客机的主要出口国，是因为美国企业（如波音公司）是世界商用喷气式客机市场的第一个进入者。波音公司建立了竞争优势，这种优势使后期具有相同要素禀赋优势的他国企业很难发起新的挑战。在与新贸易理论相关的一部著作中，迈克尔·波特（Michael Porter）提出国家竞争优势理论，试图解释为什么特定国家能在特定产业取得成功。除要素禀赋外，波特指出国家要素（如国内需求和国内竞争）的重要性，以解释为何一国在生产和出口某特定产品上具有压倒性的优势。

6.2　古典国际贸易理论

6.2.1　重商主义

有关国际贸易的第一个理论产生于 16 世纪中叶的英国，被称为重商主义。其主要观点为金银是国民财富的主要存在形式，当时，金银是各国之间贸易交换的货币，一国可以通过出口产品获得金银；反之，从别国进口产品则会使金银流出。重商主义（mercantilism）的主要原则是保持贸易顺差以实现一国的最大利益，即出口超过进口，这样一国就能积累金银，增加国民财富、声望和权力。英国重商主义代表人物托马斯·孟（Thomas Mun）于 1630 年指出："增加财富和金银的通常办法是对外贸易，不管何时何地我们必须遵循这样一个原则，即每年卖给外国人的商品总值要超过购买其商品的总值。"重商主义一贯主张政府干预以便实现对外贸易顺差，他们建议政策目标应该是出口最大化而进口最小化。要达到此目的，可通过关税和配额限制进口，并对出口实行补贴。

1752 年，古典经济学家大卫·休谟指出重商主义存在矛盾。按照休谟的说法，如果英国对法国有贸易顺差（指出口多于进口），那么金银将流入英国，增加英国国内货币供给，使英国产生通货膨胀。而法国因金银的流出将产生相反的效果，法国货币供给紧缩，物价下降。法国与英国之间价格的相对变化将使法国购买较少的英国产品（因为其价格变得更昂贵），而英国购买较多的法国产品（因为其价格变得更便宜），其结果是英国贸易收支恶化而法国贸易收支改善，直至英国贸易顺差消失。因此，按照休谟的说法，从长远看，没有一个国家能像重商主义者所设想的那样，长期维持贸易收支的顺差并积累金银。

重商主义的缺陷是将贸易看成零和博弈（指一个国家获利导致另一个国家受损），斯密和李嘉图证明贸易是正和博弈，即参与贸易的所有国家都能获利。但重商主义理论并没有消亡，许多国家采用新重商主义策略，同时鼓励出口和限制进口，新重商主义将政治力量等同于经济力量，而将经济力量等同于贸易顺差。

6.2.2 绝对优势理论

亚当·斯密在其 1776 年的著作《国富论》中，抨击重商主义者关于贸易是零和博弈的假设。斯密认为各国生产不同产品的效率不同，英国凭借其高超的制造工艺成为世界上效率最高的纺织品生产者；而法国由于适宜的气候、肥沃的土壤和积累的专长，拥有世界上效率最高的酿酒业。英国生产纺织品有绝对优势，而法国生产酒有绝对优势。当一个国家生产一种产品比其他任何国家效率都高时，该国在这一产品的生产上就拥有绝对优势（absolute advantage）。

按照斯密的说法，各国应该专门生产具有绝对优势的产品，然后用它们交换其他国家生产的产品，该理论建议英国专门生产纺织品而法国专门生产酒。英国可以出售纺织品给法国，作为交换，英国买入所需要的全部酒；同样，法国用生产的酒交换所需的纺织品。斯密的基本论点是一国不应该生产可以以较低成本从别国买到的产品，各国按绝对优势进行分工生产，然后交换，则对两国都有利。

考察加纳与韩国之间贸易的例子。任何产品的生产都需要资源投入，如土地、劳动力和资本。假设加纳和韩国各有 200 单位资源，这些资源可以用于生产大米或可可；又假设在加纳生产 1 吨可可需要 10 单位资源，而生产 1 吨大米则需要 20 单位资源。因此，加纳可以生产 20 吨可可，或 10 吨大米，或者可可和大米的各种组合。加纳可以生产的不同组合如图 6－1 中的 GG' 线所示。GG' 线可看成加纳的生产可能性边界。同样，假设韩国需要 40 单位资源才能生产 1 吨可可，而生产 1 吨大米仅需要 10 单位资源，因此，韩国可以生产 5 吨可可，或 20 吨大米，或者可可和大米的任意组合，对韩国适用的不同组合如图 6－1 中的 KK' 线所示。KK' 线是韩国的生产可能性边界。显然，加纳生产可可有绝对优势（韩国生产 1 吨可可比加纳需要更多的资源），同理可知，韩国生产大米有绝对优势。

通过贸易以 1 吨可可交换 1 吨大米，两国生产者可以消费更多的可可和大米。假如加纳和韩国按 1∶1 的比价交换可可与大米，即 1 吨可可的价格等于 1 吨大米的价格，若加纳决定出口 6 吨可可给韩国并从韩国进口 6 吨大米，贸易后的最终消费是 14 吨可可和

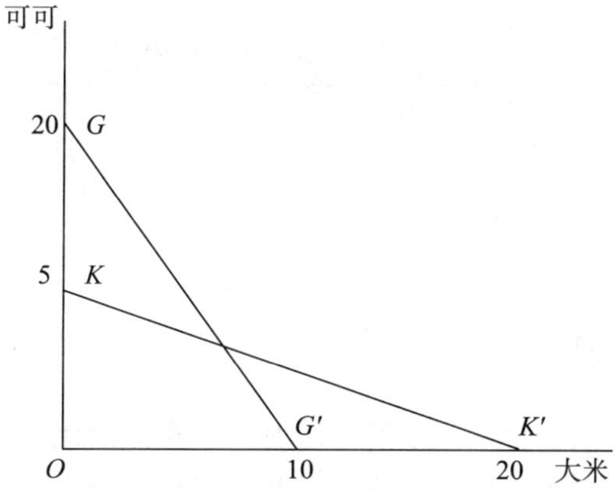

图 6-1　绝对优势

6 吨大米，比分工贸易前多消费 4 吨可可和 1 吨大米。同样，韩国分工贸易后最终消费 6 吨可可和 14 吨大米，比分工贸易前多消费 3.5 吨可可和 4 吨大米（见表 6-1）。这种分工和贸易的结果是可可和大米的产出都增加，两国的消费者也可以消费更多。因此，我们可以看到这种贸易是一种正和博弈，给所有参与者都带来了净利益。

表 6-1　绝对优势与贸易利得

生产 1 吨可可或大米所耗资源		
	可可	大米
加纳	10	20
韩国	40	10
无贸易条件下的生产与消费		
	可可	大米
加纳	10	5
韩国	2.5	10
总产量	12.5	15
分工后的生产		
	可可	大米
加纳	20	0
韩国	0	20
总产量	20	20
加纳用 6 吨可可换取韩国 6 吨大米后的消费		
	可可	大米
加纳	14	6
韩国	6	14

续表

因分工和贸易增加的消费		
	可可	大米
加纳	4	1
韩国	3.5	4

6.2.3 比较优势理论

大卫·李嘉图研究当一个国家生产的所有产品都具有绝对优势时可能会发生的情况，从而将亚当·斯密的理论向前推进了一步。斯密的绝对优势理论认为在上述情况下一国不能从国际交换中获得利益。但是李嘉图在其 1817 年的著作《政治经济学原理》中说明事实并非如此。按照李嘉图的比较优势理论，一个国家分工生产最有效率的产品，而从别国购买自己生产效率相对较低的产品，这样做仍然是有意义的。这似乎与直觉不符，但其逻辑可以用一个简单的例子说明。

假设加纳生产可可和大米都具有绝对优势。假设在加纳使用 10 单位资源可生产 1 吨可可，使用 13.33 单位资源可生产 1 吨大米。这样，给定 200 单位资源，加纳可以只生产 20 吨可可或 15 吨大米，或它生产可能性边界上的任何组合（图 6－2 中的 GG' 线）。在韩国，假设使用 40 单位资源可生产 1 吨可可，使用 20 单位资源可生产 1 吨大米，这样，韩国可以只生产 5 吨可可或 10 吨大米，或它生产可能性边界上的任何组合（图 6－2 中的 KK'线）。再次假设无贸易时，每个国家以一半资源生产大米，以另一半资源生产可可。此时，加纳将生产 10 吨可可和 7.5 吨大米，而韩国将生产 2.5 吨可可和 5 吨大米。

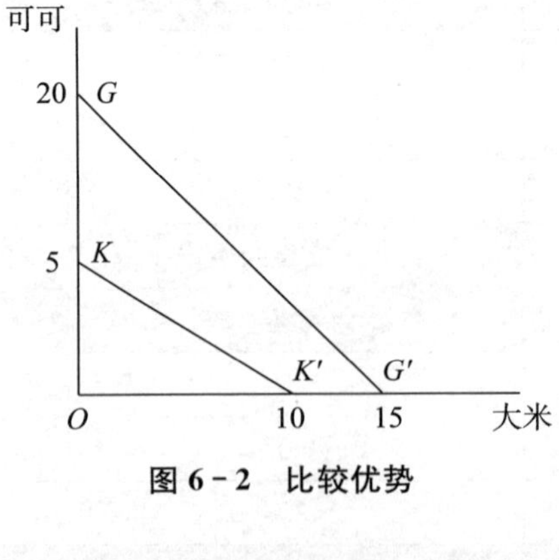

图 6－2 比较优势

既然加纳生产两种产品均具有绝对优势，那么加纳为什么要与韩国进行贸易呢？虽然加纳生产可可和大米都有绝对优势，但它生产可可有比较优势，使用相同资源，加纳生产可可的产量是韩国的 4 倍，而生产大米的产量仅为韩国的 1.5 倍，相比之下，加纳生产可可比生产大米效率更高。

无贸易时，两国生产可可 12.5 吨（加纳 10 吨加上韩国 2.5 吨），大米 12.5 吨

（加纳 7.5 吨加上韩国 5 吨），此时两国只能消费各自生产的产品。但在分工贸易下，两国可以增加可可和大米的总产量，两国消费者从而可以消费更多的产品。

6.2.3.1　贸易利得

假设加纳利用比较优势生产可可，产量从 10 吨增加到 15 吨，这需要利用 150 单位资源，剩下 50 单位资源用于生产 3.75 吨大米。同时韩国专门生产大米，产量为 10 吨。现在可可和大米的总产量增加了。分工前产量为 12.5 吨可可和 12.5 吨大米，分工后为 15 吨可可和 13.75 吨大米（加纳 3.75 吨加上韩国 10 吨）。表 6－2 概括了这些数字。

表 6－2　比较优势与贸易利得

生产 1 吨可可或大米所耗资源		
	可可	大米
加纳	10	13.33
韩国	40	20
无贸易下的生产与消费		
	可可	大米
加纳	10	7.5
韩国	2.5	5
总产量	12.5	12.5
分工后的生产		
	可可	大米
加纳	15	3.75
韩国	0	10
总产量	15	13.75
加纳用 4 吨可可换取韩国 4 吨大米后的消费		
	可可	大米
加纳	11	7.75
韩国	4	6
因分工和贸易增加的消费		
	可可	大米
加纳	1	0.25
韩国	1.5	1

分工贸易不仅使产量提高，而且使两国从中获利。假如加纳和韩国按 1∶1 的比价交换可可与大米，两国之间用 4 吨出口交换 4 吨进口，均能比分工贸易前消费更多。这样，如果加纳以 4 吨可可与韩国交换 4 吨大米，仍然剩下 11 吨可可，比分工前还多 1 吨；从韩国交换得到的 4 吨大米加上国内生产的 3.75 吨大米，共有 7.75 吨

大米，比分工前多 0.25 吨。同样，与加纳交换 4 吨大米后，韩国还有 6 吨大米，比分工前要多；此外，交换得到的 4 吨可可也比贸易前自己生产的多 1.5 吨。因此，分工与贸易的结果是两国消费的可可和大米都增加。

李嘉图的比较优势理论认为，如果没有贸易限制，一些国家即使生产任何产品均无绝对优势，按照比较优势参与国际分工并进行贸易，仍然可以受益。换句话说，比较优势理论比绝对优势理论更深入地指出，贸易是一种正和博弈，各参与方均能获得经济利益。因此，该理论为鼓励自由贸易提供了一个强大的理论基础。

6.2.3.2 条件与假设

李嘉图的简单模型包括许多与现实不符的假设：

(1) 假设一个简单世界，其中只有两个国家和两种产品，而现实世界中存在多个国家和多种产品。

(2) 假设两国之间不存在运输费用。

(3) 假设不同国家之间的资源价格没有差异，不涉及汇率，简单地假设可可与大米按 1∶1 的比价交换。

(4) 假设资源在一国国内可以自由流动，可自由地从一种产品的生产转到另一种产品的生产，但现实世界中并非总是如此。

(5) 假设规模报酬不变，即加纳或韩国分工生产 1 吨可可或大米需要投入的资源数量是固定不变的，但现实世界中专业化生产存在递减或递增的报酬，即当一国分工生产某产品时，每多生产一单位产品需要投入的资源数量可能递增或递减。

(6) 假设各国有固定的资源存量，自由贸易并不改变一国利用资源的效率，这种静态假设不考虑一国资源存量的动态变化，也不考虑一国通过自由贸易产生的利用资源效率的变化。

(7) 假设贸易对一国收入分配没有影响。

延伸阅读

绝对优势确实重要

鉴于这些假设，自由贸易对各方有利的结论对于存在多个国家和多种产品、有运输费用、汇率多变、资源在国内不能自由流动、专业化报酬并非固定不变以及动态变化的现实世界是否仍然适用？虽然对比较优势理论的进一步扩充已超出本书范围，但经济学家已经证明，从简单模型中获得的基本结论可以用于多个国家生产多种产品的现实世界。尽管李嘉图模型存在缺陷，但研究表明，各国将出口其相对最有效生产的产品这一基本命题是被数据所证实的。

6.3 新古典贸易理论

6.3.1 赫克歇尔-俄林理论

比较优势的来源是什么？李嘉图理论强调比较优势来自劳动生产率的差异，认为两国之间劳动生产率的差异构成了比较优势理论的基础。瑞典经济学家赫克歇尔和俄林对比较优势做出了不同的解释，他们认为比较优势是由各国生产要素禀赋的差异引起的。赫克歇尔在1919年的一篇文章中提出了这一理论的核心思想，对这一理论的明确而完整的阐述是由赫克歇尔的学生俄林在20世纪30年代进行的。像凯恩斯一样，俄林把出色的学术生涯（曾任斯德哥尔摩大学教授，后来成为诺贝尔经济学奖得主）与政治职业（瑞典国会议员、政党领袖，以及在第二次世界大战时的政府官员）完美地结合在一起。后来另一位诺贝尔经济学奖获得者保罗·萨缪尔森又对俄林的理论做出了进一步的充实并推导出了理论得以完全成立的数学条件。

要素禀赋（factor endowments）是指一国拥有的一些资源如土地、劳动力和资本的丰裕程度。不同国家具有不同的要素禀赋，从而对要素成本产生影响，一种要素越丰富，其成本越低。赫克歇尔-俄林理论预测一国将出口密集使用本国丰裕要素的产品，进口密集使用本国稀缺要素的产品，从而试图解释我们观察到的世界经济中的国际贸易模式。这种贸易模式，用俄林的原话说就是："出口那些在生产中需要大量丰裕生产要素和少量稀缺要素的商品，以交换那些要素投入比例相反的商品。由此，供给充足的要素被间接地出口，而供给稀缺的要素被进口。"或者，更为简明扼要的说法是：赫克歇尔-俄林理论认为一国应该出口那些密集使用本国丰裕生产要素的产品（并且进口那些密集使用本国稀缺要素的产品）。

赫克歇尔-俄林理论论证自由贸易是有益的，但是，与李嘉图理论不同的是，赫克歇尔-俄林理论认为国际贸易模式是由要素禀赋而非劳动生产率差异决定的。

赫克歇尔-俄林理论清晰易懂。例如，美国长期出口农产品反映出它拥有非常丰富的耕地；而中国主要出口劳动密集型制成品，反映出中国有相对丰富的低成本劳动力，美国缺少丰富的低成本劳动力，故主要进口这些劳动密集型制成品。要注意，要素禀赋是相对的，而不是绝对的。一国可能比另一国拥有的土地和劳动力的绝对量更多，而相对丰富的只是其中的一种。

为了更好地理解这一结论，我们需要对要素丰裕性和要素密集度这两个概念加以定义。

如果一个国家的劳动力相对于其他要素的比率比世界其他国家更高，我们就称这个国家为劳动力丰裕国家。

如果一种产品的劳动力成本在其总成本中所占的比率要高于其他产品，我们就称这种产品为劳动密集型产品。

赫克歇尔-俄林理论对贸易模式的解释，假设各国在开放贸易前存在着产品价格的差异这一问题。赫克歇尔和俄林认为，相对成本差异的关键在于要素比例。如果布匹（劳动密集型产品）在美国每码值2蒲式耳小麦（土地密集型产品），而在中国每码还不值1蒲式耳小麦，那么，其主要原因肯定在于：与中国相比，美国拥有更多数量的小麦生产所密集使用的要素，而拥有较少数量的布匹生产所密集使用的要素。假定土地是小麦生产密集使用的要素，劳动是布匹生产密集使用的要素。又假定所有的成本都可以被分解为土地成本和劳动成本（例如：生产种植小麦所用的肥料需要一定数量的土地与劳动；生产布匹生产中所使用的棉花也需要一定数量的土地与劳动），这样，赫克歇尔-俄林理论便认为：美国应该出口小麦、进口布匹，因为小麦是土地密集型的，而布匹是劳动密集型的，并且：

$$\frac{\text{美国的土地供给}}{\text{美国的劳动力供给}}>\frac{\text{中国的土地供给}}{\text{中国的劳动力供给}}$$

在没有国际分工和贸易的条件下，美国的地租比中国更为便宜，而美国劳动力则得到比中国更高的工资；土地的廉价使小麦生产的成本较低，高工资则会使得布匹相对更贵。根据赫克歇尔-俄林理论，这就是在贸易之前存在着产品价格差异的原因。正是由于两国相对要素禀赋的差异和不同产品要素密集度的差异，才使得美国在开放贸易时会出口小麦而不是布匹（进口布匹而不是小麦）。

延伸阅读

贸易开放和中国从农业国向新兴经济体的华丽转身

6.3.2 里昂惕夫悖论

赫克歇尔-俄林理论一直是国际经济学中最有影响的理论之一，受到大多数经济学家的认同，该理论也一直受到许多实证检验。1953 年华西里 · 里昂惕夫（Wassily Leontief，1973 年诺贝尔经济学奖得主）最早开始对其进行验证。由于美国相对于其他国家是一个资本相对丰富的国家，里昂惕夫假定，根据赫克歇尔-俄林理论，它应该出口资本密集型产品而进口劳动密集型产品。然而，令他惊奇的是，他发现美国出口的资本密集型产品反而比进口的少。因为这一结果与理论的预测相反，故被称为里昂惕夫悖论。

里昂惕夫悖论产生的原因是什么，没人能解释清楚。一种可能的解释是美国在生产新产品或革新技术产品上具有特别优势，这些产品比那些技术成熟和适合大批量生产的产品的资本密集度要低，但知识密集度更高，因此，作为技术知识充裕的国家，美国可能出口使用熟练劳动力和创新技术生产的产品（比如计算机软件），而进口利用大量资本生产的产品。经济学家们利用其他国家的数据对赫克歇尔-俄林理论的检验倾向于肯定里昂惕夫悖论的存在。

赫克歇尔-俄林理论的一个关键假设是技术在各国之间是无差异的，而事实并非如此。技术上的差异可能导致生产率的差异，而生产率推动国际贸易模式的发展。因此，日本 20 世纪七八十年代在出口汽车方面的成功不仅建立在相对充足的资本之上，而且建立在创新生产技术发展的基础之上，这使日本能够在汽车生产方面取得比其他同样拥有充足资本的国家更高的生产率水平。一旦各国之间技术上的差异得到控制，各国就会出口那些密集使用丰富要素生产的产品，而进口那些密集使用稀缺要素生产的产品。换句话说，一旦控制了生产率技术差异的影响，赫克歇尔-俄林理论似乎就能解释国际贸易模式。

6.4 新贸易理论

新贸易理论于20世纪70年代出现，许多经济学家指出规模经济对国际贸易有重要的意义。规模经济（economies of scale）是指大批量生产带来单位成本下降的现象。

规模经济的成因有很多，包括将固定成本分散到大量产品上的能力、利用专业人员和设备提高生产效率并生产大批产品的能力。规模经济是许多产业降低成本的主要方法，从计算机软件到汽车，从制药到航空都是如此。比如，微软利用规模经济将开发Windows操作系统的将近100亿美元固定成本分摊到20亿个人电脑终端用户身上。汽车制造商利用一条每个员工都有专项技能的组装线大批量生产汽车以实现规模经济。

新贸易理论有两个重要的观点：第一，贸易可以通过对规模经济的影响增加消费品的种类，降低产品的平均成本；第二，一些达到规模经济的产业所生产的产品占世界总需求的比重较大，这样全球市场只能容纳数量很少的企业。因此，一些产品的世界贸易可能被某些国家主导，这些国家的企业往往是最早进入这些产品生产领域的。

6.4.1 增加产品种类以及降低成本

假设世界上没有贸易，在那些存在规模经济的产业中，一国能够生产的产品种类和产量都受到国内市场规模的限制。如果国内市场容量较小，不允许生产者实现特定产品的规模经济，那么该国不会生产这些产品，这样就限制了消费者可选择的产品种类。

如果存在国际贸易，当单一国家的市场与更大的世界市场相结合，市场规模得到扩张时，一国的单个企业能够更好地实现规模经济。根据新贸易理论，这意味着每个国家专门生产比没有国际贸易时范围更小的一系列产品，但是通过从别国购买自己不生产的产品，每个国家都能增加可供消费者选择的产品种类，同时降低这些产品的成本，这样，即使各国在资源禀赋或技术方面没有差异，贸易仍能给双方提供一个互利的机会。

假设有两个国家，各自拥有一个每年需要100万辆汽车的市场，通过相互之间的贸易，两国能够创造出一个每年需要200万辆汽车的联合市场。在这个联合市场中，由于能够更好地实现规模经济，因此与任何单个市场相比，这两个国家能够以更低的平均成本生产出更多种类（款式）的汽车。例如，单个市场对一种运动赛车的需求只有55 000辆，而每年总产量至少要达到100 000辆才能实现规模经济。同样，单个市场对一种迷你货车的需求是80 000辆，而每年总产量也是至少要达到100 000辆才能实现规模经济。面对有限的国内市场需求，低产量下生产成本过高，各国厂商可能决定不生产任何一种汽车。然而，一旦两个国家决定进行贸易，一国的厂商可以专门生产运动赛车，而另一国的厂商可以专门生产迷你货车。110 000辆运动赛车和160 000

辆迷你货车的总需求允许每个厂商实现规模经济。在这种情况下消费者将受益，他们有机会以更低的价格买到贸易前买不到的产品。贸易是互利的，因为它实现了专门化生产、规模经济，带来了更多样化的产品和更低的价格。

6.4.2 规模经济、先行优势和贸易模式

新贸易理论的第二个主要观点是，世界贸易模式可能是规模经济和先行优势共同作用的结果。先行优势（first-mover advantages）是指一个产业的早期进入者所具有的经济和战略上的优势。新贸易理论认为，对于那些规模经济显著、占据世界总需求一定比例的产品来说，先行者可以获得后来者无法获得的成本优势。因此，在规模经济十分重要而本国企业是该产业的先行进入者的情况下，一个国家可能支配某种特定产品的出口。

以商用客机行业为例。研制一架新的商用喷气式客机的固定成本是巨大的，空中客车公司花费 150 亿美元开发新的 550 座的 A380 巨型客机，空中客车公司必须至少卖掉 250 架 A380 客机才能抵消成本，达到收支平衡，卖出 350 架才能盈利。在未来 20 年里，这一类型客机的全球需求量估计为 400～600 架。因此，全球市场只能有一家喷气式客机制造商从这一庞然大物中获利。因为欧洲企业空中客车公司第一个生产 550 座的喷气式客机并实现规模经济，所以欧盟可以主导超大型喷气式客机的出口。像波音公司这样的潜在竞争者可能因为缺乏空中客车公司所拥有的规模经济而被市场拒之门外。作为这一市场的先驱，空中客车公司基于规模经济获得先行优势，令竞争对手难以匹敌，这就使得欧盟主导了超大型喷气式客机的出口。

6.4.3 新贸易理论的应用

新贸易理论具有深刻的含义，它表明即使各国在资源禀赋和技术方面没有差异，各国也能从贸易中获益。贸易使一国专门生产某种产品，从而获得规模经济并降低生产成本，并从别国购买自己不生产的产品（同样是别国专门生产出来的）。通过这种机制，各国消费者能够买到的产品种类增加，产品的平均成本和价格下降。

新贸易理论还表明，一个国家支配一种产品的出口，可能仅仅是因为它幸运地拥有一家或多家最先生产这种产品的企业。一个产业的较早进入者能够获得规模经济，所以它们可以锁定世界市场以阻止后继进入者。先行者从递增报酬中获益的能力形成了一种进入壁垒。例如在商用客机行业，波音公司和空中客车公司的存在以及它们从规模经济中获益的事实阻止了新的进入者，并加强了美国和欧洲在商用喷气式客机贸易中的主导地位。由于有限的全球需求不能支持更多企业盈利，这种主导地位便进一步加强。因此，尽管日本的企业有能力在这个市场上竞争，但它们决定不进入这个行业，而是作为主要商用客机生产商的分包商（如三菱重工是波音 767 和 777 项目的主要分包商）。

新贸易理论与赫克歇尔-俄林理论不同，后者认为当一国生产密集使用该国丰裕

要素的产品时，这个国家将支配该产品的出口。新贸易理论认为美国在商用喷气式客机的出口方面居于主导地位不是因为其生产客机所需使用的要素禀赋特别丰富，而是因为这个行业的先行者之一波音公司是美国的。新贸易理论指出获取比较优势的一个重要来源，即规模经济可以提高生产率。

这一理论在解释贸易模式上非常有用，贸易促进产业内的专业化生产，增加可供消费的产品种类，降低平均价格。关于先行优势和国际贸易，哈佛大学商务史学家阿尔弗雷德·钱德勒（Alfred Chandler）的一项研究表明，先行优势的存在可以解释为什么某些国家的企业在特定行业占主导地位，很多全球性的行业只有有限数目的企业，包括化学、重型建筑设备、重型卡车、轮胎、消费电子产品、飞机发动机和计算机软件等行业。

6.5　产品生命周期理论

雷蒙德·弗农在20世纪60年代中期提出产品生命周期理论。弗农通过对美国的观察提出该理论。他发现，大多数新产品由美国企业生产并首先在美国出售（如大规模生产的汽车、电视机、宝丽来照相机、复印机、个人电脑和半导体集成电路）。弗农认为美国市场的规模和财富给予美国企业开发新消费品的强烈动机，除此以外，美国劳动力的高成本也激励企业开发节省劳动力成本的革新技术。

弗农进一步认为，在新产品生命周期的初期，当需求在美国迅速增加时，其他发达国家（如英国、法国、德国和日本）的需求仅限于高收入群体，这种最初有限的需求不值得那些国家的企业生产该新产品，这就必然导致美国出口新产品到那些发达国家。

随着时间的推移，其他发达国家对新产品的需求开始增长。一旦出现这种情况，这些国家的生产者在本国市场生产就有利可图；另外，美国企业也可能在需求日益增长的发达国家建立生产基地。这样，其他发达国家的生产开始限制美国出口的潜力。

随着美国和其他发达国家的市场日益成熟，产品变得标准化，价格成为主要的竞争要素。当这种情形发生时，成本在竞争过程中起更大的作用，这时一些劳动力成本低的国家，主要是一些发展中国家（如中国、泰国）的生产者就有能力把产品出口到美国。当发展中国家开始获得超过发达国家的生产优势时，发达国家的竞争优势就此丧失，成为该产品的进口国。这样，生产的地点从美国转移到其他发达国家，然后从其他发达国家转移到发展中国家。

该贸易模式的结果是：随着时间的推移，当生产集中于低成本的发展中国家时，美国从产品出口国变为产品进口国。

产品生命周期理论似乎是对国际贸易模式的一种准确解释。以复印机为例，该产品首先在20世纪60年代初由美国施乐公司发明并出售给美国消费者，同时施乐公司从美国出口复印机到日本和西欧国家。当这些国家的需求开始增长时，施乐公司进入日本（建立富士施乐）和英国（建立兰克施乐）建立合资企业。施乐复印机专利到期后，其他外国竞争者开始进入市场（如日本的佳能、意大利的奥利维蒂），结果，美国的出口减少，美国消费者开始购买来自外国的低成本复印机，尤其是日本产品。之后，日本公司发现本国的制造成本太高，于是到发展中国家（如泰国）生产，结果，美国和几个其他发达国家（如日本和英国）从复印机的出口国变为进口国。复印机国际贸易模式的演变与产品生命周期理论的预测完全一致。产品生命周期理论清楚地解释了成熟产业从美国移出并进入低成本加工地区的过程。

然而，产品生命周期理论并非没有缺陷。虽然 1945—1975 年（美国在全球经济中占优势）大多数新产品是从美国推向市场的，但也有一些重要的例外，如许多新产品从日本（如遥控电脑游戏）或韩国（如三星智能手机）推向市场。而且，随着世界经济的全球化和一体化，大量新产品（例如平板电脑、智能手机以及数码相机）同时在美国、亚洲国家和欧洲国家推向市场；与此同时，伴随着全球性的分散生产，新产品的各个部件可能在要素成本和技术两方面最具优势的地区生产（如比较优势理论所预言的）。总之，虽然弗农理论在美国占据全球主导地位时可以用于解释国际贸易模式，但是和当今世界的关联却很有限。

6.6 价值链分工理论

价值链（value chain）是由哈佛大学著名的战略学教授迈克尔·波特提出的，波特在《竞争优势》一书中提出了他称之为价值链的理论框架。这个理论框架认为企业整个价值增值的链条可以分解为基本活动和支持性活动两大类活动。基本活动直接存在于产品流向消费者的整个过程当中，主要有进货后勤、生产作业、发货后勤、营销、服务；支持性活动的存在可以支持基本活动，包括采购、开发、人力资源管理以及企业基础设施的供应。基本活动和支持性活动共同构成了企业的价值链。

价值链分工指的是不同国家或地区的企业围绕某条价值链在全球生产网络中的分工和合作。价值链分工理论认为，企业的生产和服务过程已经超越国界，形成了跨国的生产网络和价值链。在国际贸易的价值链分工中，不同国家或地区的企业可以根据自身的资源和能力，在全球生产网络中选择不同的生产环节进行专业化生产和合作，从而实现生产效率和质量的提高，降低生产成本和风险。例如，一些发展中国家的企业可以专门从事原材料和零部件的生产，而发达国家的企业则可以专门从事产品设计和研发，从而形成高效的全球生产网络。

例如，苹果公司是全球知名的科技企业，其产品在全球范围内生产和销售。苹果公司利用全球生产网络和价值链分工，将其产品的设计和研发、生产、组装、销售等环节分别分配给不同国家的不同公司和厂商完成。产品设计和研发主要由美国和欧洲的公司负责，生产和组装由中国、越南等亚洲国家的厂商负责，销售和服务则由全球范围内的苹果零售店和服务商提供。又如联想集团是中国知名的科技企业，在全球范围内进行产品生产和销售，其产品设计和研发主要由位于美国的 Lenovo Design 和位于中国的研发中心负责，生产和组装则由中国、印度、墨西哥等国家和地区的厂商负责，销售和服务则由联想集团在全球范围内设立的销售和服务中心提供。

价值链分工理论强调国际分工和合作的重要性，企业在全球生产网络中的分工和合作需要建立在价值链协同的基础上，即不同环节的企业需要紧密合作，共同优化整个生产过程，实现生产效率和质量的提高。决定一国在全球价值链分工中地位的因素非常复杂，主要包括以下几个方面：

第一，产业结构和资源禀赋：国家因其产业结构和资源禀赋的不同，会选择不同的生产环节进行专业化生产和合作。例如，一些发展中国家拥有丰富的自然资源，因此可以专门从事原材料和零部件的生产；而一些发达国家拥有较强的技术创新和研发能力，可以专门从事产品设计和研发。

第二，政策环境和贸易制度：国家的政策环境和贸易制度对价值链分工也有重要影响。例如，一些国家采取贸易保护主义政策，限制进口商品，这对全球价值链的稳定性和效率产生负面影响。而一些国家采取开放的政策，鼓励进口和外商投资，这有利于全球价值链分工的协同发展。

第三，技术水平和人力资源：价值链分工需要各个环节的企业具备一定的技术水平和人力资源。因此，国家的技术水平和人力资源素质也会对全球价值链分工产生影响。

第四，地理位置和交通基础设施：地理位置和交通基础设施也是影响国家在价值链分工中的地位的重要因素。一些地理位置优越的国家可以作为物流中心，为全球生产网络提供便利的货物运输和分销服务。

第五，全球经济形势和市场需求：全球经济形势和市场需求的变化也会对国家在全球价值链中的分工合作产生影响。例如，随着全球市场对环境友好型产品的需求增加，一些国家开始专门从事环保产品的生产和加工。

6.7　国家竞争优势：波特的钻石理论

迈克尔·波特的《国家竞争优势》一书解释了为什么某些国家在特定的产业内会获得国际成功。例如，为什么日本在汽车产业干得这么好？为什么瑞士在生产和出口精密仪器和药物方面能超过别国？为什么德国和美国在化学工业方面表现出色？简单利用赫克歇尔-俄林理论是不能回答这些问题的，利用比较优势理论也只能提供部分解释。比较优势理论解释瑞士擅长生产和出口精密仪器的理由是它能在该产业内有效地利用资源。虽然这也许是对的，但它并没有解释为什么瑞士在该产业内比英国、德国或西班牙更具生产力，这就是波特要解开的谜。

波特指出一个国家的四大特性塑造了当地企业竞争的环境，这些特性促进或阻碍了竞争优势的建立（见图 6-3)。这些特性是：

• 要素禀赋——一个国家生产要素的状况，如熟练劳动力或特定产业内竞争所必需的基础设施。

• 需求情况——该产业产品或服务的国内需求特性。

• 相关与支持产业——该国是否有具有国际竞争力的供给产业和相关产业。

• 企业战略、组织与竞争——支配企业创建、组织、管理的条件和国内竞争的性质。

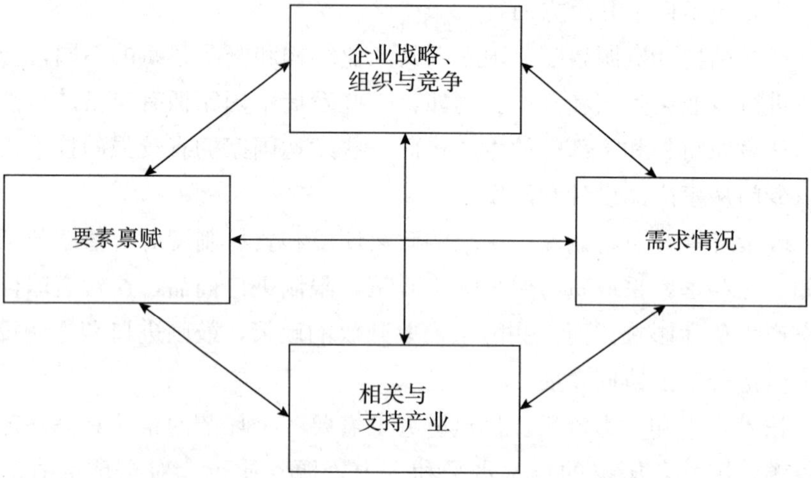

图 6-3 国家竞争优势：波特的钻石理论模型

波特利用这四个特性构建了一个钻石理论模型。他认为当企业处在该模型最有利的位置时，产业部门最可能成功。钻石理论模型是一个相互增强的体系，一种特性的作用依其他特性的状态而定。

波特认为两个附加变量可以极大影响钻石理论模型：机遇与政府。随机事件，如重大创新，可以重塑产业结构，并为一个国家的企业提供取代其他企业的机会。政府通过其政策的选择可以削弱或增强国家优势。例如，法规可以改变国内需求情况，反托拉斯政策可以影响一个产业内竞争的强度，政府对教育的投资可以改变要素禀赋等。

6.7.1 要素禀赋

要素禀赋是赫克歇尔-俄林理论的核心，波特更详细地分析了生产要素的特性。他按照要素的等级将其划分为基本要素（比如自然资源、气候、地理位置和人口结构）与高级要素（比如通信基础设施、熟练劳动力、研究设备和专有技术）。与自然赋予的基本要素不同，高级要素是个人、企业和政府投资的产品，对竞争优势最有意义。政府投资于基础教育和高等教育，提高国民的总体技术和知识水平，促进高等教育机构的高级研究，都可以改进一个国家的高级要素。

高级要素与基本要素之间的关系是复杂的，基本要素可以提供初始优势，随后又因投资于高级要素而使得优势得以增强和扩大；基本要素的缺陷会带来高级要素投资的压力。最典型的例子是日本，作为一个非常缺乏耕地及矿产资源的国家，通过投资增强了高级要素的禀赋。波特指出，大量工程师（理工科毕业生在国民中的比例几乎超过其他任何国家）对于日本制造业的成功至关重要。

6.7.2 需求情况

波特强调国内需求在提升竞争优势中起到关键作用。企业通常对与它们关系最密切的客户的需求最敏感，因此，国内需求的特性在形成国内制成品的特点以及对创新与质量产生压力方面特别重要。波特认为一个国家如果消费者层次高、需求大，则该国的企业就能赢得竞争优势；这是因为这些消费者迫使当地企业提高产品质量，生产新颖的产品。波特指出，日本照相机行业提高产品质量和引入革新模式与日本国内消费者的需求密切相关。

6.7.3 相关与支持产业

一个产业的国家竞争优势的第三个广义特性是具有在国际上有竞争力的供应商或相关产业。在相关与支持产业中投资生产高级要素可以给该产业带来好处，帮助它获取有利的国际竞争地位。瑞典在合成钢制品（如滚珠轴承和切割工具）方面的优势带来瑞典特种钢行业的强大；美国半导体行业的技术领导地位为美国个人电脑和其他几个技术先进的电子产品的成功奠定了基础；同样，瑞士制药业的成功与其相关工业技术在国际上领先有密切关系。

一国的成功产业周围往往有一群相关产业，这是波特的研究最深入的发现之一。一个典型的产业群代表是德国的纺织服装业，包括高质量棉花、羊毛、合成纤维、缝纫机针和一系列纺织机械。产业群之所以重要是因为技术和知识在产业群内的企业间流动，这对该产业群内的所有企业都是有利的。当一个地区内雇员在企业间流动时，当产业协会让不同企业的雇员因定期会议或研讨会集中到一起时，技术流动就发生了。

6.7.4 企业战略、组织与竞争

波特模式中国家竞争优势的第四个广义特性是一个国家的企业战略、组织与竞争。波特在这里提出两个要点：第一个要点是各个国家具有不同的“管理思想体系”，这将对国家竞争优势的确立产生影响。例如，德国和日本企业的高层管理者中工程师出身的占多数，原因在于他们注重改进制造流程和产品设计；而美国企业高层管理者中具有金融背景的占主导地位，许多美国企业不重视改进制造流程和产品设计，金融的主导地位导致一种普遍追求最大短期经济利益的现象。按照波特的说法，这种不同管理思想体系的一个结果是，美国的工程技术产业竞争力相对较弱（如汽车业）。

第二个要点是活跃的国内竞争对一个行业竞争优势的创造和维持有着重要作用。活跃的国内竞争给企业造成压力，促使企业寻求各种方式来提高效率，使企业不得不

革新、提高质量、降低成本以及进行投资以提升高级要素，这些都有助于创造世界级的竞争者。波特再次引述了日本的例子：没有一个国家国内竞争的作用比日本更明显，为追求市场份额，日本企业明争暗斗，以便超越对手，日本国内市场份额波动很大，精心制作的排行榜展示了哪些企业最受大学毕业生青睐，新产品和新流程的开发率更是惊人。

6.7.5 对波特理论的评价

波特主张，一个国家在某个特定产业内获得国际成功的程度是要素禀赋、需求情况、相关与支持产业，以及企业战略、组织与竞争四个特性相互作用的结果，在这四个特性上具备优势通常使得钻石理论模型能对竞争绩效做出正面的预测。波特还认为政府能够正面或负面影响钻石理论模型，要素禀赋会受到补贴、资本市场的政策、教育政策等影响；政府能够通过地方产品标准或法规控制或影响买方需求，从而改变国内需求；政府政策能够影响相关与支持产业，也能通过资本市场规定、税收政策和反托拉斯法等手段影响企业竞争。

按照波特的观点，各国应该出口钻石理论模型中四个因素都具备优势的产业的产品，同时进口那些四个因素都具备劣势的产业的产品。然而，波特理论还未经受过详细的实证检验。该理论在许多方面似乎是有道理的，但新贸易理论、比较优势理论和赫克歇尔-俄林理论似乎同样有道理。这些相互补充的理论中也许每一个都能解释一些国际贸易模式。

章末案例

美国的就业与对外贸易

唐纳德·特朗普在第一次竞选美国总统期间和获胜后在任期间，猛烈抨击包括中国、墨西哥和德国在内的一些国家是不公平的贸易商，并威胁要对来自这些国家的进口产品全面征收高关税。他暗示这些全面的关税将会增加美国的就业机会。

进口增加意味着美国就业的减少，而进口减少意味着美国就业的增加吗？经济学家提出了一个相对明了又令人惊讶的答案。

限制进口措施（比如跨境关税）很有可能导致在给定的工资率下美国的就业不增长的结果。这是因为：(1) 美国进口的减少也趋向于减少美国的出口；(2) 美国出口产业的平均就业量大约和美国进口产业的平均就业量相同。

有四个理由来说明减少进口也会减少出口。第一，出口产品使用的是进口投入品。如果这些进口产品不那么容易得到，那么美国出口产品的竞争力就没那么强了。第二，由于美国购买的外国商品的减少，外国人购买的美国的商品也会减少。因为外国人对美国出口的收入减少，他们会减少许多商品的购买，其中就包括美国的出口产品。第三，外国政府可能会通过进口保护措施来实施报复。面对增加的外国壁垒，美国的出口将会下降。第四，减少美国的进口可能会对汇率变化造成压力。我们假设大多数国际贸易都是通过国家货币来支付的，减少进口需求也减少了用来支付进口产品的外国货币的需求。如果外国货币因此贬值，由此提高了美元价值的交换比率，则更高的美元价值致使美国商品相对于外国购买者变得更为昂贵。外国购买者对此做出反应，将减少购买美国的出口产品。

以上四种效应组合在一起大致导致了进口削减多少，出口就削减多少。如果出口和进口都减少，对美国就业的影响就取决于扩张的进口竞争行业所创造的就业量是否多于收缩的出口行业所失去的就业量。不同的研究所得出的结论各不相同。总的来说，研究指出，如果美国的进口和出口削减量相同的话，很有可能总就业量几乎不变。（另外，出口行业的平均工资率趋向于变得更高。）

以上讨论是关于美国对进口的一般性限制措施对美国就业的影响。针对特定商品采取的选择性贸易保护将会改变对美国就业的净影响。例如，对美国现有的选择性壁垒的研究表明，它们对高于平均就业量，特别是低技能就业类商品的限制性是最强的。因此，现有的美国进口壁垒会稍微提高美国的就业量，但是全面提高贸易壁垒来限制所有的进口可能并不会增加美国的就业。

我们认为，仅仅讨论贸易导致的就业量增加或是减少，这一做法的有效性本身就值得商榷。国际贸易造成的就业量的增加或减少，本身就是经济中就业量总体变化的一个很小的部分。不同种类的压力造成的变化，比如需求的转移和技术的变迁，都会导致一个国家就业数量和种类发生变化。一个运作良好的经济是动态变化的——就业在不同产业之间转移，把工人（和其他资源）配置到其价值最高的地方使用。尽管这种转移在短期内会对经济造成一定损害，但是资源的重新配置对经济增长来说非常重要。

资料来源：托马斯·普格尔. 国际贸易：英文版·第17版. 北京：中国人民大学出版社，2020.

本章小结

本章解释了为何一个国家从事国际贸易是有益的，并说明了世界经济中的国际贸易模式。斯密、李嘉图和赫克歇尔-俄林的理论都强烈主张没有限制的自由贸易；相反，重商主义学说和新贸易理论可以理解为支持政府干预，即通过补贴促进出口和通过关税与非关税壁垒限制进口。

（1）重商主义认为，保持对外贸易顺差对一个国家至关重要。重商主义把贸易看成一种零和博弈，即一个国家获利会导致其他国家受损。

（2）绝对优势理论提出各国生产产品的能力不同，一个国家应该分工生产具有绝对优势的产品，进口其他国家具有绝对优势的产品。

（3）比较优势理论提出一个国家专门生产最有效率的产品，而从别国购买自己生产效率相对较低的产品是有意义的，即使所购买的产品自己生产的效率更高。

（4）古典贸易理论认为无限制的自由贸易可以增加世界产出，即贸易是正和博弈；还认为，一个国家进行自由贸易会刺激经济增长，转而创造贸易的动态利益。实证证据与这一观点一致。

（5）赫克歇尔-俄林理论认为国际贸易模式是由不同要素禀赋确定的，各国将出口密集使用当地充裕要素的产品而进口需大量耗用当地稀缺要素的产品。

（6）产品生命周期理论认为贸易模式受新产品从哪里引入的影响，在日益一体化的全球经济中，产品生命周期理论的预示性似乎比以前差了许多。

（7）新贸易理论认为贸易使一国专门生产特定产品，获取规模经济，降低生产成本，同时进口其他国家专门生产而自己不生产的产品。在这一机制下，每个国家的消费者能获得的产品种类增加了，而这些产品的平均成本下降了。新贸易理论还指出，一个国家主导某一特定产品的出口，可能仅仅是因为它有一个企业是该产业的先行者，而该产业由于规模经济的存在只能支撑几个盈利企业。一些新贸易理论支持者推动了战略贸易政策的构想，其论点是政府通过精心而明智地利用补贴，有可能增加国内企业成为新兴行业先行者的机会。

（8）价值链分工理论认为在国际贸易的价值链分工中，不同国家或地区的企业可以根据自身的资源和能力，在全球生产网络中选择不同的生产环节进行专业化生产和合作，从而实现生产效率和质量的提高，降低生产成本和风险。

（9）波特的钻石理论认为，贸易的模式受一个国家四方面因素的影响：①要素禀赋；②需求情况；③相关与支持产业；④企业战略、组织与竞争。钻石理论对单个工商企业之所以重要，主要是因为该理论有助于企业决定各生产活动的地点。参与国际贸易的企业对政府的贸易政策有强烈的影响，通过游说政府部门，企业会促进自由贸易或限制自由贸易。

关键词和术语

劳动生产率	重商主义	绝对优势	比较优势
赫克歇尔-俄林理论	劳动力丰裕	劳动密集型	产品生命周期
规模经济	全球价值链	国家竞争优势	

思考题

1. 有人认为，重商主义是一种没落的理论，在当今世界中没有市场。请讨论。

2. 自由贸易是公平的吗？请讨论。

3. 发达国家的工会通常反对从低工资国家进口产品，并提倡设立贸易壁垒以保护本国就业免受这种“不公平”的进口竞争。这种竞争是不公平的吗？在你看来，这种观点对于哪一方最有利？是工会、工会代表的工人，还是国家整体？

4. 采取自由贸易制度的潜在成本有哪些？你认为政府应该采取措施降低这些成本

吗？如果是，应采取什么措施？

5. 利用新贸易理论和波特的国家竞争优势理论，概述政府在生物技术行业内建立国家竞争优势的例子。你建议政府采用哪一种政策？这种政策与基本的自由贸易哲学相左吗？

6. 世界上最贫穷的国家的各个经济部门都处于竞争劣势。它们很少出口。它们没有资金，土地质量低，通常在给定工作机会下有太多劳动力，而这些劳动力没有受过良好的教育。自由贸易不可能符合这样的国家的利益。试讨论之。

延伸阅读

[1] Irwin, D. A. Industry of Class Cleavages over Trade Policy? Evidence from the British General Election of 1923. //Feenstra, R. C. , Grossman, G. M. , Irwin D. A. *The Political Economy of Trade Policy: Papers in Honor of Jagdish Bhagwati*. Cambridge, MA: MIT Press, 1996: 53-77.

[2] Bhagwati, J. *In Defence of Globalization*. Oxford: Oxford University Press, 2004.

[3] Wolf, M. *Why Globalization Works*. New Haven, CT: Yale University Press, 2004.

[4] Jones, R. W. , Kenen, P. B. *Handbook of International Economics*. Amsterdam: North Holland, 1984.

[5] Ruffin, R. J. The Missing Link: The Ricardian Approach to the Factor Endowments Theory of Trade. *The American Economic Review*, 1988, 78 (4): 759-772.

[6] Chor, D. Unpacking Sources of Comparative Advantage: A Quantitative Approach. *Journal of International Economics*, 2010, 82 (2): 152-167.

[7] Cai, J. , Stoyanov, A. Population Aging and Comparative Advantage. *Journal of International Economics*, 2016 (102): 1-21.

[8] Deardorff, A. V. The General Validity of the Law of Comparative Advantage. *Journal of Political Economy*, 1984, 88 (5): 941-957.

[9] Leamer, E. E. , Levinsohn, J. International Trade Theory: The Evidence. // Grossman, G. , Rogoff, K. *Handbook of International Economics (Volume 3)*. Amsterdam: North Holland, 1995: 1339-1394.

[10] Davis, D. , Weinstein, D. The Factor Content of Trade. //Choi, E. K. , Harrigan, J. *Handbook of International Trade*. Oxford: Basil Blackwell, 2003.

[11] Bowen, H. , Leamer, E. , Sveikauskas, L. Multicountry, Multifactor Tests of the Fact or Abundance Theory. *American Economic Review*, 1987, 77 (5): 791-809.

[12] Davis, D. R. , Weinstein, D. E. An Account of Global Factor Trade. *American Economic Review*, 2001, 91 (5): 1423-1453.

第7章

国际贸易中的政治经济学

学习目标

1. 掌握政府干预贸易的政治动机
2. 掌握政府干预贸易的经济动机
3. 理解政府干预国际贸易的各类政策工具及其产生的影响

引导案例

英国“碳关税”来了！

2023年12月18日，英国政府正式宣布将自2027年起实施英国碳边境调节机制(carbon border adjustment mechanism，CBAM)。初步涵盖的产品大类包括铝、水泥、陶瓷、化肥、玻璃、氢气、钢铁。

中国银行研究院研究员刘佩忠分析，英国碳关税对我国出口整体影响可控，但需关注对个别行业和碳市场规则的挑战。截至2023年11月，我国对英国出口额占我国出口总额的2.3%。其中，电机电气等设备和核反应堆、锅炉等器具为我国对英国出口的主要产品，出口金额占对英国出口总额比重分别达到21.6%和13.5%。而本次英国CBAM所覆盖的钢铁（2.7%）、铝（1%）、陶瓷（0.65%）、玻璃（0.71%）和肥料（0.02%）等产品出口额比重相对较小。

英国政府声称，实行英国CBAM是为了防止碳泄漏，然而碳泄漏是一个有争议的概念，并不被所有人认同。国家级经济技术开发区绿色发展联盟秘书处业务总监邵先辉指出，英国CBAM此举是对标欧盟CBAM采取的类似措施，其动机与欧盟CBAM类似：一是为了保障所谓的“应对气候变化成本的公平性”；二是为了防止所谓的“碳泄漏”，为了保障本国制造商不将高碳排企业迁出本国；三是为了推动还未开始碳定价的国家早日采取市场化的模式，推动全球应对气候变化；四是为了促进主要经济体的去碳化进程，以引导全球碳市场的标准制定。“但是，总的来说，无论英国CBAM还是欧盟CBAM，本质不只是为了防止‘碳泄漏’，更是为了贸易保护。”伴随着欧盟CBAM与英国CBAM相继官宣，其他经济体还会远吗？伴随着世界多国及地区碳达峰、碳中和计划的实施，旨在遏制碳排放的“碳壁垒”正在成为一种新的现象，并逐渐成为普遍做法。

近年来，美国、日本、加拿大等国家已经出台了一些隐形“碳壁垒”措施。美国此前已经对进口的化工石油等制品提高了附加税，虽然名称上没有碳，但实质是针对碳排放制定的。另外，根据美国《清洁空气法》及其修正案，监管机构监测包括制造业在内的各种来源（如发电厂、车辆和工业设施）的空气污染物，其中就包括温室气体。再如加拿大的“环境选择方案”、日本的“生态标志”“实现绿色转型的基本方针”等基本都是发达国家制定的、为很多发展中国家及新兴经济体设置的“碳壁垒”。

第 28 届联合国气候峰会刚刚结束。发展中国家未来在向英国和欧盟出口时，其国内产业将面临进一步增加的成本，这也成为第 28 届联合国气候峰会争论的焦点之一。此次峰会上“阿联酋共识”就警告：“采取措施打击气候变化，包括单方面的变化，不应构成任意或不合理的歧视或变相限制国际贸易的手段。”

资料来源：英国“碳关税”来袭，环境领域成为新的权益战场?. 新京报，2023－12－21.

7.1　引言

自由贸易及专业化分工能够带来全球效率的提升，也使参与贸易活动的各国从中受益，实现居民消费组合的优化及国家整体福利的提高。尽管自由贸易理论论据充足，但激烈的进口竞争使相关产业遭遇冲击，导致劳动力收入下降甚至失业现象出现，一国政府实施自由贸易政策将面临巨大阻力。作为贸易政策的制定者，一国政府在贸易自由化和贸易保护主义的程度之间如何定位，这属于国际贸易政治经济学的研究范畴。自 20 世纪 90 年代以来，国际贸易的政治经济学一直是国际贸易学研究中最受关注、最重要的方向之一。本章目标在于考察国际贸易中的政治经济学，挖掘政治因素在国际贸易模式和政策实施中的影响，探讨各国政府在世界贸易中的作用。通过探讨一国政府在国际贸易活动中的影响，分析其在目标导向下进行干预的政治和经济动机及其使用的各类政策工具。在此基础上，深入分析和掌握各类政策工具产生的经济影响。

7.2　政府干预国际贸易的动机

尽管自由贸易能够有效促进一个国家的经济增长，提升该国居民的生活水平，但在国际贸易实践中，不受干预的自由贸易是不存在的。各国政府为了保护本国的产业及经济发展，对商品和服务贸易进行不同方式、不同程度的干预。政府干预国际贸易的动机主要基于政治和经济两个层面。在政治动机层面，政府借助政策措施保护国内生产者的利益，避免进口竞争对本国生产者的冲击，但该过程往往会伴随其他利益群体，如本国消费者的利益损失。在经济动机层面，政府采取对本国生产者和消费者等利益集团都有利的措施干预贸易活动，以提升本国总福利。

7.2.1 政府干预的政治动机

政府干预国际贸易的政治动机有很多，最主要的包括保护就业和相关产业、维护国家安全、应对其他国家的不公平竞争及扩大对其他国家的影响力。

7.2.1.1 保护就业和相关产业

保护就业和相关产业免受进口竞争的冲击，是一国政府干预贸易最普遍的政治动机。政府通过干预国际贸易活动，影响进口或国内产品的有效成本及市场竞争力，或者直接限制进口产品的数量，为国内生产者提供抵御进口冲击的保护壁垒，达到保护就业和产业的目的。基于上述动机，欧盟于1962年建立了共同农业政策，该政策是欧盟实现农业经济、农村社会以及农村地区资源环境保护的主要政策工具，同时也是欧盟最重要的共同政策之一。农业补贴尤其是价格补贴是共同农业政策的重要内容，这些补贴的直接目的是保护欧盟内部生产者免受农产品低价的潜在破坏性影响，但同时带来的后果是创造大量剩余产品，严重冲击了发展中国家生产者的利益，成为引发贸易争端的重要原因。

7.2.1.2 维护国家安全

为了维护国家安全，一国政府通常会对涉及国家安全的基础工业进行保护。

政府会对某些与国防有关的产品的进口进行干预，如武器、燃料、航空装备等，避免此类产品的生产依赖外国生产者。部分国家在农产品进口方面给予限制，防止本国农产品进口依存度过高、进口来源地过于集中等现象出现，保障粮食安全是维护国家安全的重要举措之一。

同样，政府也会限制某些与安全防御相关的产品出口到其他国家。通过实行出口管制，即管理或限制特定产品的出口，对既能服务于军事用途又能运用于工业的技术或者产品的出口活动进行管理审核，以最大限度地保护本国利益。

7.2.1.3 应对其他国家的不公平竞争

若一国政府认为另一个国家存在不公平贸易，则可以利用干预贸易政策的威胁，迫使贸易伙伴国遵守贸易规则。如果政府的干预行为能够产生作用，那么这种干预的政治动机将会推动贸易自由化发展，进而带动世界整体福利的提升。事实上，这种战略存在一定的风险，贸易伙伴国的政府在受到威胁后也可能选择不让步，通过提高自身贸易壁垒应对威胁的压力，这样将导致贸易双方均遭受经济利益的损失。

7.2.1.4 扩大对其他国家的影响力

一国政府通过干预贸易活动，获得对其他国家的控制力或影响力。美国为了不断扩大其势力范围，保持对美洲及加勒比等地区的控制力，强烈支持美洲贸易自由化。此外，美国一直致力于文化产品贸易的推动和拓展，借此输送美国的标准和价值观，不断扩大其影响力。美国的Facebook、Twitter、Instagram等社交媒体和新兴线上付费影音平台迅猛发展，业务几乎遍及全球所有国家，成为推动美国文化产品贸易的加速器。

7.2.2 政府干预的经济动机

政府对国际贸易进行干预，其中也不乏经济方面的考虑。各国政府利用贸易政策影响国际贸易的经济原因主要有两个：在竞争中保护幼稚产业和促进战略性产业的发展。

7.2.2.1 在竞争中保护幼稚产业

幼稚产业是指在本国处于初级发展阶段但又面临国外强大竞争的产业。幼稚产业保护论形成于资本主义自由竞争时期，直到今天仍然是一些国家保护本国新兴产业的理论基础。该理论最早由亚历山大·汉密尔顿（Alexander Hamilton）在1791年提出，作为美国独立后的第一任财政部部长，他在向国会提交的《关于制造业的报告》中提出了对美国制造业实行保护的必要性及相关措施，该措施对美国制造业的发展产生了积极影响，直至20世纪30年代的经济危机时期，美国放弃了关税保护政策，开始推动自由贸易的发展。德国历史学派先驱弗里德里希·李斯特（Friedrich List）代表德国工业资产阶级的利益，在1841年出版的《政治经济学的国民体系》中系统地阐述了保护幼稚产业的理论。该理论和政策主张对德国的贸易政策产生了重要影响，促进了德国工业和经济的快速发展。

根据幼稚产业保护论，一国的新兴产业在发展阶段需要得到保护以免受国际竞争的压力，一直到该产业形成足够的创新力、生产力和竞争力为止。

幼稚产业保护论的相关主张深受发展中国家政府的认同，它们普遍认为该理论有利于发展中国家新兴产业的建立，对发展中国家合理保护自己的幼稚产业、制定相关贸易政策具有一定的积极作用。关税及贸易总协定将其视为保护主义的合法理由之一，世界贸易组织以该理论为依据设计幼稚产业保护条款。但是，幼稚产业保护论在实践中遇到了很多问题，在经济学界存在一定的争议。第一，实践中幼稚产业的准确认定具有一定的难度。目前学界关于幼稚产业的认定，存在穆勒标准、巴斯塔布尔标准、肯普标准等，但上述标准的内在逻辑并非完全一致，整体缺乏统一性。实践中，政府需要在众多产业中明确哪些产业值得保护，哪些没有必要进行保护，实际操作具有一定的困难。第二，保护措施对国际竞争产生限制，导致国内企业难以快速、高效地形成创新力，影响企业提升自身竞争力的积极性和主动性。比如，巴西在关税和配额保护下建立了世界第十大汽车工业。在20世纪80年代末，当这些壁垒被取消后，进口汽车迅速挤占巴西的国内汽车市场，巴西汽车工业仍难以抵御外来竞争，这意味着30年的产业保护，并不能帮助其形成核心竞争力。

7.2.2.2 促进战略性产业的发展

战略性贸易政策理论是以詹姆斯·布朗德（James Brander）、巴巴拉·斯潘塞

(Barbara Spencer) 等人为代表的新贸易理论者在20世纪80年代提出的政策理论。他们在国际贸易理论的基本分析框架中引入了不完全竞争模型，极大地推动了国际贸易理论的发展。该理论认为在不完全竞争市场结构下，政府干预那些能够带动经济增长、具有显著外部经济效应的战略性产业，能够帮助其企业获得规模经济优势，成为产业中的先行者，并借助竞争优势获取垄断利润。产业规模经济的要求限制了进入该产业的企业数量。

案例故事

波音公司与空中客车公司的竞争

战略性贸易政策与国家产业政策相关联。与其他产业比较而言，战略性产业能够带来更多的就业机会和更高的税收收入，政府通过制定相关政策，鼓励并促进战略性产业发展。政府可以借助关税保护国内市场，通过补贴促进出口等方式帮助本国企业克服困难，进入外国企业已获得先行优势的产业，帮助相关企业继续保持竞争优势。总之，政府通过干预特定产业，刺激本国产出，可以提供更多的本国就业机会，提升本国福利水平。

7.3 关税

限制国际贸易的措施是以保护本国产业和经济发展为目的，对外国商品实施不同限制作用的关税或非关税壁垒等一系列政策措施的总称。单个国家或者经济联盟，例如欧盟，都可以借助这些壁垒进行干预。关税作为重要的贸易限制措施由来已久，是最常用的贸易保护手段之一。

7.3.1 关税的定义

关税 (tariff) 是指进出口商品进出一国关境时，由该国海关向进出口商征收的税收，是限制国际贸易的主要贸易壁垒之一。各国政府征收关税的目的主要体现在两方面：

一是增加本国财政收入。关税是一国政府财政税收的重要来源。随着国家经济的发展、关税税率的降低，关税在财政收入中的比重不断下降。自2001年入世以来，中国关税收入占总税收收入的比重趋于下降，变化趋势如图7-1所示。

二是保护国内相关产业。关税是一国政府保护某一产业的常用政策措施。通过征收进口关税，可以提高进口商品的国内市场价格，有效降低进口商品的价格竞争力，提升国内商品的市场吸引力，帮助国内企业获得抵御进口商品的壁垒，扩大国内产业发展的市场空间。受到较多保护的产业多属于幼稚产业和夕阳产业。保护幼稚产业的目的是帮助新兴产业快速形成竞争力，抵御国外竞争压力。保护夕阳产业的目的是延续夕阳产业的生命周期，降低产业结构调整带来的经济风险。虽然国内企业受到保护能够获得一定的市场优势，但是长期的保护并不一定有助于国内企业在生产经营活动

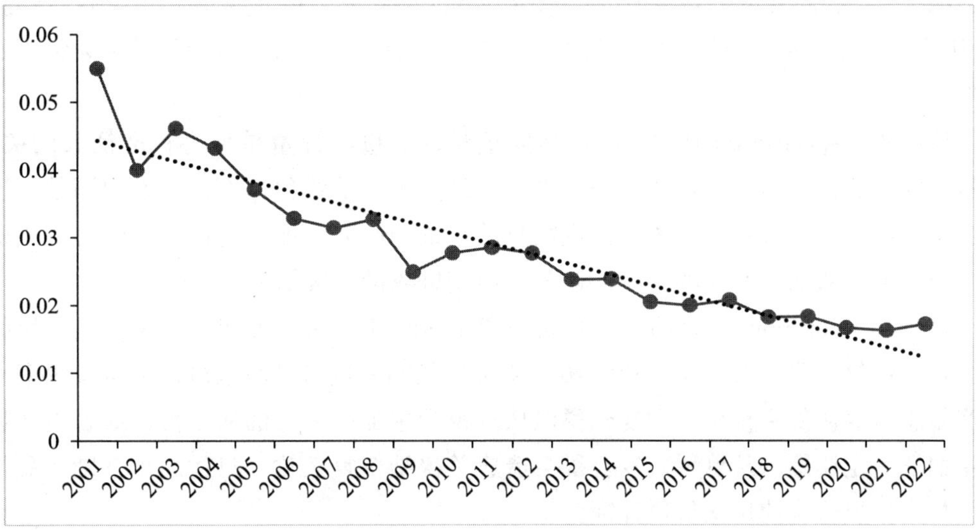

图 7－1　中国关税收入占总税收收入的比重

资料来源：国家统计局网站。

中提高生产率和创新力。如果关税的保护效应仅是鼓励了国内相关企业的低效行为，那么该产业在未来也无法形成核心竞争力，难以应对国际市场的激烈竞争。

7.3.2　关税的分类

7.3.2.1　出口税、进口税和过境税

根据商品的流向不同，关税可以分为出口税、进口税和过境税三类。

出口税（export duty），是指政府为了增加国家财政收入、限制本国产品出口（尤其是重要原材料出口）、支持或引导国内相关产业发展、平衡国际收支等而设置的关税，即对本国企业出口的产品征收的关税。比如，为了更好地保障钢铁资源供应，推动钢铁行业高质量发展，中国在 2021 年两次调整钢铁产品关税，适当提高了高铬铁、高纯生铁等产品的出口关税。石油输出国组织（OPEC）对石油的出口征收出口关税，以进一步提高石油的稀缺性，从而提高石油在国际市场上的价格。

进口税（import duty），是各国政府使用最为普遍的一种关税，即对进口产品征收的关税。征收进口税能提高进口产品在国内市场的价格，进而降低进口产品在国内的需求量，限制外国产品进口，保护国内相关产业。

过境税（transit duty），是指对通过关境的外国货物征收的关税。根据国际贸易协定，目前各国已基本废除过境税。

7.3.2.2　从价税、从量税和复合税

根据征收方式不同，关税可以分为从价税、从量税和复合税三类。

从价税（ad valorem tariff）是以产品价格为标准，按照一定百分比征收的关税。从价税的计算公式为：从价税税额＝进口产品总值×从价税税率。假设中国进口汽车

需缴纳1.5%的从价税，当中国进口总价值为1 000万元的汽车时，中国政府将获得15万元的关税收入，该关税收入与进口汽车总价值直接相关。从价税是更为常用的关税形式。

从量税（specific tariff）是以产品的重量、数量等计量单位为标准征收的关税。从量税的计算公式为：从量税税额＝进口产品数量×从量税税率。假设中国某一进口商进口日本相机，如对每台进口相机征收从量税100元，那么进口的每台日本相机都需向中国政府缴纳100元的关税，该关税与相机数量直接相关。

复合税（compound tariff）是对同一产品同时征收从量税和从价税。复合税的计算公式为：复合税税额＝从量税税额＋从价税税额＝进口产品数量×从量税税率＋进口产品总值×从价税税率，即复合税以从价税为主加征一定的从量税，或者以从量税为主加征一定比例的从价税。复合税会造成关税结构复杂化，只适用于个别产品，绝大多数产品更适合使用从价税计征。

7.3.2.3 名义关税和有效关税

根据对国内产业保护程度及有效性不同，关税可以分为名义关税和有效关税。

名义关税（nominal tariff）是指海关根据本国海关税则对进入关境的某种进口产品征收的关税。名义关税通过提高进口产品的国内市场价格，影响消费者的消费选择，进而实现对国内相关产业的保护。

有效关税（effective tariff）又称实际关税，是指征收关税对国内某一行业内产品增值部分的影响。增值越大，关税产生的保护效果越明显。有效关税率或有效保护率E的计算公式为：

$$E=\frac{V'-V}{V}=\frac{T-at}{1-a}$$

其中，V为自由贸易条件下该行业最终产品的增值，V'为征收关税后该行业最终产品的增值，T为进口最终产品的名义关税率，t为进口中间产品的名义关税率，a为进口中间产品在最终产品中的比重。

7.3.2.4 进口附加税、特惠税和普惠制税

根据待遇不同，关税可以分为进口附加税、特惠税和普惠制税等。

(1) 进口附加税（import surtax）。

在对进口产品征收正常的进口税之外，额外加征的进口关税，即进口附加税。征收进口附加税通常是一种特定的临时性措施，其目的往往是防止低价倾销或补贴、平衡国际收支以及对其他国家实施歧视或报复等。反补贴税和反倾销税是进口附加税中最常见的两种形式。

①反补贴税（countervailing duty）。

反补贴税是世界贸易组织允许的三种贸易救济手段中的一种，指对直接或间接获得出口国政府或其他公共机构的奖金或补贴，对进口国国内产业造成损害的进口产品

征收的进口附加税；征税目的在于通过增加进口产品的成本，将补贴对进口产品的保护作用予以抵消。

世界贸易组织《补贴与反补贴措施协议》(SCM协议) 第19条第1款规定，征收反补贴税的条件为：第一，拟征收反补贴税的成员已经为完成磋商而做出了合理努力；第二，就补贴行为的存在及性质和补贴金额已经做出了最终裁定；第三，主管机关裁定因受补贴的影响，补贴进口产品正在造成损害。欧盟的规定与此有所不同，欧盟在采取临时反补贴措施时，除了SCM协议规定的三个条件外，还要考虑包括公共利益在内的欧盟整体利益。

②反倾销税 (anti-dumping duty)。

反倾销税是指为抵制进口产品的倾销行为，对实行倾销的进口产品征收的进口附加税，以保护本国市场和相关产业不受倾销的冲击。

根据《关税及贸易总协定》和世界贸易组织《反倾销协议》(Anti-dumping Agreement) 规定，在反倾销调查中，征收反倾销税需要符合三个条件：

第一，出口价格低于正常价值，即外国产品在进口国市场的销售价格低于正常价值，这是《反倾销协议》中关于征收反倾销税的最主要的法定条件之一。正常价值的确定是反倾销法中最为核心的概念，对于市场经济国家出口产品正常价值的确定方法主要有三种：a. 出口国国内销售价格。这是确定被调查产品正常价值最主要和常用的方法，即以同类产品在出口国销售时的价格来确定正常价值。b. 出口国向第三国出口的价格，指以被调查的同类产品出口到第三国市场销售的价格为基础，计算正常价值。c. 推算价值，指以生产成本、利润等推算产品价值，也称结构价值。对非市场经济国家产品进行反倾销调查时，许多世界贸易组织成员采取了替代国制度的计算方法，该方法具有一定的歧视性，在选择替代国时不符合比较成本优势的经济学原理，违背了世界贸易组织保护的借助成本优势实现公平竞争的法律原则，同时在选择替代国时缺乏一定的客观标准，导致了不可预测性。

第二，进口国生产同类产品的国内产业受到法定损害。同类产品包括受调查产品的相同产品或相似产品。法定损害包括重大损害、重大损害之威胁或重大阻碍。重大损害也称实质性损害，指对进口国同类产品生产商的利益及其产业发展产生了损害；重大损害之威胁也称实质性损害之威胁，指进口产品对进口产业虽未造成实际的重大损害，但有证据充分表明如果不采取措施将导致重大损害实际产生；重大阻碍是指倾销产品虽然暂未对进口国同类产业造成实质性损害或产生实质性损害之威胁，但却严重阻碍了进口国相同产品的新产业的建立。

第三，低于正常价值销售与法定损害之间存在因果关系。国内产业受到的损害，有多大程度归因于倾销行为，才能认定低价倾销和国内产业损害之间存在因果关系，各国在反倾销调查中的标准和做法有所不同。

(2) 特惠税 (preferential duty)。

特惠税是指对来自某一国家或地区的全部进口产品或者部分进口产品征收特别优

惠的低关税或零关税，税率一般低于最惠国税率和协定税率。特惠税有的是互惠的，有的是非互惠的。互惠的特惠税一般在区域贸易协定或双边贸易协定成员间实施，而互惠并不一定意味着对等相同的税率。

特惠税一般在签订了友好协定、贸易协定等国际协定或条约的国家间实施。任何第三国不得根据最惠国待遇条款要求享受这一优惠待遇。

在国际上影响最大的非互惠特惠税是《洛美协定》（Lome Convention）。它是欧洲共同市场（现为欧盟）向参加《洛美协定》的非洲、加勒比和太平洋地区的发展中国家单方面提供的特惠税。

延伸阅读

中国给予安哥拉等六国的特惠税

中国国务院关税税则委员会于 2023 年 12 月 6 日发布公告决定，按照《国务院关税税则委员会关于给予最不发达国家 98%税目产品零关税待遇的公告》（税委会公告 2021〔8〕号），根据我国政府与有关国家政府的换文规定，自 2023 年 12 月 25 日起，对原产于安哥拉、冈比亚、刚果（金）、马达加斯加、马里、毛里塔尼亚等 6 个最不发达国家的 98%税目产品实施零关税。

（3）普惠制税（GSP duty）。

普惠制税是在普遍优惠制（generalized system of preference，GSP）下实施的优惠关税，是指发达国家给予发展中国家出口制成品和半制成品（包括某些初级产品）普遍的、非歧视的、非互惠的一种关税减免优惠。

1968 年第二届联合国贸易和发展会议上通过了建立普惠制的决议。1971 年 7 月，欧洲共同市场首先制订了普惠制方案，开始实施。普惠制的目标是扩大发展中国家对发达国家制成品和半制成品的出口，增加发展中国家的收入，推动发展中国家的经济增长。

截至 2021 年 1 月，给予发展中国家普惠制待遇的发达国家有 40 个：欧盟 27 个国家，包括法国、德国、意大利、荷兰、比利时、卢森堡、丹麦、爱尔兰、希腊、葡萄牙、西班牙、奥地利、瑞典、芬兰、马耳他、塞浦路斯、波兰、匈牙利、捷克、斯洛伐克、斯洛文尼亚、爱沙尼亚、拉脱维亚、立陶宛、罗马尼亚、保加利亚和克罗地亚，以及其他 13 个国家，包括美国、英国、加拿大、日本、新西兰、澳大利亚、土耳其、挪威、瑞士、俄罗斯、白俄罗斯、乌克兰和哈萨克斯坦。普惠制的主要规定包括以下方面：

第一，关于受惠国家或地区。普惠制的非歧视原则贯彻得并不彻底，每个普惠制方案都有受惠国名单。给惠国判定受惠国名单，主要根据发展中国家的经济状况和政治因素。

第二，关于受惠产品及关税优惠幅度。普惠制的普遍性原则也未得到完全贯彻，许多给惠国都公布有受惠产品清单，其中农产品的优惠幅度较小，工业品的优惠幅度较大，少数不能享受优惠的产品列入排除清单。

第三，关于给惠国保护措施。给惠国为了保护其国内产业和市场，在向发展中国家提供进口优惠的同时也会做出一定的保护性规定。例如，“毕业条款”（graduation clause)，即当某些发展中国家经济水平快速提升或者国内特定产品达到一定条件时，给惠国可以适时取消这些国家或产品的普惠制待遇，即通常所说的受惠国毕业。1978年以来，先后有40个国家给予中国普惠制关税优惠，目前仅有澳大利亚、新西兰和挪威三国对中国保留此优惠，但是普惠制毕业对中国带来的不利影响相对有限。对中国企业而言，得益于中国与越来越多的经济体签署自贸协定，企业能够选择有利的关税安排。

第四，关于原产地的规定，包括原产地标准、直接运输规则、原产地证明等。只有来自规定的受惠国的产品才能获得优惠的资格。例如，中国海关总署发布的2021年第84号公告称，自2021年12月1日起，对输往欧盟成员国、英国、加拿大、土耳其、乌克兰和列支敦士登等已不再给予中国普惠制关税优惠待遇国家的货物，海关不再签发普惠制原产地证书。

7.4 非关税措施

7.4.1 非关税措施的基本概念

根据联合国贸易和发展会议的定义，非关税措施（non-tariff barriers）是指关税以外能够通过改变交易数量，影响交易价格，从而对国际货物贸易产生经济影响的政策措施。

非关税措施一般产生两方面的影响：第一，于贸易自由化而言，非关税措施是贸易壁垒，会阻碍贸易的自由化，通过配额等限制贸易数量，通过技术性贸易壁垒增加贸易成本，甚至通过禁运等方式使贸易难以进行。基于该角度而言，非关税措施是实现贸易保护、阻碍贸易自由化的重要手段。第二，非关税措施也是协调世界贸易组织各成员内部公共政策目标和多边贸易自由化目标所必需的。在推动贸易自由化的过程中，保护一国的国家安全、人与动植物的生命及健康、生态环境以及维护稳定与公平的经济贸易秩序也不容忽视，因而难以实现对国际贸易的零限制和零干预。基于该角度而言，非关税措施不能完全取消。

目前世界范围内的关税已经处于较低的水平，贸易保护的手段以非关税壁垒为主。与关税相比，非关税壁垒的特点具体表现为：

（1）更具灵活性。关税的制定和调整必须经过严格的法律程序和相关手续，在调整时具有一定的时滞。同时，关税调整受到最惠国待遇的约束，不具备紧急限制进口的灵活性。关税提高可能会导致其他国家采取报复性关税措施，从而产生贸易保护的局面。而非关税壁垒的制定和调整往往通过行政手段实现，制定过程和手续较为简便、迅速，能够有效达到限制进口的目的。

（2）更具隐蔽性。关税税率制定和调整后，会以法律形式公开、透明地发布，出口企业能够直接获取相关信息。但非关税壁垒往往以合理合法为前提，通过规定复杂的标准或手续，或者不明确公开相关信息，限制了出口企业的应对效率。有的国家会针对某一国家采取特定非关税措施，进一步加强了非关税壁垒的差别性和歧视性。

（3）更具复杂性。与关税壁垒相比，非关税壁垒的名目繁多，涉及范围日益广泛，不仅会限制进口商品的市场准入，还会导致经济损失和贸易争端。

（4）更具有效性。关税壁垒通过提高关税影响进口产品的价格，进而削弱其竞争优势，达到限制进口的目的。如果出口国对该产品进行补贴或产品通过倾销低价销售，关税的限制作用将被弱化。非关税壁垒如配额等会限定进口产品的数量、金额等，直接限制超额产品的进口。

非关税壁垒形式多样化，本书将着重介绍进口配额、自愿出口限制、国产化规定、技术性贸易壁垒和卫生检疫措施等。

7.4.2 进口配额

进口配额（import quota）是指一国政府在一定期限内（通常为一年）对进口产品按照单位或重量进行计量，给予数量或金额的直接限制。在规定时期内，配额以内的产品可以进口，超过配额的不准进口，或者需要在征收高额关税后才准予进口。

与关税相比，进口配额更易获得贸易保护主义者或政府官员的偏好，这主要是因为：第一，配额对进口数量的限制更严格和直接。在遭遇外国厂商降低价格或者进口国消费者对进口产品需求增加的情形下，征收关税无法限制进口数量。第二，配额的分配方式易与行政权力结合，可能导致寻租行为出现。

进口配额有绝对配额和关税配额两种形式。绝对配额（absolute quota）是指在一定期限内，某种进口产品的进口数量和金额有一个上限，在达到该限额后，不再准予进口。绝对配额在具体实施时，有全球配额和国别配额两种方式。全球配额（global quota）对世界范围内的任一国家和地区的产品都适用，即对本国某种产品的进口数量和金额规定一个总的限额，配额发放完毕，该种产品不再进口。国别配额（country quota）是指在一定期限内规定了进口总配额，在总配额内按照国家或地区进行分配。国别配额能够使进口国对有关国家或地区实施差别待遇。进口国通常规定进口商需提交原产地证明，以区分来自不同国家或地区的进口产品。国别配额包括协议配额和自主配额两种类型。协议配额（agreement quota），也称双边配额，是由进口国和出口国政府或民间团体之间通过协议确定的配额。自主配额（autonomous quota），也称单方面配额，是由进口国完全自主、单方面规定一定时期内从某个国家或地区进口某种产品的配额。

与绝对配额不同的是，关税配额（tariff quota）允许进口产品的数量超过配额，对规定配额范围内的进口产品征收低税或给予减免税待遇，对超出配额的进口产品征收高关税。关税配额按进口产品的来源，可分为全球性关税配额和国别关税配额。按征收关税的目的，可分为优惠性关税配额和非优惠性关税配额。优惠性关税配额是对配额内的进口产品给予关税减让或免税待遇，对超过配额的进口产品按照最惠国税率征税。非优惠性关税配额是对配额内的进口产品征收正常的进口税，一般按最惠国税率征收，但对超过配额的进口产品，则征收较高的进口附加税或罚款。比如，1974 年

12 月，澳大利亚曾规定除男士衬衫、睡衣以外的各种服装，进口超过配额的部分需加征 175%的进口附加税。

进口配额许可证的分配方式主要有以下三种，不同方式决定配额租金的不同去处。配额租金是指在采用进口配额限制产品进口的情况下，配额许可证的拥有者因为能够在国内以高价销售该进口产品而获得的超额利润。

第一，按照固定的受惠对象进行分配。政府将进口许可证免费分配给固定的受惠对象，入选者并不是通过竞争制、申请制或谈判制决定的。这种确定配额许可证拥有者和许可证数量的方法，是根据配额实施前各进口商的进口比重确定的。按照固定受惠对象分配配额许可证，配额租金将以这些进口商超额利润的形式存在。

第二，按照拍卖的方式进行分配。一国政府可以通过许可证拍卖制度分配进口配额。根据公平竞争的原则，将进口配额许可证拍卖给出价最高的竞拍者。采用拍卖方式分配许可证，配额租金将以政府拍卖收入的形式存在。事实上，公开拍卖进口配额许可证的情形相对少见。

第三，按照资源适用申请程序进行分配。该程序包括先到先得方式、论证需求方式和谈判方式，这三种方式会因游说官员等原因导致时间和经济上的损失，对于企业而言，只要耗费的资源小于配额租金的价值，耗费资源的行为就是值得的。整体而言，该分配方式容易鼓励寻租行为，导致生产资源的浪费，配额租金将会部分甚至全部成为社会福利净损失。

7.4.3　自愿出口限制

自愿出口限制（voluntary export restraints）是指出口国或者地区在进口国的要求或者压力下，自行限制本国在一定时期内向该进口国的出口。实际上，自愿出口限制也属于一种配额，能够产生限制进口的作用，但与进口配额不同的是，自愿出口限制是由出口国实施管理，带有被迫强制性的特点，而进口配额是由进口国实施管理，有主动强制性的特点。自愿出口限制最著名的案例是日本对出口美国的汽车的限制。

案例故事

日本汽车的自愿出口限制

7.4.4　其他非关税壁垒

7.4.4.1　国产化规定

国产化规定（local content requirement）是指某一国或某一经济组织规定某一产品的特定部分，如原材料、中间产品等必须在国内或成员国内部生产，可以表述为实物条款（如产品零部件的 50%须由国内或成员国国内生产）或价值条款（如产品价值的 50%须由国内或成员国国内生产）。产品生产必须使用一定比例的国内资源，否则将面临该国施加的贸易壁垒。例如，《北美自由贸易协定》规定汽车生产价值的 60%需要来自协定成员国，即成员国加拿大、美国和墨西哥无须承担关税，而中国等其他国家需面临高额关税。

整体而言，国产化规定通过与配额相似的机制限制外来竞争，保护本国或经济组织成员国的生产者，但进口零部件较高的价格也会通过最终产品成本的提升转嫁到消费者身上，对消费者产生不利影响。对于发展中国家而言，该规定有利于其从简单装配其他国家制造的零部件产品转变为装配当地制造的零部件产品；对于发达国家而言，该规定有利于保护当地就业及产业免受外来冲击。

7.4.4.2 技术性贸易壁垒

技术性贸易壁垒（technical barriers to trade）是WTO框架下允许使用的一种非关税措施，指为保证产品质量、保护人类和动植物健康以及保护环境所必需的措施，以国家或地区的技术法规、协议、标准和认证体系（合格评定程序）等形式出现，这些要求可能会对国际贸易产生一定的限制作用。

目前，技术性贸易壁垒已成为影响中国企业出口的主要贸易壁垒。与反倾销等其他贸易壁垒一样，技术性贸易壁垒属于成本增加型贸易壁垒。企业在应对技术性贸易壁垒时必须通过投入新的生产要素或原材料来提高其产品技术标准以满足新要求，从而增加了出口产品的可变成本。同时，企业还需在检验检疫以及技术专家等方面进行大量投入才能通过审查，这也导致了出口固定成本的增加。①

7.4.4.3 卫生检疫措施

卫生检疫措施是指为保护人类、动植物的生命与健康，针对虫害、病害、带病有机体、添加剂、污染物、毒素、指定有机体等，各国对食品、食品添加剂及其他日常用品中有害物质的含量或残存量进行的严格限定。卫生检疫措施是世界贸易组织允许成员使用的一种非关税措施。例如，欧盟对转基因食品实施严格的限制措施，加拿大和美国的部分产品被限制进入欧盟市场；中国政府则规定企业须在获得许可的前提下才可以进口转基因食品。

7.5 促进出口的国际贸易措施

除了对进口产品进行限制的各种措施外，各国还会采取措施鼓励、促进本国产品的出口。促进出口的国际贸易措施是指出口国政府借助行政或经济手段，使本国企业获得价格、收入支持或降低生产成本，直接或间接帮助本国产品获得竞争优势，鼓励、促进本国产品出口的各种措施，主要包括补贴、倾销和出口信贷等。

7.5.1 补贴

补贴（subsidy）是指为提升本国企业在国内外市场的竞争力，政府或其他公共机构提供的奖金或财政补贴，以对产品价格或企业收入进行支持。补贴的两种基本形式

---

① 王冠宇，马野青. 技术性贸易壁垒对企业出口的溢出影响：市场溢出还是种类溢出. 国际贸易问题，2022（10）：38-55.

为生产补贴和出口补贴。生产补贴是指无论商品出口与否，政府均对国内生产予以补贴，旨在增强补贴产品的竞争力。出口补贴是指政府通过给予出口厂商一定的补贴或财政上的优惠支持，提升本国出口商品在国际市场上的竞争优势。政府在给予企业补贴时，可以通过财政拨款的方式直接予以价格支持或收入支持，也可以通过税收减免、融资优惠等方式降低企业的成本。

7.5.2 倾销

倾销（dumping）是出口企业在外国市场上以低于其正常价值的价格出售产品，主要类型有三种：

一是偶然性倾销（sporadic dumping），是指出口企业在国内市场上以正常价格销售产品，在外国市场上以低价进行短期的倾销，目的在于减少存货，此类倾销对进口国影响相对较小。

二是持续性倾销（persistent dumping），是指持续地在外国市场上低价倾销。持续地低于成本出口产品一般情况下缺乏可行性，除非得到出口国政府的持续补贴。

三是掠夺性倾销（predatory dumping），是指出口企业为占领市场而暂时采取低价策略在外国市场倾销，在击垮竞争对手后再提高价格，弥补倾销期间承受的损失。掠夺性倾销是对进口国市场及相关产业冲击最严重的倾销形式，但其成功依赖于非常严格的条件，因此实际可操作性并不高。

倾销通常被视为价格歧视，是不公平的竞争和贸易行为，各国采取反倾销措施反对来自其他国家的倾销行为。反倾销措施是合法行为，因此越来越多的国家使用反倾销措施来对国内受影响的产业予以保护，这是造成反倾销泛滥的原因之一。反倾销措施通常包括征收反倾销税和出口商承诺。

7.5.3 出口信贷

出口信贷是指出口国鼓励本国银行对本国出口企业或外国进口企业提供利息补贴和信贷担保，以加强本国商品国际竞争力的一种融资方式，是一国引导和扩大商品出口的重要手段之一，尤其是面向金额较大、生产周期较长的商品出口，包括机器、飞机、船舶和成套设备等。

出口信贷按照借贷关系，可以分为卖方信贷（supplier's credit）和买方信贷（buyer's credit）。卖方信贷是出口方银行向本国出口企业提供的贷款，买方信贷是出口方银行向外国进口企业或进口方银行提供的贷款。

出口信贷的特点表现为：

（1）出口信贷必须明确用途，须与出口项目联系；

（2）出口信贷利率低于国际资金市场相同条件的贷款利率水平；

（3）出口信贷金额一般为合同金额的85%左右；

（4）出口信贷的发放与出口信贷国家担保结合，以降低信贷风险。

章末案例

欧盟对中国电动汽车启动反补贴调查

中国电动汽车产业近几年迅速发展，竞争力持续增强，这是其持续开展科技创新，构建完善的产业链供应链的结果。中国电动汽车产业经过艰苦的努力，凭借自身的实力得到了欧盟等国家的广泛认可，也为世界各国共同应对气候变化、实现欧盟等的绿色转型做出了重要贡献。

欧盟委员会主席冯德莱恩（von der Leyen）在2023年9月13日向欧洲议会发表年度讲话时称："全球市场现在充斥着更便宜的电动汽车，而巨额国家补贴人为地压低了它们的价格。"据报道，冯德莱恩还称，欧洲对竞争持开放态度，但不接受不平等的逐底竞争。为保护欧盟生产商免受更便宜的中国进口电动汽车的影响，欧盟委员会将调查是否征收高于欧盟标准10%税率的惩罚性关税。

对此中国发言人强调，希望欧盟从大局出发，希望中欧之间在维护全球产业链、供应链稳定的同时，建立一个公平、非歧视、可预期的有利于电动汽车行业发展的良好市场环境，携手对抗贸易保护主义，为应对气候变化、实现碳中和目标做出自己的努力。中方将密切关注欧方保护主义倾向和后续行动，坚定维护中国企业的合法权益。

资料来源：欧盟宣布对中国电动汽车启动反补贴调查. 环球时报，2023-09-14.

本章小结

1. 根据国际贸易理论，一国政府对国际贸易不采取任何干预手段，才能有效实现自由贸易的诸多收益。

2. 现实中，各国政府都会采用各类不同的贸易政策进行干预。关税壁垒通过价格控制和影响经济运行。根据不同的分类，关税有不同类型。非关税壁垒通过数量控制等方式直接对经济运行和产业发展产生影响。随着关税的降低，非关税壁垒逐渐成为一种重要的贸易保护手段。非关税壁垒有多种方式，如进口配额、自愿出口限制、国产化规定、技术性贸易壁垒、卫生检疫措施等。促进出口的国际贸易措施主要有补贴、倾销、出口信贷等。

关键词和术语

关税	非关税壁垒	从价税	从量税
复合税	有效保护率	反倾销税	绝对配额
关税配额	自愿出口限制	国产化规定	技术性贸易壁垒
倾销	补贴	出口信贷	

思考题

1. 以下哪种贸易政策会造成居民福利更大的损失？
 a. 本国政府实施进口配额。
 b. 外国政府实施自愿出口限制。
2. 征收关税通常会对一个国家的生产、消费、贸易条件和贸易量产生什么影响？
3. 征收关税在保护国内市场和产业的同时，为什么会造成消费者福利的损失？
4. 试分析中国对石油进口征税是否有利于中国实现能源开发及节能产业的发展。
5. 补贴不能产生收入，还需要消耗税收收入，所以补贴不是保护本国相关产业和经济运行的有效措施。你是否同意上述观点？
6. 倾销的三种不同方式之间有什么区别？

延伸阅读

[1] 周申，海鹏，张龙. 贸易自由化是否改善了中国制造业的劳动力资源错配. 世界经济研究，2020 (9)：3-18.

[2] 王备，钱学锋. 贸易自由化、生活成本与中国城市居民家庭消费福利. 世界经济，2020 (3)：69-92.

[3] 李佳，汤毅. 贸易自由化、技术进步与行业内工资不平等：基于中国工业企业数据的分析. 南开经济研究，2019 (4)：209-222.

[4] 石小霞，刘东. 中间品贸易自由化、技能结构与出口产品质量升级. 世界经济研究，2019 (6)：82-94.

[5] 徐保昌，刘凤娟，刘鹏程. 贸易自由化与企业利润：来自中国制造业的经验证据. 世界经济与政治论坛，2019 (3)：27-43.

[6] 樊海潮，张丽娜. 贸易自由化、成本加成与企业内资源配置. 财经研究，2019 (5)：139-152.

[7] 叶君，谢建国. 入世二十年：中国从贸易自由化中获益多少. 国际商务（对外经济贸易大学学报），2023 (6)：58-77.

第8章
国际直接投资

学习目标

1. 熟悉国际直接投资相关术语
2. 了解国际直接投资的发展概况
3. 掌握国际直接投资相关理论
4. 理解全球价值链与国际直接投资的关系

引导案例

中国企业在埃塞俄比亚的投资

2021年12月的一天，环球印象记者走进浙江省绍兴市柯桥区昌隆大厦23楼的米娜纺织有限公司，发现一张“米娜纺织埃塞印染厂招聘启事”特别引人注目，上面的招聘岗位包括物理试验室主管、生产总调度、漂染车间烧毛冷堆工等。公司老总魏长军介绍，早在2014年米娜纺织有限公司就在埃塞俄比亚购买30多亩土地，建成了占地3.6万平方米的印染生产车间，5条集针织、梭织、印花、染色于一体的生产线。这些设备来自韩国、日本、意大利、美国和中国台湾等国家或地区，生产的产品则全部销往欧美市场。

米娜纺织有限公司并不孤单，2022年9月埃塞俄比亚工业部部长梅拉库·阿莱贝勒(Melaku Alebel)指出埃塞俄比亚纺织业、中国企业和国际品牌之间的伙伴关系帮助埃塞俄比亚吸引了更多的中国投资者，促进了其纺织业的发展；在截至2022年7月7日的上一个埃塞俄比亚财政年度，工业园区创造了80 000多个新工作岗位，其中，中国企业招聘的求职者人数最多。埃塞俄比亚在发展纺织服装业方面有自己的优势和潜力：(1)较为稳定的政治经济环境，投资的政治风险较小；(2)中央政府把纺织服装业作为优先发展产业，以专项工业园为依托、多种激励政策为重点内容的发展战略思路有利于建立出口导向型产业；(3)劳动力资源丰富、质量较高且成本很低；(4)埃塞俄比亚水能资源充足，电价很低；(5)棉花种植潜力巨大，具有发展从棉花到服装全纺织产业链的可能性；(6)作为最不发达国家之一，对美国和欧洲出口享受零关税零配额的优惠贸易政策；(7)基础设施正在改善，埃塞俄比亚航空公司的中国航线营运良好。

那么，如何解释中国企业对埃塞俄比亚的对外直接投资行为呢？

资料来源：多边创新合作赋能埃塞俄比亚纺织服装行业可持续发展．“中国纺织信息中心”微信公众号，2022-09-23．

国际直接投资（FDI）是经济全球化的重要推力，是链接各国经济的主要纽带，也是推动国际分工不断深化的关键力量。人们越来越意识到，不仅 FDI 流入（外商直接投资）有助于东道国经济发展，FDI 流出（对外直接投资）对母国经济发展的贡献也很重要。其中，跨国公司是国际直接投资的主要实施者，也是当代国际商务活动的主要参与者。

8.1　国际直接投资的相关概念

8.1.1　国际直接投资相关术语的使用场景

对于国际直接投资，我们需要根据不同场景对其做出相应界定。在宏观层面，一个经济体有时会制定政策吸引 FDI 流入，这时我们可称其为外国直接投资或外商直接投资，“外国直接投资”强调其来源地是外国这一属性，“外商直接投资”强调其投资主体是外国企业这一属性；一个经济体有时还会引导和规范本国的 FDI 流出，这时我们称其为对外直接投资，强调 FDI 活动的母国视角；若不区分 FDI 流动的方向，或要同时涵盖 FDI 流入和流出，我们使用“国际直接投资”一词较为恰当，一些国际组织有时也使用“对外直接投资”来指代全球 FDI 流动。

在微观层面，FDI 是由跨国公司做出的，服从于其企业战略。与国际证券投资或国际间接投资等概念相比，FDI 意味着在投资者控制下主动参与被投资对象的管理，国际证券投资主要通过债券、股票等投资活动获得收益，对“所有权”是被动接受，无意控制或管理被投资对象。

开展跨境投资的企业一般在多个国家有业务，有时也称多国企业（multinational enterprise，MNE）或多国公司（multinational corporation）或跨国公司（transnational corporation，TNC），学术研究中 MNE 一词较为常见。

案例故事

跨国公司的“前世今生”

8.1.2　国际货币基金组织对国际直接投资概念的界定

鉴于对国际直接投资定义的多样性，国际货币基金组织在第六版《国际收支和国际投资头寸手册》（BPM6）、经济合作与发展组织在第四版《国际直接投资基准定义》（BMD4）中努力进行了澄清和协调。

根据 BPM6 的界定，“直接投资是一种与位于其他经济体内企业的管理权相关的跨境投资”。换句话说，国际直接投资是指为了获取投资者母国之外的企业的持久利益而进行的投资。进一步地，投资者进行国际直接投资的目的是获取对被投资企业的管理的显著影响，其中开展投资的外体或关联实体集团被称为直接投资者（direct investor）；而那些接受直接投资的企业，不论是否具有法人地位，均被称为直接投资企业（direct investment enterprise）。对管理产生显著影响几乎等同于一定程度的股权，BPM6 建议将 10%的股权作为认定投资者为国际直接投资者的门槛。特别地，BPM6 提出“控制”或“影响”可以通过获取代表投票权的股份直接获得，也可以通过获取对目标企业拥有投票权的其他企业的投票权间接获得。相应地，存在两类获取控制或影响的途径：

（1）“直接的”直接投资关系，即直接投资者拥有的股权“直接”使其获得了直接投资企业 10%或 10%以上的投票权。如果直接投资者拥有直接投资企业 50%以上的投票权，其将确定获得“控制”力；如果拥有 10%～50%的投票权，其将确定获得“显著影响”力。

（2）“间接的”直接投资关系，即直接投资者在直接投资企业拥有投票权，而直接投资企业又在其他企业拥有投票权，从而使得直接投资者通过直接投资“关系链”对其他企业拥有间接的控制或影响。

延伸阅读

高额股权不一定是 FDI

由于间接投资关系的存在，投资者国籍、外国分支机构的所有者变得越来越模糊，联合国贸易和发展会议《世界投资报告 2016》指出世界范围内 40%以上的外国分支机构拥有“多重护照”，其中大型跨国公司 60%的外国分支机构与母公司具有多重跨境所有权关系；大约 30%的外国分支机构经由当地实体由外国投资者控制，超过 10%的外国分支机构经由位于第三国的中介实体由外国投资者控制，还有约 1%的外国分支机构的实际拥有者是本地实体。这些“投资者国籍错配”问题几乎涉及发达经济体一半的外国分支机构，发展中经济体超过四分之一的外国分支机构。

8.2 国际直接投资的发展概况

8.2.1 国际直接投资规模

近三十年来，全球国际直接投资处于波动增长的状态，在 2008 年国际金融危机和 2020 年新冠疫情期间下降明显，2021 年开始显著复苏，达到 1.6 万亿美元，同比增长 64.3%，在固定资本形成总额中的占比从 2020 年的 4.3%提高到 2021 年的 7.1%。其中，不可否认的是，发达经济体跨国公司一直是国际直接投资的主导力量，从图 8-1 中可以看出，发达经济体国际直接投资流量与全球国际直接投资流量的变动趋势是一致的，其背后的逻辑是：发达经济体国际直接投资兴，则全球国际直接投资兴；发达经济体国际直接投资衰，则全球国际直接投资衰。

除了 2020 年发达经济体国际直接投资流量下降到与发展中经济体国际直接投资流量接近的程度，其他年份发达经济体的国际直接投资流量均显著高于发展中经济体

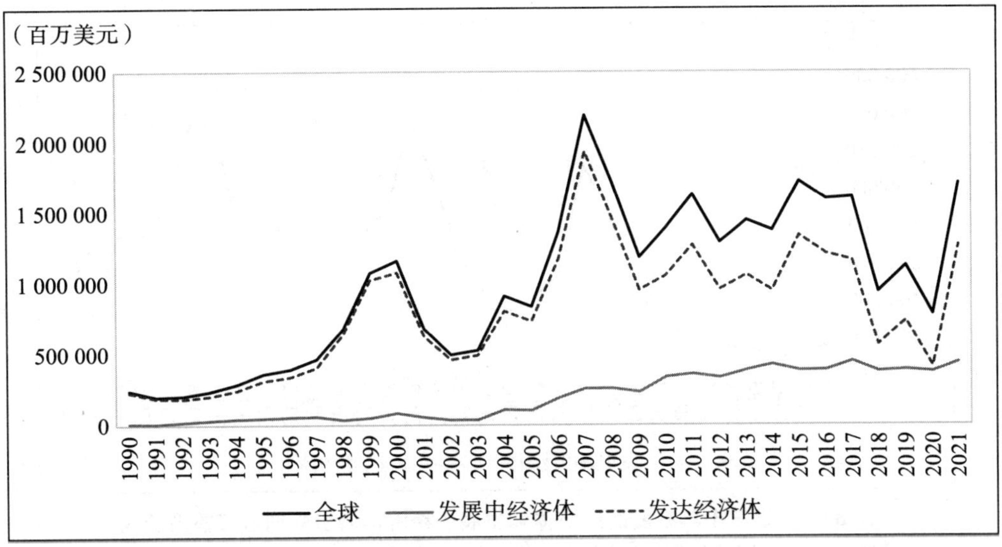

图 8-1　近三十年来全球国际直接投资流量

资料来源：根据联合国贸易和发展会议数据库数据整理而成。

的国际直接投资流量。2021 年，发达经济体的国际直接投资流量从 2020 年的 4 080 亿美元增长到 1.3 万亿美元，增长了两倍多，占全球国际直接投资流量的四分之三。同期发展中经济体的国际直接投资流量增长了 17.8%，达到 4 380 亿美元，其中亚太地区的发展中经济体是主要直接投资来源。近三十年来，除了 2020 年发达经济体和发展中经济体国际直接投资流量占全球份额比较接近，分别为 52.3%和 47.7%之外，其他年份发达经济体国际直接投资流量占全球的份额要显著高于发展中经济体；到 2021 年两者差距再次拉大，发达经济体国际直接投资流量占全球份额上升到 74.3%，发展中经济体则下降到 25.7%。

从国际直接投资流量情况看，长期以来，发达经济体既是国际直接投资主要流出地，也是国际直接投资主要流入地。从图 8-2 中可以看出，近三十年来，发达经济体吸引外商直接投资流量显著高于发展中经济体，不过发达经济体吸引的外商直接投资流量波动性更强，在 1998 年亚洲金融危机、2008 年国际金融危机、2019 年新冠疫情暴发前后，流入发达经济体的国际直接投资流量出现了剧烈波动，而发展中经济体吸引的外商直接投资流量一直在相对平稳地增长，危机前后的波动性不大。2020 年，两者受新冠疫情影响的差别尤其明显，当年全球外商直接投资流量从 2019 年的 1.54 万亿美元降至 1 万亿美元，降幅达 35%，其中发达经济体降幅达到 58%，发展中经济体仅降低 8%，发展中经济体吸引的外商直接投资流量首次超过发达经济体。

不过，随着疫情后世界经济的复苏，发达经济体吸引的外商直接投资流量在 2021 年增长了一倍多，达到 7 460 亿美元。同期发展中经济体吸引的外商直接投资流量也显著增长了 30%，达到 8 370 亿美元（如图 8-3 所示）。

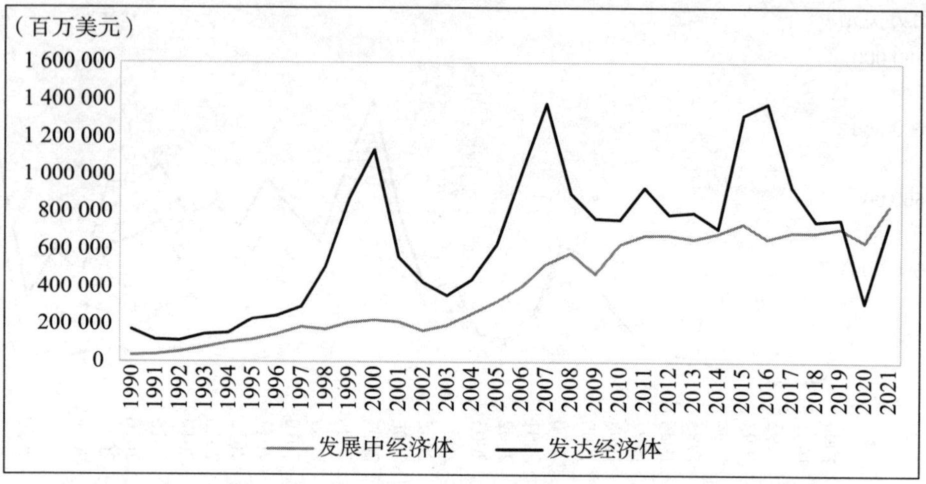

图 8－2　近三十年来发达经济体和发展中经济体吸引外商直接投资流量

资料来源：根据联合国贸易和发展会议数据库数据整理而成。

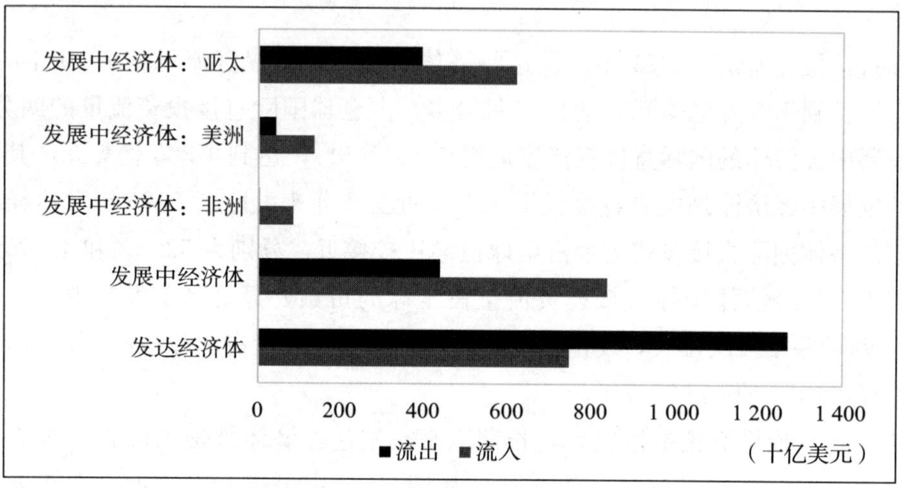

图 8－3　2021 年国际直接投资流出量和流入量

资料来源：根据联合国贸易和发展会议数据库数据整理而成。

8.2.2　国际直接投资类型

按照不同的标准，国际直接投资有多种划分方法，一种常用的方法是根据国际直接投资方式将其分为绿地投资、跨境并购、合资经营、利润再投资，其中绿地投资和跨境并购最为常用。

（1）绿地投资是指新资本流入某一东道国形成新资产，建立新的子公司或制造基地或服务中心。

（2）跨境并购是指进行投资的公司接管或合并某一东道国已有的国内公司，通常涉及外国投资者对东道国本地企业的购买，这一投资方式不会创造新资产，但确实构成了对东道国的资本流入。

一个相似的概念是“褐地投资”，它包括投资的多种不同类型，例如一家公司或政府购买或租用已有的生产设施开始新的生产活动；它还包括现有外国投资者在给定东道国区位的扩张或在现有国外设施或地点的再投资；最常见的是，一家公司关闭其业务然后将其卖给另一家公司。

从投资金额看，跨境并购额和绿地投资额每年都有波动，不过从图 8-4 可以看出，2003 年以来总体上跨境并购额处于增长态势，而绿地投资额处于下降态势，在 2007 年、2016 年和 2021 年跨境并购额超过了绿地投资额。从趋势上看，未来几年跨境并购额可能要高于绿地投资额。从投资项目数量看，从图 8-5 中可以看出，绿地投资数量一直高于跨境并购数量，且两者都处于长期上升态势。结合图 8-4 可以发现，跨境并购的平均单个项目金额要高于绿地投资的平均单个项目金额；换句话说，平均而言，跨境并购单个项目金额越来越大，绿地投资单个项目金额越来越小。

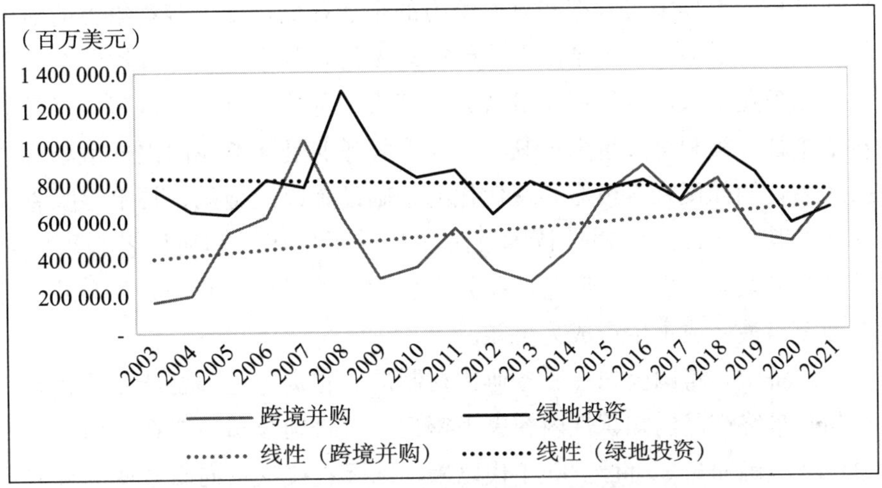

图 8-4 2003—2021 年全球跨境并购额与绿地投资额

资料来源：根据联合国贸易和发展会议数据库数据整理而成。

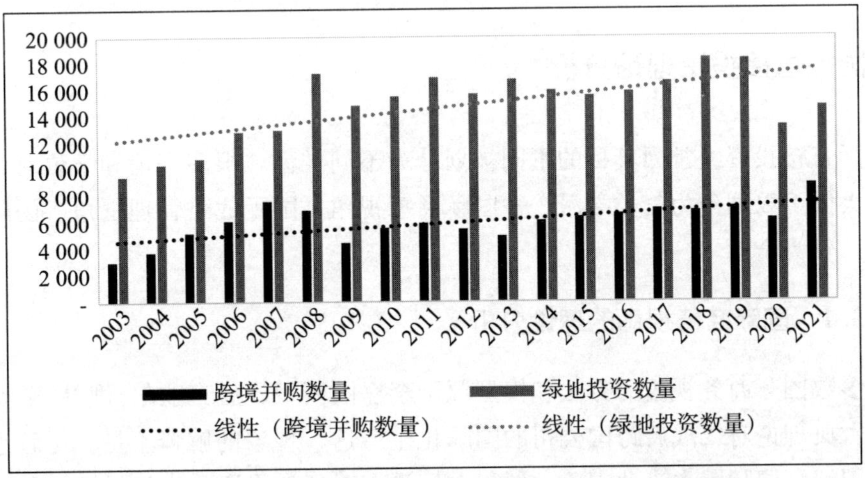

图 8-5 2003—2021 年全球跨境并购数量与绿地投资数量

资料来源：根据联合国贸易和发展会议数据库数据整理而成。

8.2.3 国际直接投资产业分布

二战后初期，国际直接投资集中在原材料以及其他初级产品和资源基础型制造业。伴随着20世纪70年代末的两次能源危机，国际直接投资向服务业的转向加快，到20世纪80年代后期，服务业占世界国际直接投资存量的份额接近50%，占年度流量的份额则在55%和60%之间。国际直接投资在产业间的分布变化与母国和东道国产业结构的长期变化相适应。随着经济发展水平的提高，第一产业在国民收入中的重要性下降而服务业上升。另外，很多发展中国家改变了自然资源所有权政策，强调自己对自然资源的主权，这也导致了国际直接投资在采掘行业的下降。

随着贸易和投资限制的减少、经济距离的缩短和资源流动性的增强，为了实现和维持增长、结构转型，适应收入分配、教育、健康、环保和发展等诸多方面的要求，各国需要在开放的市场中有效率和有竞争力的企业；反过来，有竞争力的地位只有建立在能使大多数人受益的发展基础上才能得以保持，其中服务业发挥着至关重要的作用。其一，服务业是大多数经济体最富有生产力的部门，且其有效率、有竞争力的生产活动对整个社会福利意义重大；其二，很多服务业是能够在国内外市场竞争的产品的关键投入品，例如便宜、可靠和现代化的基础设施以及金融、技术等服务是经济竞争力的支柱；其三，信息和通信技术的进步打破了生产者和使用者必须面对面的限制，促进了服务贸易的发展，服务产品数字化和“片段化”使得服务产品不同环节在最有效率国家以最低成本生产成为可能。

在知识经济中，跨国公司在服务业比在制造业和资源基础型产业更有影响力，因为服务产品与最终产品的知识性内容更为密切，而跨国公司一般在知识密集型活动中具有竞争优势。因而自20世纪90年代以来，国际直接投资向服务业的转型趋势日益明显，不论是绿地投资还是跨境并购，服务业总体上均在制造业之上，特别是跨境并购更为明显。

8.3 国际直接投资理论分析

国际直接投资经常因其目的不同被划分为不同类型，很多理论和学说对此进行了探讨，大体可以划分为三类学派——国际商务视角、国际战略管理视角、国际政治经济视角，较为全面。

8.3.1 国际商务视角的理论分析

大多数国际商务视角的方法和模型源于李嘉图模型、赫克歇尔-俄林-萨缪尔森模型等新古典理论对二战后跨国公司的国际化生产这一现象的解释不足。尽管这些早期理论试图解释国际资本流动现象，但是它们没有对证券投资和直接投资进行区分。国际商务视角的理论分析试图弥补这一缺憾，分析跨国公司的国际生产活动。邓宁指出了这些国际商务理论的两个极端：一个极端倾向于政治经济分析，将企业国际化看作资本主义体系发展的必然，认为这是提升投资企业垄断力量的一种方式；另一个极端侧重于分析投资决策的过程。在这两个极端之间存在三个经典分支，源于美国哈佛大学和麻省理工学院、英国雷丁大学、瑞典乌普萨拉大学的三个不同学派。美国哈佛大学和麻省理工学院的思想流派也被称为剑桥轴心，强调国际化过程中的战略维度；英国雷丁大学的思想流派也被称为雷丁学派，偏重跨国公司的经济学分析；瑞典乌普萨拉大学的思想流派也被称为北欧学派，更注重国际化的过程分析。

8.3.1.1 海默的垄断优势理论

斯蒂芬·海默在其博士学位论文中首次分析了美国跨国公司海外扩张的性质、特点和驱动力。海默主要使用了产业组织理论，将直接投资与证券投资区分开来，认为跨国公司的国际直接投资活动并不是为了东道国的高利率，而是为了通过对海外企业的控制获利。而海外控制动机源于特定企业优势的占有和冲突的移除。海默的“市场权力”理论后被称作垄断优势理论，将企业看作市场权力或共谋的代理，市场权力或共谋会导致市场日益集中，形成跨国公司的竞争优势。跨国公司通过投资国外业务减少竞争和提高行业进入壁垒。在海默看来，跨国公司是市场不完全的“创造物”，是替代市场的一种组织形式，跨国公司可以通过国际业务分割市场和形成某种优势。因此，国际生产活动被用来提升市场权力，这是跨国公司海外投资的主要动机。

国际生产的成本包括交通和通信成本、当地市场经营成本、东道国政府差别对外的成本和外汇风险成本；由于不同的文化、语言、法律、经济和政治背景，在国外经营的成本往往较高，因此跨国公司必须获得更高的收益才有可能开展对外直接投资，而更高的收益源于跨国公司拥有的特定资产所有权，诸如特定产品和工艺、技术诀窍和管理技能。由于市场不完全，这些资产对企业而言是独一无二的，能以较低成本在企业内部转移、难以被外部企业获取；这些特定资产所有权也形成了限制其他企业的进入壁垒，使得企业不仅能在国内实现垄断，还能在国外形成竞争优势。对外直接投资的“控制”维度和不完全市场背景，能够有力地解释跨国公司活动的地理分布和产业形态。

8.3.1.2 战略对手理论

与海默的垄断优势理论类似，战略对手理论根植于产业组织理论。通过对美国跨国公司企业层面数据的深入分析，雷蒙德·弗农的一名学生发现不仅仅是区位因素决定了美国跨国公司的空间分布和组织形式，对其竞争对手行为的预期和战略反应也起了决定性作用，即“跨国公司的寡头式反应”。持这一观点的学者强调跨国公司之间的竞争互动，通过“寡头式反应”和“交换威胁”解释跨国公司的部分对外直接投资行为，一般在寡头垄断行业会出现“跟随领导者”和“见风使舵”式对外直接投资。

尼克博克（Knickerbocker）指出跨国公司作为风险最小化的寡头，期望避免竞争性破坏和跟随对方的国际化战略以维护自己的商业利益。他通过分析美国 12 个行业的跨国公司在二战后至1971年间的对外直接投资时点支持了自己的观点。他发现美国企业在二战后更加国际化，很多行业的企业倾向于投资相同的国家，而这些企业所在行业往往是垄断竞争型的。尼克博克清晰地区分了“侵略型”投资和“被动型”投资。前者指某跨国公司在行业内首次投资于某国，后者指在其他企业首次投资后才在国外建立分支机构。战略对手理论实际上解释的是“被动型”投资活动。

8.3.1.3 交易成本理论和内部化

交易成本理论在国际商务领域的应用产生了“内部化”理论。交易成本决定了国内外生产活动是通过内部化还是市场获得，企业的成长被描述为对不完全市场的替代，因而对跨国公司出现原因的解释是“市场是否被跨境内部化”。

与垄断优势理论一致，内部化理论同样脱胎于这样一个基本假设，即企业对资产的特定控制是解释企业如何对外扩张的基础，不同之处在于对寡头或内部化企业海外扩张原因的解释，市场权力学派强调不完全市场是企业成长的函数或结果，而内部化理论认为企业的成长或出现是不完全市场的函数或结果。

8.3.1.4 邓宁的OLI范式和传统动机

内部化理论应加入区位特定变量予以完善，而这一挑战正是邓宁的综合范式成功解决的。邓宁在20世纪80年代提出的国际生产OLI（ownership-location-internalization）范式将所有权优势与内部化学派思想整合，同时加入区位因素。严格地说，综合OLI范式不是关于国际直接投资本身的理论，而是关于国际生产的理论，其中国际直接投资是国际生产的代理变量。OLI综合框架可以从母国视角解释本国跨国公司的海外生产活动，也可以从东道国视角解释外国跨国公司在本国的当地生产活动。邓宁指出，“综合范式是一个简明但深刻的构想，它论证了跨国公司的海外生产水平、地理和产业构成是由三组独立变量的相互作用决定的，这些变量构成了三个子范式”，即：（1）所有权优势。表现为对跨境增值活动一般治理所形成的无形资产和优势的特定占有。（2）内部化优势。产生于企业的内部层级结构，反映了层级结构取代市场后更高的组织效率。（3）区位特定优势。与区位吸引力相关，诸如东道国当地的经济体系和文化。只有企业具备全部三种优势时才会开展国际直接投资，否则可能采取进入国际市场的其他模式。企业优势与国际市场进入模式如表8-1所示。

表8-1 企业优势与国际市场进入模式

市场进入模式	优势类型		
	所有权优势	内部化优势	区位特定优势
许可证	是	否	否
出口	是	是	否
国际直接投资	是	是	是

资料来源：Dunning, J. H., Pearce, R. *The World's Largest Industrial Enterprises*. Farnborough: Gower Press, 1981.

邓宁所说的所有权优势具体还包括产生于地理多样化或跨国性本身的优势，即国际化通过提供更多的套利机会、生产转移和全球投入品外包强化了经营的灵活性，更有利于接近和了解国际市场。具体地，国际化增强了：(1) 利用要素禀赋、政府干预、市场的地理差异的能力，有助于在不同货币区和政治、文化背景下分散风险并且提供更多选择的机会；(2) 从组织管理过程和体系中的社会差异进行学习的能力。

邓宁的研究进一步指出国际生产由四方面原因驱动：资源寻求（供给导向）、市场寻求（进口或出口替代）、效率寻求（合理化投资）、战略资产寻求（供给导向）。

资源寻求型跨国公司通过对外投资获取比母国市场成本更低的资源，通常为初级产品生产者，旨在获得物资供应来源。在欧美跨国公司驱动的第一次和第二次国际化浪潮中，大多数国际直接投资是以获取矿产和初级产品来源为目的的，到第二次世界大战前夕，此类国际直接投资占到了世界国际直接投资存量的五分之三，到20世纪80年代中期，这一比例下降到了三分之一。

市场寻求型对外直接投资以向投资所在市场或邻近的第三国市场供给商品或服务为目的，是国际直接投资的主体。在很多情况下，这些投资目标原来就是跨国公司的出口市场。市场寻求型对外直接投资的出现可归纳为四个理由：第一，企业不得不追随在海外建立业务的主要的供应商或客户；第二，跨国公司可能偏好“全球化思维、当地化行动”，需要调整产品以适应当地需求；第三，在当地向外国市场或相邻市场提供服务比远程提供服务更廉价，例如有一些市场基于本土化要求、关税壁垒和进口替代战略无法对其出口；第四，跨国公司意识到作为全球生产和营销战略的一部分，有必要在竞争对手的主要市场内保持商业存在。

效率寻求型对外直接投资是在资源寻求型或市场寻求型投资的基础上对投资结构进行合理化改造，一般发生在高工资国家的制造业和服务业跨国公司寻求足够的低价和易于调动的不熟练和半熟练劳动力之时。此类对外直接投资活动一般发生在工业化程度相对较高的经济体、新兴市场境内，比如在这些经济体的出口加工区内，通常由那些有经验的大型跨国公司实施。效率寻求型对外直接投资有两种形式：第一种主要为了利用不同国家和地区传统要素在成本和可得性方面的差异，可以用于解释企业内的劳动分工；第二种发生在拥有相似区位条件和收入水平的国家之间，此时相比传统要素禀赋，“创造的”能力、支持性产业的可获得性和质量、当地竞争条件、消费者需求性质、宏观和微观政策起到更大的作用。

战略资产寻求型对外直接投资旨在获取外国企业的资产以促进跨国公司的长期战略目标、维持和提升跨国公司的国际竞争力，通常由跨国公司获取特定技术能力、管理和营销经验的需求驱动。OLI范式中的一个用于解释国际化的新角度就与“创造的资产”这一现象有关，暗示了寻求高技能人才是企业国际化的动机之一。这类战略资产获取型对外直接投资利用了由当地或东道国治理“创造”的能力水平。邓宁指出，战略资产寻求型对外直接投资的主要目的不是利用特定成本或市场优势，而是通过获取被投资企业的既有资产组合维持或加强跨国公司的总体竞争地位或削弱其竞争对手的竞争地位。

8.3.1.5 国际直接投资的决定因素

国际直接投资，特别是绿地投资的决定因素可以被归纳为三种类型——经济条件、东道国法规框架、跨国公司战略，前两种与“区位”有关，最后一类与“所有权”和“内部化”有关（见表 8-2）。

表 8-2 国际直接投资的主要决定因素

1. 经济条件	• 市场 市场规模和收入水平；城市化水平；稳定性和增长前景；进入区域性市场的机会；流通和需求模式。
	• 资源 自然资源；技术资源；劳动力资源。
	• 竞争力 廉价且高效的劳动力的可获得性：成本、技术、培训、管理技能；投入品的可得性；物理基础设施：水、电和其他能源，公路、铁路、机场、通信设施等等；研发基础；金融机构。
	• 宏观经济基础 税率和税收结构；通胀率；汇率；利率；外债；等等。
2. 东道国法规框架	• 宏观经济政策和法律 金融和货币政策；利润汇回和撤资的便利度；外汇可兑换性。
	• 私有部门政策和法律 私有化程度及对其鼓励程度；明确且稳定的政策；便捷的进入和退出政策；有效率的金融市场；政府采购；其他支持措施。
	• 贸易和产业政策和法律 进出口管制或自由化政策；区域贸易和一体化协定中的成员身份；竞争政策；中小企业鼓励政策；知识产权保护法规。
	• 国际直接投资政策 国际投资协定的成员身份；市场进入便利性；进入前和进入后政策；最惠国待遇和国民待遇；所有权；激励；投入可得性；政策和法律的稳定和透明度；信息和援助的可得性；积极投资促进措施和机构；投资者服务。
3. 跨国公司战略	• 风险感受 对国家风险、政治和宏观经济管理风险、劳动力市场风险、政策稳定性风险、知识产权保护风险等的感受。
	• 区位、外包、一体化、转移 基于区位、产品和投入品外包、分支机构一体化和供应链管理、战略联盟等的公司战略。

资料来源：Lall，S. Attracting Foreign Investment：New Trends，Sources and Policies. Economic Paper，No. 31. London：Commonwealth Secretariat，1997.

不同动机的国际直接投资关注的影响因素重点不同：资源寻求型国际直接投资主要关注某东道国的自然资源状况及投资保护和政治稳定性；市场寻求型国际直接投资看重市场规模和成长前景；效率寻求型国际直接投资主要为了成本削减，关注如廉价劳动力和熟练劳动力的可得性、知识产权保护等，高技术密集型企业关注成熟的研发活动；战略资产寻求型国际直接投资主要关注东道国境内企业是否契合跨国公司战略并易于并购。

8.3.1.6 弗农的产品生命周期模型

弗农提出的国际产品生命周期理论是研究国际直接投资动态因素的早期理论之一，它不仅考虑企业扩展和深化国外市场活动的过程，还涉及随着产品生命周期的变化跨国公司对区位需求的改变。弗农使用产品生命周期假说这一微观概念解释了二战后美国跨国公司国际化的宏观经济问题，产品生命周期模型将产品生命周期划分为若干阶段，每个阶段都会影响创新企业和产品的国际化：在引入期产品仅在国内开发，在成长期开始出现出口和对外直接投资，在成熟期产品被配置到低工资国家进行标准化生产，在下降期创新国该产品的生产往往会消失。该理论的主要贡献是从发展变化的视角解释了生产活动的再配置问题，这些变化与诸如技术诀窍、需求和劳动成本等不同的国别条件密切相关。弗农的模型没有聚焦于国际化发生的原因，而是重点分析了企业在其产品生命周期中什么时候以什么形式开展国际生产活动，它强调的是企业对其生产过程的国际化转移。

8.3.2 国际战略管理视角的理论分析

如果说国际商务理论根源于宏观经济学，那么国际战略管理理论根植于战略管理理论和管理学。国际战略管理视角的研究包括两个相互交叉的流派：一个主要研究跨国公司在国家间的组织协调问题，另一个关注跨国公司如何根据特定国别和区域市场调整其战略。

以企业的价值链为起点，波特和戈沙尔（Ghoshal）于1986年提出了一个关于全球战略的概念性框架，指出国际战略包含两个维度——布局和协调。第一个维度与跨国公司价值链活动在世界上的分布有关，即企业活动的全球布局；第二个维度研究如何协调这些分布在不同国家和地区的相互关联的活动。每个企业在分配和协调价值链每一环节的活动方面都面临一系列选择，在布局方面从集中到分散有不同选择，在协调方面从放任不管到事无巨细有多种选择。在集中和分散之间的权衡因价值链活动和行业而异，例如研发活动的布局就与生产、组装和营销活动不一样，零售行业的布局也与制造和汽车行业差别明显。波特指出了两个极端战略：（1）简单全球战略，投资数额大、价值链活动地理集中；（2）国别集中战略，投资数额少、价值链活动地理分散且由分支机构自主经营。两个战略，一个以大量投资和深度协调为特点，另一个以分散营销为特点。当布局和协调的收益超过成本时，产业将走向全球化，布局/协调决定全球战略持续的竞争优势，而竞争优势源自企业的整体国际地位。在协调各分支机构及其经理人利益时，跨国公司面临巨大的组织挑战，来自不同国家的子公司常常将彼此视作内部竞争者而非合作伙伴，跨国公司总部对此关系精心维护以提升总体绩效和效率。

联合国贸易和发展会议区分了三种国际生产战略：独立运行战略、简单一体化战略和复杂（或深度）一体化战略（见表 8－3）。

表 8－3 跨国公司组织战略演化及特征

时期	20 世纪 50—70 年代	20 世纪 70—80 年代	20 世纪 90 年代
组织战略和企业类型	独立运行战略	简单一体化战略	复杂（或深度）一体化战略
特征	母公司的微型克隆品。该战略将母公司全部价值链环节复制到海外子公司（自然资源行业除外）。各自独立的子公司在当地市场生产或销售全部或部分母公司的产品线。资金和技术由母公司提供。	一个或若干价值链环节的理性化生产者。作为垂直一体化全球战略的一部分，海外子公司生产零部件或进行最终产品的组装。技术从母国获得，子公司以更具竞争力的价格向母公司提供有限投入品，也会出现信息、技术向母公司的流动。	产品或工艺专家，功能专业化。子公司向全球或区域市场开发、生产和销售有限产品线，跨国公司一般采取水平一体化全球战略。
宏观经济背景	这些海外微型克隆企业可能是从出口向对外直接投资过渡的新业务部门，也可能是多国本土化战略下的成熟子公司。	在技术进一步提升和市场自由化情形下，该战略占主导。	在整个 20 世纪 90 年代，该战略经常与区域一体化协议、经济交易自由化和信息技术的快速兴起有关。
区位和国际化主要动机	跨国公司的目标主要是服务当地市场，企业活动主要分布在大市场区域，从而更加集中。东道国的关税政策可能是鼓励国际直接投资流入的诱导因素之一。	跨国公司的主要目标是资源或效率寻求，区位分布可能更加分散化。	一体化生产更可能是战略资产寻求型。人力资源的质量和成本起到最大的作用。
价值链一体化程度和跨国公司内部联系	弱	在部分价值链环节紧密，在其他环节松散。	很可能贯穿整条价值链。

资料来源：van den Berghe，D. Working across Borders：Multinational Enterprises and the Internationalization of Employment. Rotterdam：Erasmus Universiteit Rotterdam，2003.

8.3.3　国际政治经济视角的理论分析

国际商务视角和国际战略管理视角的研究主要将国际化原因与东道国条件或竞争对手的战略联系在一起，两者均关注国际化的“拉力因素”，跨国公司母国主要被当作竞争优势的来源；而国际政治经济学者经常争论与母国有关的其他国际化诱因。母国市场规模对国际化进程具有重要影响，小型经济体内的企业在发展早期就会着手国际化。母国政策也是“推动”企业国际化的因素之一，严苛的商业环境会促使企业“逃离”国内管制。特别地，当国内规制严格或不确定时，企业更有动机开展“逃离式投资”活动。

另外，跨国公司可能以对外扩张或对外转移生产活动为手段建立一种威胁，借以影响国内劳动市场规则——甚至没有真实意愿、仅仅是一种表态。这会导致一种“讨价还价的钟摆”状态，其中跨国公司和母国政府持续不断地进行政治上的讨价还价，旨在提升各自的竞争地位。

科格特（Kogut，1989）强调跨国公司的本质是，通过其世界范围内业务构筑的广泛网络创造了一种可能，即进行“全球扫描”以有效地寻求最低成本生产区位，这同时也创造了一种将各国政治经济风险进行分散的机会。再者，通过国际生产的全球分散化布局，而非将生产活动集中在某个国家或地区，跨国公司也可以增强相对于价值链内外其他参与者的讨价还价能力。特别地，跨国公司活动的分散提升了相对于政府和劳动的讨价还价能力。跨国公司可以使用“共同生产安排”，同时在不同国家、不同工厂生产同样的产品，从而实现生产活动的多样化。由于某地罢工导致的生产中断，可以通过提高其他地方的产出予以补救。

8.4　全球价值链下的国际直接投资

8.4.1　全球价值链分工的形成和特点

8.4.1.1　全球价值链分工的形成

现代经济学家亚当·斯密早在1776年的《国富论》中就论证了“分工促进生产率提高”，分工跨越国界形成国际分工推动了世界经济的发展。随着技术发展和世界经济条件的不断改善，国际分工形式的专业化加深，经历了从西方殖民时期的产业间分工到二战后日益显现的产业内分工，再到当今全球化时代的产品内分工；相应地，与国际分工专业化形式相对应的国际分工理论主要表现为以广义比较优势理论为代表的产业间分工理论、以新贸易理论为代表的产业内贸易理论以及以全球价值链理论为代表的产品内分工理论。用全球价值链理论解释的国际分工形式通常被称为全球价值链分工。

全球价值链分工的形成和发展固然有社会经济条件和自然条件等基础因素的影响，但具体而言，其在全球化时代出现是多种因素作用的结果：

第一，技术进步使产品分割为不同的零部件、元器件和服务成为可能，使企业将研发、生产、零售等功能剥离成为可能，这是全球价值链分工的物质基础。

第二，交通、通信技术的进步，各国贸易壁垒的下降使得中间产品、最终产品贸易成本下降成为现实，使得运输成本远低于某一价值链环节集中生产所节约的成本，这是全球价值链分工的成本条件。

第三，各国转向相对宽松的贸易政策和外资政策，甚至从政策上鼓励外国资本的流入，使得各国发挥各自要素禀赋优势参与某一价值链环节的分工成为可能，这是全球价值链分工的政策条件。

第四，跨国公司管理模式的变革，即在其扩张过程中出现的多国分散联合体、国际协调联合体、全球垂直一体化等传统跨国管理模式向多管理维度转变，形成了以国际直接投资关系为基础的分工网络，这是全球价值链分工的组织条件。

8.4.1.2 全球价值链分工的特点

全球价值链分工在实现方式、治理模式、贸易结构、利益分配、区域分布、升级方式等方面有显著特点。

第一，在实现方式方面，全球价值链分工中的主导企业可以通过国际直接投资在国外建立分支机构生产某一中间产品或提供某种服务，也可以通过外包寻找合作伙伴进行。

第二，在治理模式方面，按主导企业与其他参与企业之间的关系可分为五种形式，即市场型、模块型、关系型、领导型、等级制。其中市场型的主导企业对参与者之间的协调管理能力最弱，等级制则最强。治理模式的选择主要受交易的复杂性、交易的可标准化程度、供应商的竞争能力等因素控制，随着这三种因素的变化，全球价值链的治理模式会发生动态变化。

第三，在贸易结构方面，全球价值链分工大大促进了中间产品贸易和服务贸易的兴起，中间产品贸易比重已经超过最终产品贸易比重。据世界贸易组织的研究报告，进入21世纪以来，中间品贸易占全球贸易总额的比重约为60%，欧洲高达80%；我国2019年中间品贸易占进出口总额的比重达到76%。

第四，在利益分配方面，全球价值链分工的利益依然主要来源于传统的比较优势和规模经济，但主导企业和各参与企业之间获得的利益相差较大，主导企业因其技术中枢或市场中枢地位获得了绝大部分的分工利益，而其他参与者因其在全球价值链中的地位不同获取不等的利益。

第五，在区域分布方面，主导企业在全球配置其生产和服务环节时更多地受到当地要素禀赋条件和政府政策的影响。随着全球价值链的运行和发展，在一些地区会产生产业集群或消费中心，此时产业集聚优势和大市场优势在吸引塑造全球价值链空间布局方面发挥更大的作用。

第六，在升级方式方面，主要是来自发展中国家和地区的企业在主动参与或被动融入全球价值链分工之后，如何避免被“低端锁定”或“降级”，实现在全球价值链分工中地位的提升。

8.4.2　国际直接投资对全球价值链的驱动

跨国公司是全球价值链中的主导企业，在全球价值链分工中居于核心地位，支配着其他参与者。全球价值链中处于核心地位的跨国公司分为从事生产制造的跨国公司和专门从事品牌营销的跨国公司，由这两种类型跨国公司驱动的全球价值链分别被称为生产者驱动型全球价值链和购买者驱动型全球价值链。

生产者驱动型全球价值链主要由制造业跨国公司通过对外直接投资建立海外子公司，并在母子公司之间、子公司相互之间进行知识转移，同时也可能将一些非核心制造环节外包，最终形成主要以国际直接投资为纽带连接起来的全球生产网络。购买者驱动型全球价值链主要由掌握品牌资源和销售渠道的跨国公司控制，它们通过外包和全球采购的方式在全球寻找最质优价廉的供应商。换句话说，按照该观点，国际直接投资主要在生产者驱动型全球价值链中发挥作用，在购买者驱动型全球价值链中作用不大。然而，如果以价值增值序列过程中具体环节的进入门槛差异来划分，同一产业可能出现不同驱动类型的价值链。对此，我国学者张辉提出了混合驱动型全球价值链，即那些处于生产者驱动和购买者驱动之间、兼具两者特征的价值链（见表8－4）。

延伸阅读

垂直型 FDI vs. 水平型 FDI

表8－4　国际直接投资与全球价值链驱动力

项目	生产者驱动型全球价值链	购买者驱动型全球价值链	混合驱动型全球价值链
动力根源	产业资本	商业资本	二者兼有
核心能力	研究与发展、生产能力	设计、市场营销	二者兼有
环节分离形式	国际直接投资	外包网络	二者兼有
进入门槛	规模经济	范围经济	二者兼有
产业分类	耐用消费品、中间产品、资本品等	非耐用消费品	二者兼有
制造企业的业主	跨国公司，主要位于发达国家	地方企业，主要位于发展中国家	二者兼有
主要产业联系	以投资为主线	以贸易为主线	二者兼有
主导产业结构	垂直一体化	水平一体化	二者兼有
辅助体系	相对于软件，硬件更重要	相对于硬件，软件更重要	二者兼有
典型产业部门	航空器、钢铁等	服装、鞋、玩具等	计算机等
典型跨国公司	波音、丰田等	沃尔玛、耐克等	英特尔、戴尔等

资料来源：张辉．全球价值链动力机制与产业发展策略．中国工业经济，2006（1）：40－48.

由此可见，国际直接投资对全球价值链的形成具有直接和间接两方面的作用：一方面，跨国公司直接开展对外直接投资建立生产者驱动型和混合驱动型全球价值链；

另一方面，跨国公司通过对外直接投资确立全球品牌和销售驱动，通过品牌和营销控制建立购买者驱动型和混合驱动型全球价值链。

8.4.3 国际直接投资对全球价值链分工地位的影响

发达经济体的经验表明，通过国际直接投资形成全球性生产网络是巩固和提升其在全球价值链分工中地位的重要手段；而发展中经济体要避免陷入全球价值链低端锁定和中等收入陷阱，也需要通过国际直接投资布局全球生产网络，实现向全球价值链高端环节的迈进。

8.4.3.1 对外直接投资的高网络中心性有利于全球价值链分工地位的提升

一国对外直接投资的经济体越多，在全球对外直接投资网络中的影响力就越强；对外直接投资作为一种股权投资的控制力越强，该国对全球价值链网络的控制就越强。对于发达经济体跨国公司而言，它们占据全球价值链高端环节、获取全球价值链分工的绝大部分利益，通过对外直接投资控制海外价值链节点或增进与合作伙伴关系，有利于稳定其在全球价值链中的主导地位；对于发展中经济体跨国公司而言，通过对外直接投资可以规避发达经济体的技术封锁，延伸本国产业链，通过逆向技术溢出和竞争效应提升本国创新能力，推动自身在全球价值链分工地位的提升。

8.4.3.2 对外直接投资高网络联系强度有利于全球价值链分工地位的提升

一国对外直接净投资在全球对外直接投资中的份额大，则其全部对外直接投资网络的辐射效应强，对外直接投资网络联系强度通过边际产业转移、逆向技术溢出、市场化内部效应影响该国在全球价值链分工中的地位。首先，将本国已经丧失或即将丧失比较优势的产业转移到相对落后的国家，在国外利用当地丰富要素的同时，在国内“腾笼换鸟”、将要素投入更有前景的产业，一方面实现了全球资源的优化配置，另一方面也延伸了本国产业链，形成了本国企业主导的全球价值链。其次，强化对外直接投资网络节点之间的联系，增进技术交流、人才往来，有利于实现逆向技术溢出效应，提升母国出口产品技术复杂度。最后，对外直接投资用企业内部化交易代替了市场交易，对于技术、信息等不适于市场交易的产品和服务，降低了交易费用，有利于企业全球价值链地位的升级。

8.4.3.3 对外直接投资高网络异质性有利于全球价值链分工地位的提升

对外直接投资分散化、多元化有利于分散风险，减少对特定国家或地区的依赖，增强全球价值链的韧性和稳定性，进而为全球价值链实现升级创造条件。另外，对外直接投资网络的异质性高，意味着母国可以获得多样化的技术、人力资本等高等要素以及自然资源等基本要素，多样化异质资源的整合有利于发挥 1＋1＞2 的优势，进而促进一国在全球价值链分工中地位的提升。

8.4.3.4 对外直接投资与外商直接投资的高网络互动性有利于全球价值链分工地位的提升

很多新兴经济体在经济发展之初借助了外商直接投资的力量，从接单产品组装开始，到接单加工生产，再到设计生产加工，最后转向自有品牌加工生产，新兴经济体创造和留住的价值量越来越多，在全球价值链分工中的地位越来越高。随着这些经济体经济发展水平的提高，其对外直接投资活动越来越多，这样就出现了原来国内外商直接投资网络与该国对外直接投资网络的交叉和互动，外商直接投资与对外直接投资应该是相互促进的关系，它们互动效应越明显，越有利于该国全球价值链分工地位的提高。

章末案例

中企“走出去”为世界经济添活力

德国《经理人杂志》近日刊文称，据审计和咨询公司安永的最新报告，2021 年，中国企业收购了更多欧洲企业，相关交易数量、交易额都有提高。报告称，中国投资者除了对欧洲汽车供应商和制造商感兴趣外，还更关注电动汽车、自动驾驶和高科技材料等子行业。此外，中国企业在卫生领域的收购和投资数量也有所增加，医疗保健行业日益成为中国企业最重要的投资目标行业之一。

据墨西哥《石油与能源》杂志网站报道，中国汽车制造商安徽安凯汽车股份有限公司近日举行了出口墨西哥的 800 台天然气公交车的发车仪式。报道称，这批公交车将在墨西哥第三大城市蒙特雷市运营。这笔订单不仅见证了墨中两国不断深化的合作，也是中国客车进入全球市场的里程碑。

据路透社报道，中国工程机械巨头三一重工等 3 家上市企业近日纷纷宣布，拟境外发行全球存托凭证（GDR）并在瑞士证券交易所上市。报道注意到，三一重工和动力锂电池制造商国轩高科均提及，此次境外发行是“响应国内资本市场政策号召，深化中欧资本市场互联互通”的重大举措。

中国企业“走出去”意义重大。对企业来说，通过拓展更大市场，参与国际竞争，利用全球资源，能够创造更多利润，降低在单一市场经营发展的风险，促进企业自身做大做强。对中国经济来说，中国企业走全球化发展道路，将推动所在行业的发展进步，进而为中国经济转型升级和高质量发展提供助力，更好地服务“双循环”新发展格局。对世界经济来说，伴随中国企业“走出去”的脚步，中国的产品、技术、商业模式和管理经验走向更多国家和地区，有利于推动经贸等各领域互联互通，稳定全球供应链，给世界经济增添新活力。尤其是对发展中国家和地区来说，中国企业“走出去”还有利于增加当地就业，带动经济社会可持续发展。

资料来源：中企“走出去”为世界经济添活力. 人民日报海外版，2022-03-28.

《本章小结》

1. 本章厘清了国际直接投资、外商直接投资、对外直接投资等容易混淆的概念，并介绍了国际货币基金组织对国际直接投资概念的界定，强调国际直接投资与国际间接投资的本质区别在于投资者是否拥有“控制力”或“影响力”；从规模、投资类型、产业分布方面介绍了国际直接投资的发展概念，发现发达经济体在国际直接投资中依然占有主导地位，跨境并购规模近年来高于绿地投资规模，国际直接投资向服务业的转型趋势日益明显。

2. 将国际直接投资理论分为国际商务视角、国际战略管理视角、国际政治经济视角进行了系统性回顾。

3. 结合全球价值链的发展趋势，将国际直接投资驱动力分为全球价值链的生产者驱动和购买者驱动，论证了国际直接投资从网络中心性、网络联系强度、网络异质性以及网络互动性四方面对全球价值链分工地位的影响。

关键词和术语

国际直接投资	对外直接投资	外商直接投资
绿地投资	跨境并购	垄断优势理论
OLI 范式	资源寻求	市场寻求
效率寻求	战略资产寻求	全球价值链分工
生产者驱动	购买者驱动	

思考题

1. 我国对外直接投资发展状况如何？请结合《中国对外直接投资统计公报》历年数据从投资规模、投资类型、产业分布等角度进行分析。

2. 我国开展对外直接投资的决定因素是什么？请结合国际直接投资理论进行多视角分析。

3. 引进外商直接投资和开展对外直接投资对发展中经济体全球价值链分工地位分别有哪些影响？

延伸阅读

1.《国际收支和国际投资头寸手册（第 6 版）》。

2. 联合国贸易和发展会议数据库——国际直接投资数据。

3. UNESCAP. Handbook on Policy，Promotion and Facilitation of FDI for Sustainable Development in Asia and the Pacific. 2002.

4. 联合国贸易和发展会议历年《世界投资报告》。

5. 钟祖昌，余佩璇，肖宵，等. 高技术产品出口贸易网络构建对一国或地区全球价值链分工位置的影响研究：基于社会网络分析的视角. 管理评论，2022，34（3）：127－140.

第9章

区域经济一体化

学习目标

1. 掌握区域经济一体化的形式和经典理论
2. 了解区域经济一体化议题的深化
3. 理解高水平贸易协定对全球价值链重构的影响

引导案例

全球最大自由贸易区正式启航

2022年1月1日凌晨，北京海关关税处，工作人员正忙着为企业签发原产地证书。这一天，《区域全面经济伙伴关系协定》（RCEP）生效实施，全球最大自由贸易区正式启航。RCEP如期生效，充分体现了各方共同维护多边主义和自由贸易、促进区域经济一体化的信心和决心，将为区域乃至全球贸易投资增长、经济复苏和繁荣发展做出重要贡献。

RCEP现有15个成员国，包括中国、日本、韩国、澳大利亚、新西兰5国以及东盟十国。从人口数量、经济体量、贸易总额三方面看，均约占全球总量的30%。根据协定规定，6个东盟成员国和3个非东盟成员国正式提交核准书，即达到协定生效门槛。经各方努力，RCEP于2021年11月2日达到生效门槛。2023年6月2日RCEP对菲律宾正式生效，标志着RCEP对东盟十国和澳大利亚、中国、日本、韩国、新西兰等15个签署国全面生效。

我国商务部有关负责人表示，中方将全面和充分履行RCEP义务，高质量实施协定，引导地方、产业和企业更好把握RCEP带来的市场开放机遇。中方也将与RCEP成员方一道，积极参与和支持RCEP机制建设，将其打造成东亚经贸合作的主平台。RCEP生效后，已核准成员国之间90%以上的货物贸易将最终实现零关税。协定生效当天，中国与东盟、澳大利亚、新西兰之间的立即零关税比例将超过65%。中国与日本是新建立自贸关系，相互立即零关税比例将分别达到25%和57%。不只是降关税，RCEP还在原产地规则、海关程序、检验检疫等方面形成统一规则，域内贸易便利化程度将进一步提高。除了货物贸易，RCEP成员国在服务贸易、投资等方面也做出高水平开放承诺，并建立了高水平的知识产权、电子商务等规则，各类经济要素流动将更加顺畅，域内产业链、供应链和价值链将进一步巩固和发展。

那么，RCEP是一个什么样的组织？我国积极推动RCEP建立和生效，其背后的经济学原理是什么？本章将在介绍区域经济一体化经典理论的基础上，介绍近年来区域经济一体化的深化发展和高水平贸易协定对全球价值链重构的影响。

资料来源：RCEP生效！全球最大自由贸易区正式启航. 中国政府网，2022－01－01.

在经济学领域，区域经济一体化（regional economic integration）是若干经济体之间通过缔约或组建超国家组织降低乃至消除商品流动和要素流动壁垒的过程或状态，“一体化”即将各成员经济体的市场、商品和服务、资源、人员、地理区位、政策等更好地连接和融合在一起；区域经济一体化一般以降低关税和非关税壁垒、实现商品的自由流动为合作起点，通过降低产品价格增进消费者福利，同时促进成员经济体产出实现一体化利益的最大化并避免相互之间的摩擦和冲突。

全球区域经济一体化自20世纪50年代以来出现了三次浪潮，在世界贸易组织成立后的头十年里，区域贸易协定数量增长了两倍多，从58个增加到了188个；而截至2023年7月26日，生效中的区域贸易协定为360个。①

9.1 区域经济一体化的经典理论

9.1.1 区域经济一体化的形式

按照不同的标准，区域经济一体化可以分为不同的形式，如根据成员构成分为发达国家型、发展中国家型、南北型；根据一体化进程分为贸易一体化、要素一体化、政策一体化、完全一体化；根据要素流动程度分为特惠关税区、自由贸易区、关税同盟、共同市场、经济联盟、完全经济一体化；其中按要素流动程度的划分方法最为流行，根据经济一体化程度的高低不同，有时还加上特惠贸易协定、货币联盟等形式。区域经济一体化的水平依赖于区域内成员让渡其主权的意愿和程度，我们采用较为细致的标准，根据一体化程度从低到高划分为七种形式：特惠贸易协定、自由贸易区、关税同盟、共同市场、经济联盟、货币联盟、政治联盟（或完全经济一体化）。其特点分别归纳如下：

（1）特惠贸易协定（preferential trade agreement）。在这样一个贸易协定内，参与国通过削减关税而非完全放弃关税的方式对某些产品给予特殊优惠。特惠贸易区与自由贸易区这两个概念经常被混淆，因为几乎所有的特惠贸易区都将转变为自由贸易区作为主要目标，以与关税及贸易总协定的例外条款保持一致。特惠贸易协定的例子如全球贸易优惠制、曾经的《洛美协定》等。

① 世界贸易组织官网。

（2）自由贸易区（free trade area）。至少两个国家签订协议，同意削减贸易壁垒（进口配额、关税等）以促进相互之间的商品和服务贸易。自由贸易区可以看作拥有更高深度和更大范围关税减让的特惠贸易区，成员经济体并不设立共同对外关税，这意味着各国对非成员可以设置不同的配额、关税及其他贸易政策。自由贸易区在某种程度上是可串联的：如果一些国家签署建立自由贸易区的协议并且形成一个贸易集团，再与其他国家谈判建立新的自由贸易区，那么旧自由贸易区加上新的国家将形成一个更大的自由贸易区。自由贸易区的优势包括：专业化、资源的最优利用、国家间技术的自由流动、更好的贸易机会、更快的经济增长和发展等；弊端包括：过度依赖、对幼稚产业可能的不利影响、政府关税收入的减少、收益的不平衡等。自由贸易区的例子如北美自由贸易区（NAFTA）、东南非共同市场（COMESA）等。

（3）关税同盟（custom union）。这种类型的贸易集团是自由贸易区加上共同对外关税。参与国设立共同对外贸易政策，但有些情况下它们使用不同的进口配额。建立关税同盟的目标通常包括提升经济效率和强化成员国间的政治和文化联系。关税同盟的例子如加勒比共同体（CARICOM）、东非共同体（EAC）、南部非洲关税同盟（SACU）等。

（4）共同市场（common market）。在自由贸易区的基础上实现资本和服务的相对自由流动，通常被当作建立单一市场的第一步。在这样的贸易集团内，大多数贸易壁垒已被移除，各成员国实施一些关于产品管制、生产要素自由流动、企业和服务的共同政策。成员国之间的物理的（边界）、技术的（标准）和财政的（税收）壁垒已被最大可能地清除。在此类协议中，非关税壁垒，如成员国国家安全、包装要求和国内行政程序等方面的差异得以保留。共同市场的目标大多数集中在趋向或建立整体单一市场方面，其例子如欧洲经济区（EEA）、中美洲共同市场（CACM）、海湾阿拉伯国家合作委员会（GCC）等。

（5）经济联盟（economic union）。这样的贸易集团兼具共同市场和关税同盟特点，参与国既有关于产品规则、商品、服务、生产要素自由流动的共同政策，又有共同对外贸易政策。这样的联盟如果再设计共同的货币就变成了货币联盟。建立经济联盟的目标通常包括提高成员国经济效率、相互间建立更紧密的政治和文化联系等，其例子包括欧盟（EU）、欧亚经济联盟（EAEU）等。

（6）货币联盟（monetary union）。这样的贸易集团包括经济联盟（共同市场和关税同盟的组合）和共同货币，货币联盟通过货币交易协定建立。在货币联盟和政治联盟之间的一个过渡步骤是财政联盟。货币联盟的例子包括东加勒比国家组织（OECS）、西非经济货币联盟（UEMOA）、欧洲经济货币联盟（EMU）等。

（7）政治联盟（political union），又称完全经济一体化。根据协定，一体化成员没有或仅有可忽略不计的经济政策控制能力，它涉及完全的货币联盟、完整或接近完整的财政政策协

延伸阅读

中国-尼加拉瓜自由贸易区

同。当经济联盟要变得非常有效率时，所有“省”需要处于相同的经济周期阶段，政治一体化就呼之欲出了。历史上，美国即是由原13个英国殖民地联合其政治体系而建立的，美国一体化的例子表明完全的经济一体化将导致联邦制政府的出现，因为完全的经济一体化要求像单一经济体那样运作。

9.1.2 关税同盟理论

区域经济一体化的动力或理由建立在“标准贸易理论”的基础上，即认为自由贸易政策比其他任何贸易政策都要好。雅各布·维纳（Jacob Viner）于1950年提出的关税同盟理论奠定了区域经济一体化理论的基本框架，他定义了贸易创造效应和贸易转移效应。关税同盟的建立引起关税的变化，关税的变化又影响了区域内商品的流动，进而引发贸易创造和贸易转移效应。维纳考虑了两国在建立关税同盟前、后贸易流量的变化，并与世界其他地区进行比较。他的发现迄今依然是区域经济一体化理论的基础，其主要贡献在于向一般国际贸易理论，特别是关税同盟理论引入了“福利”分析。维纳的关税同盟理论是一种局部均衡分析，建立在以下假设基础上：①区域经济一体化成员之间商品和要素市场都是完全竞争的；②要素具有流动性，即生产要素可以在成员之间自由流动；③运输成本为零；④只有关税这一种贸易限制形式；⑤生产的机会成本反映在价格上进而反映在贸易平衡上；⑥资源被充分利用，在任意给定时间产出都是充分的。

根据维纳的关税同盟理论，假设世界可以被分为三个部分，即A国、B国和世界其他国家W。其中：A国是本国，生产一种商品并用以换取B国和W国的出口；B国和W国以固定的价格向A国出口相同的产品。A国和B国结盟前，B国和W国面临无歧视的贸易限制：A国对B国和W国出口品实施的关税相同。A国和B国结盟后，A国移除了针对B国出口品的关税，但保留了针对W国出口品的关税。

（1）贸易创造与福利增加。

在图9-1中，y轴表示价格、x轴表示数量，M_A表示A国的进口需求曲线，E_B和E_W分别表示B国和W国愿意向A国出口的价格，也是B国和W国的出口供给曲线。我们假设B国比W国的生产更有效率，因而能以比W国更低的价格向A国出口，表现在图形中即P_B比P_W位置更低。A国向B国和W国出口品无差别征收从量税T，结果在A国市场上B国和W国出口品的含税价分别为P_B+T和P_W+T。在A国市场实现均衡时，此时进口等于M_O，且进口全部来自B国，关税收入等于面积（1+2）。

A国与B国结盟后，A国不再对B国出口品征收关税，进口上升到M_{PT}。A国依然全部从B国进口，因为B国向A国出口品的价格P_B低于W国向A国出口品的价格P_W+T。显然，关税同盟的建立提高了A国的进口量，这就是所谓的贸易创造，即因关税减让引起A国从原出口国（即更有效率的生产者）进口量的增加。在图9-1中贸易创造提升了A国福利，表现为A国消费者因消费价格从P_B+T降到P_B增加了消费者剩余，即面积（1+2+3+4）。不过，A国也损失了关税收入，即面积（1+

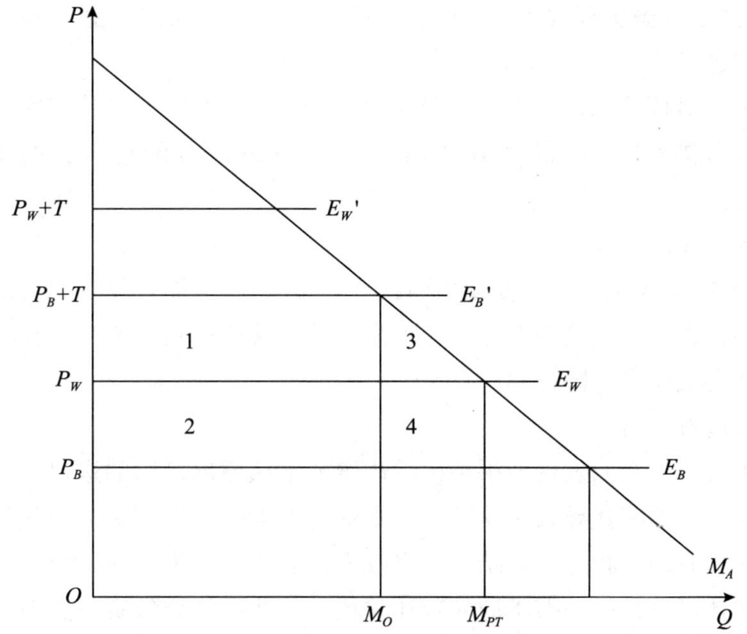

图 9-1　贸易创造的福利增加：面积（3+4）

2)。因此，关税同盟的建立引起 A 国福利的净变化为面积(1+2+3+4)－(1+2)＝面积(3+4)，A 国福利显著增加。

(2) 贸易转移与福利变化。

在图 9-1 中，我们假设 B 国比 W 国更有效率，因而 A 国和 B 国结盟后，A 国福利增加。现在我们考虑相反的情形，即 W 国比 B 国更有效率，如图 9-2 所示。

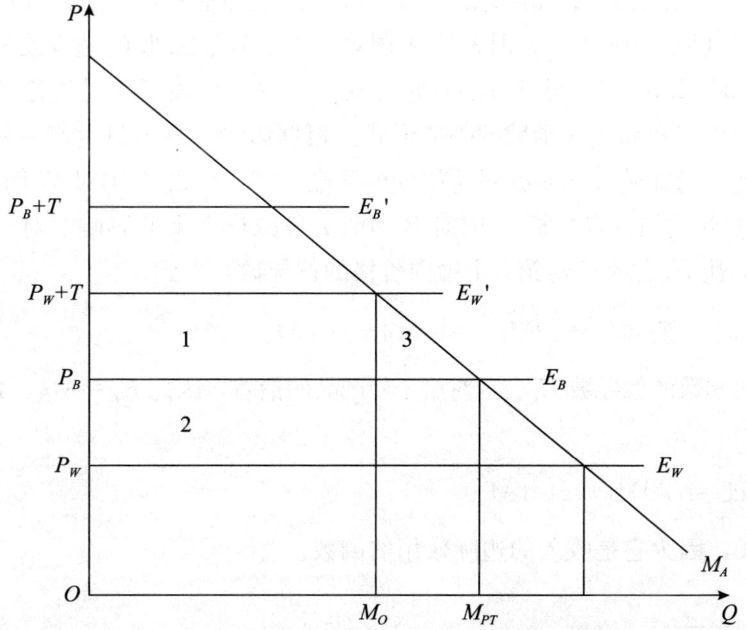

图 9-2　贸易转移的福利变化：面积（3-2）

因为W国比B国更有效率，能以更低价格向A国提供出口品，因而E_W在E_B之下。A国初始进口依然为M_O，A国关税收入等于面积（1+2）。A国与B国结盟后，A国取消了来自B国产品的关税，尽管B国比W国在生产出口品方面效率更低、成本更高，但因B国不用交关税而W国需要继续交关税，B国向A国的出口价格低于W国向A国的出口价格。[①] 这意味着A国的进口将从W国转向B国，即发生了贸易转移。相应地，A国的福利变化如下：消费者剩余增加为面积（1+3），关税收入减少为面积（1+2），A国福利净变化为面积（3-2），A国福利净变化可能为正，也可能为负。换句话说，关税同盟的建立，因为贸易转移的存在，不一定会增加进口国福利，反而可能会减少进口国福利。

（3）一般情形分析。

根据以上分析，我们发现如果关税减让增加了从原出口国的进口，则贸易量和福利均增加；如果关税减让导致贸易转移，则福利可能减少。在更一般化的背景下，一国进口不止一种商品，相应地，结论可修改为：非正式地说，在区域经济一体化过程中，对从某伙伴国进口的一揽子商品减让关税，一些可能导致贸易创造，一些可能导致贸易转移。如果贸易转移明显多于贸易创造，则进口国可能遭遇福利损失。正式地，这一结论可通过建模证明：假设世界上存在三个国家，本国A、伙伴国B、第三国W（代表世界上其他国家）；每个国家都生产一种特定产品，通过出口部分该产品可以换取另外两种产品的进口。将每种产品的边境价格标准化为1，国家A的预算约束表示为支出和总收入（出口收入加上进口关税）之间相等，用公式表示为：

$$E(1,1+t_B,1+t_W,U)=R(1,1+t_B,1+t_W,\bar{V})+t_BM_B+t_WM_W \quad (9-1)$$

其中，E、R、U分别是A国的支出函数、收入函数和福利，$\bar{V}$表示A国生产使用的（固定的）要素供给，t_B、t_W分别表示A国对B国、W国征收的进口关税，M_B、M_W分别表示A国从B国、W国进口的数量。式（9-1）代表了贸易理论传统上使用的预算约束、支出函数和收入函数的一般形式。根据假设，各国只生产一种产品且要素供给是固定的，意味着收入函数对价格的偏导数为零。假设A国对W国的关税不变，即$t_W=\bar{t}_W$，在此我们重点分析A国对B国的关税减让带来的影响。对式（9-1）两边进行微分，让E_i表示E对第i个国内价格的偏导数，得到：

$$E_B\mathrm{d}t_B+E_U\mathrm{d}U=t_B\mathrm{d}M_B+M_B\mathrm{d}t_B+\bar{t}_W\mathrm{d}M_w \quad (9-2)$$

因为支出函数的偏导数E_i表示对第i种产品的消费，因此$E_B=M_B$，式（9-2）可被简化为：

$$E_U\mathrm{d}U=t_B\mathrm{d}M_B+\bar{t}_W\mathrm{d}M_w \quad (9-3)$$

其中，$E_U>0$，因为它是收入的边际效用的倒数。

① 也可能存在另一种情况，即B国不含税的出口品价格依然高于W国含税的出口品价格，此处暂不考虑。

这一模型扩展了 Viner（1950）[①] 的分析框架，我们同样可以使用与贸易创造和贸易转移相似的概念来确定关税减让的福利效应。对于式（9－3），我们可以直观地解读如下：要提升福利，从伙伴国和世界其他国家的进口都应增加；相反，如果从伙伴国的进口增加，即 $dM_B>0$，但本国从世界其他国家的进口发生了“转移”且进口下降，即 $dM_W<0$，则进口国福利可能下降。总而言之，A 国对 B 国关税减让带给 A 国的福利变化与以关税为权重的贸易创造和贸易转移的加权平均数相关。

（4）收入转移效应。

在图 9－1 和图 9－2 中提到的贸易创造和贸易转移，建立在本国相对于伙伴国和世界其他国家是小国的情形基础上，图中伙伴国和世界其他国家的产品是完全替代的，当本国消费从世界其他国家“转移”到伙伴国时，伙伴国 B 被假定有能力完全满足本国 A 的需求。那么，如果 B 国也是一个小国，即使它享受到 A 国的关税减让，依然无法完全替代世界其他国家向 A 国的出口时，又会发生什么呢？印度学者帕纳加里亚（Panagariya，2000）[②] 使用一个例子做了说明，如图 9－3 所示。

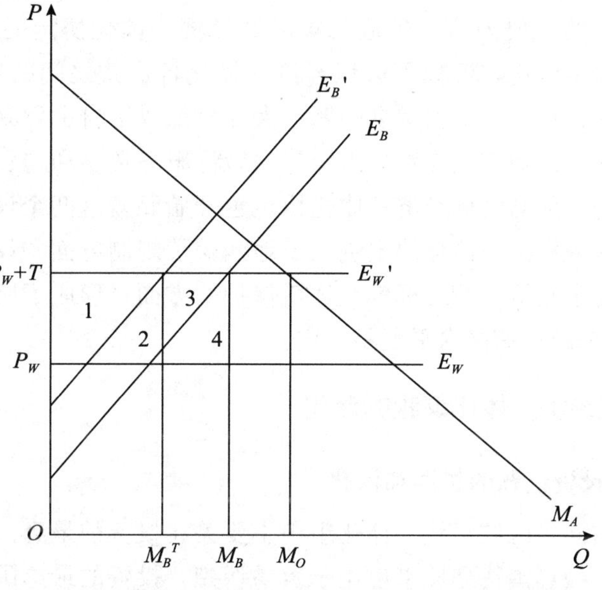

图 9－3 不完全贸易转移情形下进口国 A 的福利变化

在图 9－3 中，B 国对 A 国的出口供给曲线是向右上方倾斜的，结盟前 A 国面对的含关税的出口供给曲线是 E_B'；A 国的总进口量为 M_O，其中从 B 国的进口为 M_B^T。A 国和 B 国结盟后，A 国移除了针对 B 国出口品的关税，B 国在 A 国市场的出口供给曲线回到了 E_B，A 国从 B 国的进口增加到了 M_B；然后 A 国的总进口依然是 M_O，A 国进口品的国内价格依然由 W 国的出口供给决定，即停留在 E_W'。

① Viner, J. The Customs Union Issue. New York: Carnegie Endowment for International Peace, 1950.

② Panagariya, A. Preferential Trade Liberalization: The Traditional Theory and New Developments. *Journal of Economic Literature*, 2000, 38 (2): 287－331.

延伸阅读

《区域全面经济伙伴关系协定》助力货物贸易

在这一情形中，由于 A 国对进口品的消费停留在 M_O 且价格不变，A 国消费者剩余没有变化。然而，A 国损失了关税收入，因为它不再对来自 B 国的产品征收关税，关税损失在图 9-3 中为面积（1+2+3+4）。其中一部分关税收入实际上转移给了伙伴国 B，表现为 B 国生产者剩余增加了面积（1+2+3）。因而，A 国对 B 国取消关税的做法，导致 A 国福利下降，B 国福利小幅上升，同盟总福利损失面积 4。

一般情况下，区域经济一体化成员之间相互取消关税，可以预计本国在一些部门会损失关税，而在另一些部门获得收益。究竟谁会获益更多取决于关税减让幅度以及特定的市场环境，结果是不确定的。

9.2 区域经济一体化议题的深化和高水平贸易协定

对区域经济一体化形式的划分更多的是一种理论探讨，现实中区域经济一体化已成为影响国际关系的主要因素。最近几年区域经济一体化协定的质量和数量改变巨大，组织形式更加多样化，模糊了区域经济一体化各形式之间的界限。在 1995 年以前，区域经济一体化只关注货物贸易问题，大部分采取了自由贸易区的形式，少数采取了关税同盟的形式。随着世界贸易组织建立后将服务贸易和与贸易有关的知识产权问题纳入谈判议题，新的区域经济一体化协定也开始涵盖这两个议题；特别地，以欧盟和美国为首的区域经济一体化协定进一步地涵盖了规制方面的议题，相关条款扩展到了投资保护、竞争政策、劳工标准和环境保护等方面，形成了所谓的"下一代贸易议题"，签订了越来越多的高水平贸易协定。

9.2.1 区域经济一体化议题的深化

9.2.1.1 向投资议题的扩展和深化

在投资议题方面，区域经济一体化组织主要关注投资的最惠国待遇、国民待遇和投资自由化问题。最惠国待遇原来应用于贸易谈判，投资的最惠国待遇即给予第三方的更优惠待遇适用于区域经济一体化成员，将贸易领域的最惠国待遇扩展到投资领域在区域经济一体化谈判中时有涉及。投资进入方面的国民待遇，是要求各成员移除所有针对伙伴国投资的市场进入壁垒。在投资自由化方面，一些区域经济一体化组织引入了清单制度，如"负面清单"。

还有一些区域经济一体化议题涉及了投资保护、投资促进和投资者-国家争端解决机制。在投资保护方面，一般涉及待遇标准、征收、战争和冲突中的保全及债权移转问题；在投资促进方面，包括最大努力、协商和经济合作等议题；在投资者-国家争端解决机制方面，区域经济一体化组织致力于解决东道国行使主权权力或实施反危机措施导致投资者利益受损而产生的争端，改变了争端解决程序仅适用于国家之间的情况，体现了投资者在国际法关系方面的权利主体地位。

9.2.1.2　向竞争政策议题的扩展和深化

在竞争政策议题方面，一些区域经济一体化组织秉持合作态度，至少会做出关于竞争问题的谈判安排，各成员方一般同意采用或保留竞争法，但明确将竞争问题排除在争端解决机制之外。由于垄断或国有企业对市场结构影响较大，区域经济一体化组织也关注特定垄断或国有企业议题，特别是在服务贸易谈判中设置“垄断者和专属服务提供者”议题。

9.2.1.3　向可持续发展议题的扩展和深化

可持续发展成为国际社会共识，除了经济维度外，还包括环境维度和社会维度。在环境维度方面，区域经济一体化谈判日益重视环境保护议题，认为环保法规不应为贸易或投资目的而放松，如果为了鼓励贸易或投资而弱化或削减各自环保法规对环境的保护程度，那么结果是得不偿失的。各方一般会谈及公众的参与或咨询问题，对全部或部分环保议题一般禁用争端解决机制。

在社会维度方面，越来越多的区域经济一体化谈判开始关注劳工议题，一般在涉及服务贸易、投资、经济合作、可持续发展问题时均会触及“劳动条款”。在劳工议题方面，谈判各方同样意识到不应为了贸易或投资目的而放松劳动法规，如果为了鼓励贸易或投资而弱化或削减各国劳动法、规制、政策或实践中对劳动者的保护，同样是得不偿失的。针对全部或部分劳工争议，各方同样禁止使用争端解决机制。

9.2.2　高水平贸易协定

英国学者霍恩（Horn）等人根据以欧盟和美国为中心签署的28个区域经济一体化协定识别出52条政策，将其中的14条划分为WTO＋条款，将另外38条划分为WTO-X条款。WTO＋条款为区域经济一体化协定中所包含的与WTO管辖范围一致，但自由化力度超过了多边贸易水平的条款；WTO＋条款为区域经济一体化协定中所包含，但超越了WTO管辖范围的条款，如关于劳动标准的承诺等（Horn et al.，2010）[①]。WTO在《世界贸易报告2011》中根据霍恩等人的方法将研究对象拓展到96个区域经济一体化协定，除美国和欧盟，还涉及了东盟、中国、印度、非洲和中东等国家和地区，代表性更强。区域经济一体化协定中的WTO＋和WTO-X政策领域如表9－1所示。

表9－1　区域经济一体化协定中的WTO＋和WTO-X政策涵盖领域

WTO＋政策涵盖领域	WTO-X政策涵盖领域
工业品、农产品、海关程序、出口税、卫生和植物检疫、技术性贸易壁垒、反倾销、反补贴、国家补贴、政府采购、与贸易有关的投资措施、服务贸易、与贸易有关的知识产权	反腐败、竞争政策、环境法、知识产权、投资措施、劳动市场规则、资本流动、消费者保护、数据保护、农业、法规对接、音像、民事保护、创新政策、文化合作、经济政策对话、教育培训、能源、金融援助、健康、人权、非法移民、非法药物、产业合作、信息社会、采矿、洗钱、核安全、政治对话、公共管理、区域合作、研究和技术、中小企业、社会问题、统计、税收、恐怖主义、签证和庇护

资料来源：WTO《世界贸易报告2011》。

---

① Horn，H.，Mavroidis，P.C.，Sapir，A. Beyond the WTO? An Anatomy of EU and US Preferential Trade Agreements. *World Economy*，2010，33（11）：1565－1588.

现代区域经济一体化协定中，对于 WTO+条款，不论是发达经济体还是发展中经济体，都比 WTO 多边协定的让渡程度大；而 WTO-X 条款涵盖范围广，但实质性承诺少，更多地代表一种高水平区域贸易协定的发展方向，大幅度的减让集中在投资、竞争政策、知识产权和资本流动方面。

对区域经济一体化协定所涵盖政策领域的数量进行测度，可以衡量区域经济一体化协定的深度：协定包含越多的政策领域，该协定越有深度。世界银行的霍夫曼（Hofmann）等人通过建立数据库，对深度贸易协定的发展进行了分析。所谓深度贸易协定，指的是不仅涵盖贸易问题，还涵盖诸如资本和劳动流动、知识产权保护和环境等问题的协定；尽管这些协定仍然被冠以“贸易协定”之名，但是其目标已经超越贸易一体化从而进入了成员方的深度一体化（Hofmann et al.，2017）①。此类贸易协定可以被看作高水平贸易协定，文献中也称“下一代贸易协定”“贸易协定 3.0”等。如图 9-4 所示，在世界范围内已签署的贸易协定中，高水平贸易协定越来越多，涵盖的政策领域越来越广。

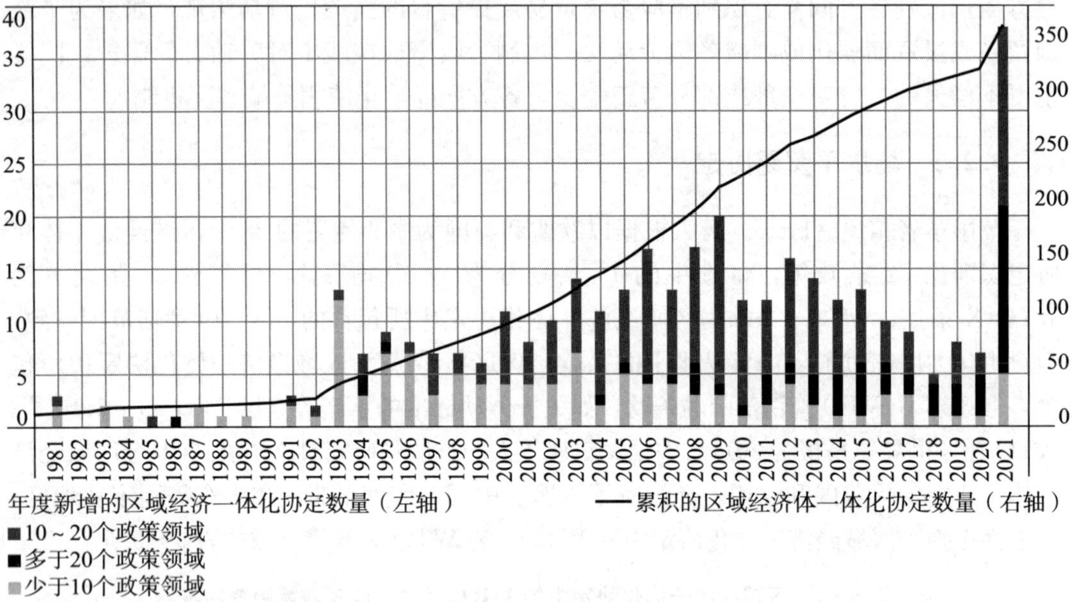

图 9-4 区域经济一体化协定深度变化（1981—2021 年）

资料来源：深度贸易协定数据库。

根据我国学者盛斌（2014）② 的研究，高水平贸易协定与 WTO 多边贸易协定相比，具有以下特征：

（1）WTO 多边贸易协定以边界措施为主，而高水平贸易协定以边境内措施为主，通过成员间国内政策的协同达成最低标准，然后从低标准逐步向高标准看齐；

① Hofmann，C.，Osnago，A.，Ruta，M. Horizontal Depth：A New Database on the Content of Preferential Trade Agreements. Policy Research Working Paper Series 7981. Washington，D. C.：World Bank，2017.

② 盛斌. 迎接国际贸易与投资新规则的机遇与挑战. 国际贸易，2014（2）：4-9.

（2）WTO多边贸易协定仍为国内保护和干预保留了空间，而高水平贸易协定需要实现管制放松与公平竞争、健康、环境等公共目标之间的平衡，留给国内政策的空间较小；

（3）WTO多边贸易协定预留了不少例外条款、差别性减让，而高水平贸易协定更多通过技术援助和能力建设支持成员经济体，差别待遇较少；

（4）WTO多边贸易协定中贸易政策和投资政策的交叉重叠领域较少，而高水平贸易协定在知识产权、竞争政策、环境、劳工等诸多意义上贸易政策与投资政策交叉、互补较多。

9.3 高水平贸易协定与全球价值链重构

9.3.1 高水平贸易协定对国际贸易的影响

高水平贸易协定中更大幅度的关税减让和优惠待遇条款，进一步降低了关税等边界壁垒，提升了区域内货物贸易的规模，有利于贸易创造效应的实现。高水平贸易协定中的服务贸易开放程度较高，显著降低了服务贸易壁垒，有利于服务贸易的发展。历年及累积已生效区域经济一体化协定数量如图9－5所示。

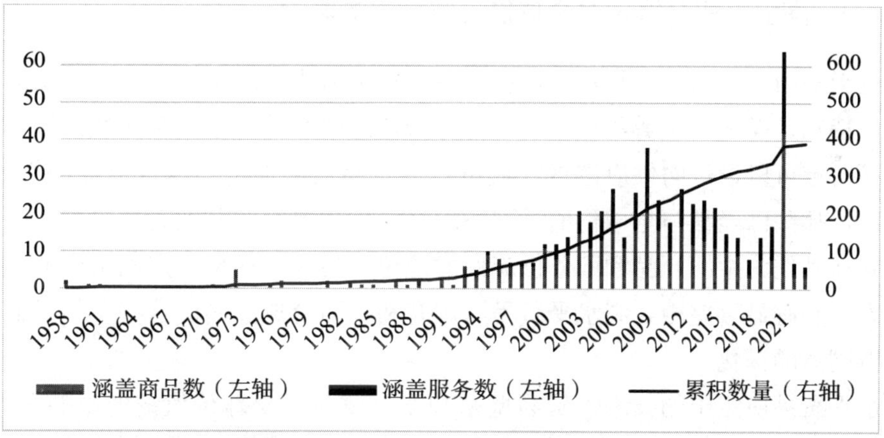

图9－5 历年及累积已生效区域经济一体化协定数量（1958—2023年）

资料来源：世界贸易组织官网。

高水平贸易协定对国际贸易具有两方面的影响。就正向影响而言，高水平贸易协定通过协调成员经济体“边境内”政策，减少经济扭曲，实现区域大市场的公平竞争，有利于提升区域内生产要素的配置效率，提升相关产业竞争力，降低产品成本和价格，扩大市场需求，进而实现“贸易创造”。就负向影响而言，一方面，部分环保、劳工、竞争政策等条款可能增加一些产业的生产和交易成本，降低区域内产品价格竞争力，造成区域外产品对区域内产品的替代；另一方面，一些条款对区域外企业构成了歧视，造成区域内产品对区域外产品的替代，产生“贸易转移”，降低世界范围内要素配置效率。另外一些研究表明，如果高水平贸易协定以非歧视的方式消除贸易壁垒，其签署不仅对成员之间贸易有正向促进作用，对非成员经济体与成员经济体的贸易也有正向促进作用。

9.3.2 高水平贸易协定对国际直接投资的影响

投资政策是高水平贸易协定的重要内容，被越来越多的区域经济一体化协定所采用，关于投资自由化、投资国民待遇问题等的相关条款极大便利了区域内国际投资的发展。然而，从世界范围来看，高水平贸易协定对国际直接投资的影响同样存在正反两方面影响。

类比维纳提出的“贸易创造”和“贸易转移”概念，金德尔伯格（Kindleberger）提出了“投资创造”和“投资转移”概念。投资创造效应由贸易转移引起，区域经济一体化组织建立后，域外国家为了规避歧视性贸易壁垒，通过设立“避税工厂”等方式增加对区域内成员经济体的投资，使得世界其他国家和地区对一体化区域内的投资上升；投资转移由贸易创造引起，区域经济一体化形成后，内部大市场为规模经济和专业化生产提供了条件，投资者进行生产重组，引发区域内投资布局的调整与资源的重新配置。

9.3.3 高水平贸易协定对全球价值链分工的影响

通过影响国际贸易和国际直接投资，高水平贸易协定对全球价值链分工的影响不可忽视，特别是WTO-X等深度条款对全球价值链的影响日益受到重视。一方面，高水平贸易协定可以通过向供应链潜在成员提供贸易便利促进全球价值链网络的建立；另一方面，那些已经参与全球价值链网络的经济体也愿意与其贸易伙伴签署一体化协定，以确保其作为中间产品和服务供应商的地位。另外，如果生产网络中的成员在商业法规方面具有显著差距，高水平贸易协定有利于弥合成员间的这些差距进而促进全球价值链网络的深化。

高水平贸易协定中的技术性贸易壁垒和竞争政策对全球价值链的影响尤为重要，成员间技术性贸易壁垒的一致化降低了产品检验和认证成本，为全球价值链分工提供了便利；竞争政策使得跨国公司充分利用各国之间的成本差异，进而为全球价值链分工创造了条件。以东盟为例，其发展过程就是贸易协定深度不断加强的过程，也是参与全球价值链分工不断深化的过程。

东盟成立之初主要为了应对地区紧张形势，但在1977年经济合作成为其工作重点，当时东盟原始五国建立了一个有限范围的优惠贸易区，不过影响有限；1992年东盟成员签署《共同有效优惠关税计划》，向自由贸易区迈进，经济合作有了显著进步；1995年和2009年东盟先后公布了服务贸易框架协议和全面投资协议，一体化进程飞速推进。之后，东盟合作深度不断加强，合作协定突破贸易范畴，合作议题延伸到了WTO-X政策层面。在投资方面，东盟全面投资协议涵盖了投资自由化、便利化、投资促进和投资保护，规定了统一负面清单、面向所有成员国的自动最惠国待遇、综合且详细的投资争端解决机制。除了贸易便利化和投资便利化措施，东盟还在农业及林业、交通、通信及信息技术、科技创新、能源、自然资源、旅游等方面设立常规对话机制，提出了建立知识产权统一管理区域的目标，颁布了许多与气候变化问题相关的规定，在竞争政策方面逐渐走向更完善的市场经济体制，一致同意共同努力推进东盟天然气管道项目和电网项目等。

随着东盟一体化协议的不断深化，其一体化程度越来越高，相应地，内部联系越来越密切。如图 9－6 所示，近二十余年来，东盟十国中间产品内部贸易占比总体上处于上升趋势。同时，东盟对全球价值链的参与也处于较高水平。图 9－7 展示了东盟再出口中间产品进口占其中间产品进口的比重，1998 年以后基本稳定在 50%以上。这一指标反映了东盟对全球价值链的参与度较高。

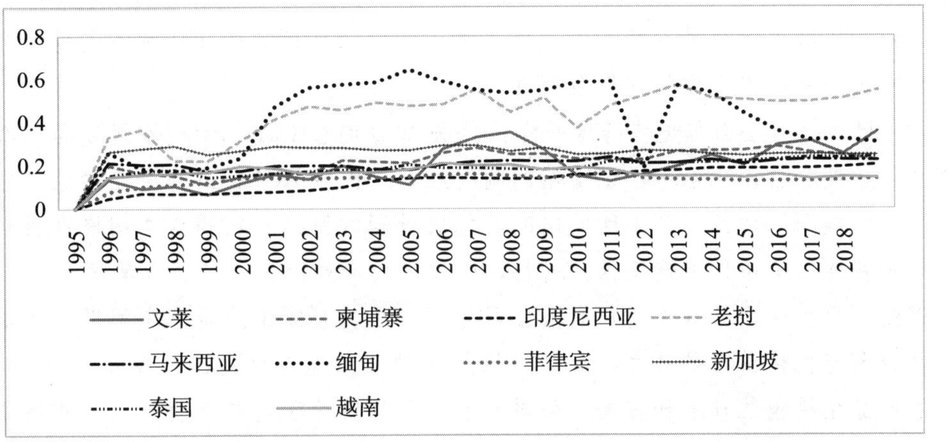

图 9－6　东盟十国内部中间产品贸易占东盟中间产品世界出口比重

资料来源：根据 OECD-WTO TIVA 数据库数据加工而成。

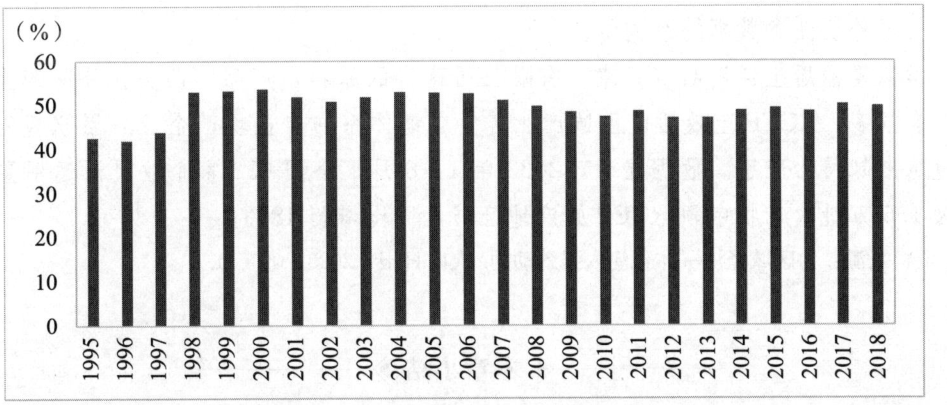

图 9－7　东盟再出口中间产品进口占东盟中间产品进口比重

资料来源：根据 OECD-WTO TIVA 数据库数据加工而成。

章末案例

RCEP为经济一体化注入强劲动力

中国商务部国际司负责人表示，RCEP全面生效充分体现了15方以实际行动支持开放、自由、公平、包容和以规则为基础的多边贸易体制，共同致力于不断推进全面、互利和高水平的经济伙伴关系。15方货物、服务和投资市场开放承诺，叠加各领域高水平规则，有利于极大促进区域内原材料、产品、技术、人才、资本、信息和数据等生产要素的自由流动，推动逐步形成更加繁荣的区域一体化大市场，促进成员国更大范围、更高水平、更深层次的开放合作。

柬埔寨贝尔泰国际大学资深教授约瑟夫·马修斯表示，RCEP支持开放、自由、公平、包容和以规则为基础的多边贸易体制，有助于促进中小微企业参与地区价值链和生产中心。澳大利亚国立大学东亚经济研究所所长彼得·德赖斯代尔认为，在一些主要工业国家减少对贸易开放和多边贸易体系的支持之际，RCEP对促进贸易开放和包容、促进经济技术合作等发挥着重要作用。

RCEP对标《全面与进步跨太平洋伙伴关系协定》（CPTPP）等国际高标准，不断提高开放度和自由化水平，创造新的制度红利。作为RCEP最为重要的原产地规则之一，累积规则把商品生产中所使用的其他成员国的原产材料视为本国原产材料，有力引导企业在同等条件下选用区内材料，强化区内产业链供应链高质量发展。

以爱丽思生活用品（天津）有限公司为例，在其智能工厂生产车间里一派繁忙景象，数台智能机械臂开足马力，流畅地执行吸顶、抓起、合扣、贴签等指令。“我们生产的产品主要销往日本和韩国，公司多个产品都使用了进口原材料，在掌握了累积规则后，我们重点选择了从泰国采购乙烯-丙烯共聚物等原材料，不仅可以在进口环节享惠，生产出来的塑料膜、塑料收纳箱出口到日本时还可以享惠。”业务部主任贾培培告诉记者，得益于RCEP带来的政策红利，一年多来日本和韩国客户订单黏性增强，公司外贸业务数据持续向好。

类似爱丽思生活用品（天津）有限公司这样的原料、产品“两头在外”的生产企业还有很多。RCEP生效后，区域产业链供应链体系初步显现，企业对累积规则的运用也越来越得心应手。数据显示，2023年1—8月，全国652家企业灵活运用累积规则为1.5万批次货物申领RCEP原产地证书，同比增长48%。

资料来源：为区域经济一体化注入强劲动力. 人民日报，2023-09-11.

本章小结

1. 区域经济一体化形式依不同标准可有多种分类，按其一体化程度比较流行的一种划分方法为：特惠贸易协定、自由贸易区、关税同盟、共同市场、经济联盟、货币联盟、政治联盟（或完全经济一体化）。

2. 关税同盟理论奠定了区域经济一体化理论的基本框架，“贸易创造”和“贸易转移”是理解区域经济一体化经济效应的基石；从静态意义上看，成员之间相互减让或取消关税，某成员经济体在一些部门可能受益而另一些部门受损。

3. 现实中区域经济一体化协定超越了货物贸易和服务贸易范畴，欧盟和美国等发达经济体将谈判议题延伸到了投资保护、竞争政策、劳工标准和环境保护等方面，形成了所谓的WTO+条款和WTO-X条款，促进了高水平贸易协定的形成。

4. 高水平贸易协定对贸易和投资均具有正反两方面的影响，涉及的投资、竞争政策、技术性贸易壁垒等各“深度”议题对全球价值链分工影响深刻，东盟的渐进式一体化实践表明高水平贸易协定至少能够促进成员间的分工合作。

关键词和术语

特惠贸易协定	自由贸易区	关税同盟
共同市场	经济联盟	完全经济一体化
贸易创造	贸易转移	WTO+条款
WTO-X条款	高水平贸易协定	

思考题

1. 按一体化程度划分的各区域经济一体化形式之间的联系和区别是什么？
2. 当前世界范围内贸易协定不断“深化”的表现是什么？
3. 我国为什么要积极参与自由贸易协定的谈判？

延伸阅读

[1] 查尔斯·希尔. 国际商务：第13版. 北京：中国人民大学出版社，2024.

[2] Maggi, G. International Trade Agreements. //Gopinath, G., Helpman, E., Rogoff, K. *Handbook of International Economics* (*Volume 4*). Amsterdam: North Holland, 2014.

[3] WTO. World Trade Report 2011. Geneva: WTO Publications, 2011.

第 10 章

外汇市场

学习目标

1. 了解外汇与外汇市场的种类
2. 掌握外汇市场交易的种类及含义
3. 掌握汇率的标价方法
4. 了解汇率决定的基础与影响汇率变化的基本因素
5. 了解人民币汇率制度及其改革

引导案例

土耳其里拉贬值的原因分析

2003—2013 年，土耳其取得了举世瞩目的经济发展成就，金融货币环境相对稳定。但在 2013 年后，土耳其陷入经济下行和货币大幅贬值的恶性循环。土耳其里拉汇率从 2014 年开始走弱，2020 年后土耳其里拉急速贬值。2021 年 10 月，土耳其里拉汇率突破 1 美元兑换 9 里拉后，经过短暂调整，再次一路暴跌，截至 2023 年 7 月末已贬值至 1 美元兑换 26.96 里拉，在不到两年的时间内贬值约三分之二。

2013 年以来土耳其里拉贬值原因分析如下：

高通胀是土耳其里拉货币危机的核心内因。高通胀是土耳其经济的一大典型长期特征。自 1983 年公布消费者价格指数（CPI）以来，至 2003 年 10 月前，土耳其 CPI 涨幅普遍超过 20%。新冠疫情后，土耳其通胀进一步上扬，2021 年末 CPI 迅速飙升至超过 36%，2022 年 10 月达到惊人的 85.51%，创 21 世纪以来的新高；截至 2023 年 7 月仍维持在 47.83% 的高位。

土耳其法律政策调整和社会事件频发影响经济基本面稳定。自 2013 年起，土耳其政府对宪法、法律和相关政策进行调整，此前相对积极和开放的政策发生转向。2013 年 5 月土耳其发生“占领盖齐运动”等反政府抗议运动，2015—2016 年发生数十起恐怖袭击事件，2016 年更是发生震惊全球的军事政变（未遂）。在多重事件冲击下，土耳其政府进一步强化内部管控，营商环境恶化，资本和人才外流较为明显。

经常项目逆差进一步助推里拉贬值。为弥补经常项目逆差和缓解土耳其里拉贬值压力，土耳其动用大量外汇储备进行对冲，造成外汇储备显著下降。2013年11月土耳其最高峰时拥有1 142.41亿美元外汇储备，2020年9月仅剩378.59亿美元，其后土耳其减少对外汇市场干预，2023年5月外汇储备回升至557.48亿美元。这其中有美元汇率波动等因素的影响，但外汇储备总量减少是非常明显的。日益扩大的经常项目逆差和不稳定的资本流动使土耳其国际收支面临持续的压力。

美国制裁和美元走强是土耳其货币风险的基础外因。如2018年8月10日，特朗普政府宣布对土耳其实施制裁，对土耳其出口美国的钢、铝分别征收50%和20%的关税。次日，土耳其里拉盘中跌幅达到22%，当日贬值超过15%。2022年3月以来，美联储开启连续加息操作进一步助长美元上涨，土耳其里拉等部分非美货币陷入更加迅猛的贬值趋势。2022年3月初至2023年7月末，土耳其里拉贬值近50%。

资料来源：林鸿杰，郑联盛. 土耳其里拉贬值的原因与启示. 中国外汇，2023（18）：73-75.

10.1 外汇

10.1.1 外汇的定义

外汇，是国际汇兑的简称，世界上除了欧元区之外的大多数国家都有自己独立的货币及货币制度，当国家经济交往通过国家之间的货币交换来完成时，就产生了外汇。对外汇概念的理解有动态和静态两个层次。

动态的外汇，是指人们将一种货币兑换成另一种货币以清偿国际债权债务的金融活动。在这一意义上，外汇的概念等同于国际结算。

静态的外汇，是指由于动态外汇所形成的相关的金融凭证或金融资产，现在人们提及外汇时，更多指的是静态的外汇。静态的外汇有广义和狭义之分，世界各国管理法令中所称的外汇是广义的外汇，是指一切以外国货币表示的资产或债权，包括五大类：

（1）外国现钞，包括纸币、铸币等；

（2）外币支付凭证或支付工具，包括票据、银行存款凭证、银行卡等；

（3）外币有价证券，包括债券、股票等；

（4）特别提款权；

（5）其他外汇资产。

狭义的外汇是指以外币表示的可用于国际结算的支付手段。按照这一定义，以外币表示的有价证券由于不能直接用于国际结算，所以不属于外汇；外国钞票也不能用于国际直接结算，所以也不属于外汇。因此，狭义的外汇主要指以外币表示的银行汇票、支票、银行存款等，其中银行存款是狭义外汇概念的主体。

10.1.2 外汇的性质与特点

外汇的基本性质和特点有四个：

（1）国际性，即外汇必须是以外币表示的资产。

（2）可偿性，即外汇必须是在国外能得到清偿的债权，拒付的汇票和空头支票不是外汇。

（3）可兑换性，即外汇可兑换成任何其他资产形式，或可自由兑换成以其他货币表示的支付手段。

（4）独立性，即外汇是独立的财富形式，具有财富转移能力，支付能力强。

10.1.3 外汇的种类

随着各国之间国际贸易的深入发展，外汇的种类也变得越来越宽泛。根据外汇的不同特点，可以从不同的角度将外汇进行分类。

（1）根据是否可以自由兑换，外汇可以分成自由兑换的外汇、有限自由兑换的外汇和记账外汇。

自由兑换的外汇是指不需要经过货币发行国的许可便能在市场上自由买卖、自由兑换或者用于第三方支付的外汇，例如美元、欧元、日元、港币等50种左右的货币。目前，中国银行可兑换的货币种类包括英镑、港币、美元、瑞士法郎、新加坡元、瑞典克朗、挪威克朗、日元、丹麦克朗、加拿大元、澳大利亚元、欧元、菲律宾比索、泰国铢、韩国元、澳门元、新台币共17种货币。

有限自由兑换的外汇是指对国际性经常往来的付款和资金转移有一定限制的货币，包括人民币在内的世界上一大半国家的货币都属于有限自由兑换的货币。

记账外汇，又称清算外汇或双边外汇，是指不经货币发行国批准，既不能兑换成其他国家的货币，也不能用来对第三国进行支付，只是在一定条件下（如两国政府间的清算协议）作为两国经济交往中的清算工具。

（2）根据外汇的来源和用途不同，外汇可分为贸易外汇、非贸易外汇和金融外汇。

贸易外汇是指来源于或用于进出口贸易的外汇。非贸易外汇是指一切来源于或用于进出口贸易的外汇，如劳务外汇、侨汇和捐赠外汇等。金融外汇属于一种金融资产外汇，例如银行同业间买卖的外汇，以及为了便于货币头寸的管理而持有的外汇资产等。

（3）根据外汇管理的对象，外汇可分为居民外汇和非居民外汇，这是根据外汇的持有者是一国居民还是非居民来划分的。

（4）根据外汇交割期限的不同，外汇可分为即期外汇和远期外汇。即期外汇是指在外汇交易后的第二个营业日进行交割的外汇交易，这是在国际外汇市场上最常见的交易方式。远期外汇是指外汇交易合约成立时，双方无须进行实际外汇支付，而是在未来某一时间按照合约规定的汇率办理外汇交割的交易。

10.2 外汇市场概述

外汇市场是指进行外汇买卖的交易网络或市场，是由外汇供给者、外汇需求者和外汇中介机构所构成的买卖外汇的交易系统。外汇市场创建于 1971 年废止金汇兑本位的时期，是现行国际市场中最年轻的市场。外汇市场是世界经济的中枢系统，是全球最大的金融市场，能反映当前时事事件。在传统印象中，认为外汇交易仅适合银行、财团及财务经理人应用，但是经过多年发展，外汇市场持续成长，并已联结了全球的外汇交易人，包括银行、中央银行、经纪商及公司，许多机构组织包括美国联邦银行都通过外汇交易赚取丰厚的利润。现今，外汇市场不仅为银行及财团提供了获利的机会，也为个别投资者带来了获利的契机。

10.2.1 外汇市场的特点

10.2.1.1 无形市场为主

外汇市场不是固定在某一地点的市场，而是银行、经纪商和外汇交易商之间通过电子信息系统连接起来的一个全球网络。这种无形市场也叫作柜台交易方式，无具体交易场所，也无一定的开盘收盘时间，交易双方通过电话、电传、交易终端、电子网络等形式进行交易。世界上交易量最大的外汇交易市场伦敦外汇市场和纽约外汇市场，都是采用这种无形市场的方式。

10.2.1.2 24 小时不间断运行

全球各外汇市场的具体交易时间是从星期一到星期五，周末全球休市。由于全球各金融中心的地理位置不同，亚洲市场、欧洲市场、美洲市场因时差问题连成了一个 24 小时连续不间断运行的市场，国际各主要外汇市场开盘收盘时间见表 10 - 1。世界最重要的外汇交易中心包括伦敦、纽约、苏黎世、东京和新加坡等，次重要的交易中心包括法兰克福、巴黎、香港和悉尼等。一天 24 小时里只有 3 小时伦敦、纽约和东京的外汇市场同时关闭，而即便在这 3 小时内，一些次要中心如悉尼、旧金山等交易仍继续进行。所以，在一天的任何时间，都有不同的交易机会，交易者可以随时进入交易市场，外汇资金流动顺畅，市场间的汇率差异极小。

表 10 - 1 国际各主要外汇市场开盘收盘时间（北京时间）

新西兰惠灵顿外汇市场	04：00—12：00（冬令时）	05：00—13：00（夏令时）
澳大利亚悉尼外汇市场	06：00—14：00（冬令时）	07：00—15：00（夏令时）
日本东京外汇市场	08：00—14：30（冬令时）	08：00—14：30（夏令时）
英国伦敦外汇市场	16：30—23：30（夏令时）	17：30—00：30（冬令时）

续表

美国纽约外汇市场	20：00—03：00（夏令时）	21：00—04：00（冬令时）
新加坡外汇市场	09：00—16：00（夏令时）	9：00—16：00（冬令时）
中国香港外汇市场	09：00—16：00（夏令时）	9：00—16：00（冬令时）

10.2.1.3 交易规模巨大

国际清算银行统计显示，2022 年 10 月，全球外汇市场的交易量达到每天 7.5 万亿美元，高于三年前的 6.6 万亿美元，外汇行业蓬勃发展，这在全球任何市场中都是无与伦比的。中国的交易规模也同样可观，中国国家外汇管理局统计数据显示，2023 年 10 月，中国外汇市场总计成交 16.24 万亿元人民币（等值 2.26 万亿美元）。其中，银行对客户市场成交 2.71 万亿元人民币（等值 0.38 万亿美元），银行间市场成交 13.53 万亿元人民币（等值 1.88 万亿美元）。

10.2.1.4 各交易中心一体化程度高

外汇市场是信息最为透明、最符合完全竞争市场规律的金融市场。在外汇市场上发布各类经济数据、对货币政策进行宏观调控的主体是各国政府部门和经济监管部门，信用远超其他金融市场。同时，全球交易中心之间的计算机联网有效地创建了一个统一的市场，这意味着各地交易中心的汇率报价不可能有很大差异。全球的外汇交易商一刻不停地盯着计算机屏幕以寻求套汇机会，即便出现了套汇机会，差价也很小，而且差价几分钟就消失。

10.2.1.5 美元居于外汇交易的重要地位

尽管理论上外汇交易可以交易任何两种货币，但是在现实中大部分交易中都用到了美元。国际清算银行公布的数据显示，在 2022 年，美元仍然是世界主要的工具货币，约占所有交易的 88.5%（一笔交易会涉及两种货币，因此所有货币交易份额之和为 200%）。另外三种交易量最大的货币分别是欧元（30.5%）、日元（16.7%）和英镑（12.9%）。原因在于如果一个交易商想出售一种非美元货币 A 来买进另一种非美元货币 B，直接寻找同样货币反向交易的交易商很难，但是先将货币 A 换成美元，再将美元换成货币 B 的做法会更简单且更经济。

10.2.2 外汇市场的分类

根据不同的角度，外汇市场可以分成多种类型。

（1）按外汇市场的外部形态进行分类，外汇市场可以分为无形外汇市场和有形外汇市场。

无形外汇市场，也称抽象的外汇市场，是指没有固定、具体场所的外汇市场。无形外汇市场的主要特点是：第一，没有确定的开盘与收盘时间。第二，外汇买卖双方无须进行面对面的交易，外汇供给者和需求者凭借电传、电报和电话等通信设备方式与外汇机构联系。第三，各主体之间有较好的信任关系，否则这种交易难以完成。目前，除了个别欧洲大陆国家的一部分银行与顾客之间的外汇交易还在外汇交易所进行外，世界各国的外汇交易均通过现代通信网络进行。无形外汇市场已成为目前外汇市场的主导形式。

有形外汇市场，也称具体的外汇市场，是指有具体的固定场所的外汇市场。这种市场最初流行于欧洲大陆，故其组织形式被称为大陆方式。有形外汇市场的主要特点是：第一，固定场所一般指外汇交易所，通常位于世界各国金融中心。第二，从事外汇业务经营的双方都在每个交易日的规定时间内进行外汇交易。在自由竞争时期，西方各国的外汇买卖主要集中在外汇交易所。但进入垄断阶段后，银行垄断了外汇交易，致使外汇交易所日渐衰落。

(2) 按外汇所受管制程度进行分类，外汇市场可以分为自由外汇市场、外汇黑市和官方市场。

自由外汇市场是指政府、机构和个人可以买卖任何币种、任何数量外汇的市场。自由外汇市场的主要特点是：第一，买卖的外汇不受管制。第二，交易过程公开。例如，美国、英国、法国、瑞士的外汇市场皆属于自由外汇市场。

外汇黑市是指非法进行外汇买卖的市场。外汇黑市的主要特点是：第一，是在政府限制或法律禁止外汇交易的条件下产生的。第二，交易过程具有非公开性。由于发展中国家大多执行外汇管制政策，不允许自由外汇市场存在，所以这些国家的外汇黑市比较普遍。

官方市场是指按照政府的外汇管制法令来买卖外汇的市场。这种外汇市场对参与主体、汇价和交易过程都有具体的规定。在发展中国家，官方市场较为普遍。

(3) 按外汇买卖的范围进行分类，外汇市场可以分为外汇批发市场和外汇零售市场。

外汇批发市场是指银行同业之间的外汇买卖行为及其场所。其主要特点是交易规模大。

外汇零售市场是指银行与个人及公司客户之间进行的外汇买卖行为及场所。

10.2.3　外汇市场的功能

10.2.3.1　国际清算

因为外汇就是作为国际经济往来的支付手段和清算手段的，所以清算是外汇市场的最基本的功能。

10.2.3.2　兑换功能

在外汇市场买卖货币，把一种货币兑换成另一种货币作为支付手段，实现了不同货币在购买力方面的有效转换。国际外汇市场的主要功能就是通过完备的通信设备与先进的经营手段提供货币转换机制，将一国的购买力转移到另一国交付给特定的交易对象，实现国与国之间货币购买力或资金的转移。

10.2.3.3 **套期保值**

即保值性的期货买卖，为外汇风险提供保障。这与投机性期货买卖的目的不同，它不是为了从价格变动中牟利，而是为了使外汇收入不会因日后汇率的变动而遭受损失，这对进出口商来说非常重要。如果出口商有一笔远期外汇收入，为了避开因汇率变化而可能导致的风险，可以将此笔外汇当作期货卖出；反之，进口商也可以在外汇市场上购入外汇期货，以应付将来支付的需要。

10.2.3.4 **投机交易**

即预期价格变动而买卖外汇。在外汇期货市场上，投机者可以利用汇价的变动牟利，产生“多头”和“空头”，对未来市场行情下赌注。“多头”是预计某种外汇的汇价将上涨，即按当时价格买进，而待远期交割时，该种外币汇价上涨，按“即期”价格立即出售，就可牟取汇价变动的差额。相反，“空头”是预计某种外币汇价将下跌，即按当时价格售出远期交割的外币，到期后，价格下降，按“即期”价买进补上。这种投机活动，是利用不同时间外汇行市的波动进行的。在同一市场上，也可以在同一时间内利用不同市场上汇价的差别进行套汇活动。

10.2.4 外汇市场交易

外汇市场交易不仅是国际贸易的一项手段，同时也是国际上重要的金融商品之一。外汇交易的目的不仅在于结算国际债权债务关系，也在于通过对汇率的预测和投机实现利润的获取。外汇交易市场是全球最大、最活跃的金融市场之一，每天交易额高达数万亿美元。外汇市场交易的种类随着外汇交易的性质变化而不断更新，主要包括即期外汇交易、远期外汇交易、外汇期货交易、外汇期权交易、外汇掉期业务、套利、外汇投机等。

10.2.4.1 **即期外汇交易**

即期外汇交易，又称现货交易，是指外汇交易完成后，交易双方在当日或两个交易日内办理交割手续的一种交易行为。由于即期外汇交易不仅可以满足买方的临时支付需求，还可以帮助买卖双方调整外汇头寸的货币比例，规避汇率风险，因此即期外汇交易是外汇市场上最常见的交易方式，占外汇交易总量的大部分，包括银行同业拆放、国际贸易结算、套汇等多种方式。

10.2.4.2 **远期外汇交易**

与即期外汇交易不同，远期外汇交易是指市场参与者根据远期合约的规定，在未来指定日期（一般为成交日3个交易日后）进行的外汇交易。远期外汇交易是有效外汇市场不可或缺的一部分。20世纪70年代初，国际汇率制度由固定汇率制转变为浮动汇率制，加剧了汇率波动，金融市场蓬勃发展，从而促进了远期外汇市场的发展。

10.2.4.3　外汇期货交易

随着期货交易市场的发展，过去作为商品交易媒介的货币（外汇）也成为期货交易的对象。外汇期货交易是指外汇买卖双方在未来某一时间（未来某一日期）在有组织的交易所内，以公开叫价（类似于拍卖）确定的价格，买卖一定标准数量的特定货币的交易活动。

10.2.4.4　外汇期权交易

外汇期权是期权的一种，相对于股票期权、指数期权等其他种类的期权来说，外汇期权买卖的是外汇，期权买方在支付一定数额的期权费后，有权在约定的到期日按照双方事先约定的协定汇率和金额同期权卖方买卖约定的货币，同时权利的买方也有权不执行上述买卖合约。

10.2.4.5　外汇掉期业务

外汇掉期业务可以看成由两笔交易金额相同、起息日不同、交易方向相反的外汇买卖组成，因此一笔外汇掉期买卖具有一前一后两个起息日和两项约定的汇率水平。最常见的外汇掉期交易是把一笔即期交易与一笔远期交易合在一起，等同于在即期卖出甲货币买进乙货币的同时，反方向地买进远期甲货币、卖出远期乙货币的外汇买卖交易。

10.2.4.6　套利

套利亦称利息套汇。主要有两种形式：（1）非抛补套利。即利用两国资金市场的利率差异，把短期资金从低利率的市场调到高利率的市场投放，以获取利差收益。（2）抛补套利。即套利者在把短期资金从甲地调到乙地套利的同时，利用远期外汇交易避免汇率变动的风险。套利活动会改变不同资金市场的供求关系，使各地短期资金的利率趋于一致，使货币的近期汇率与远期汇率的差价缩小，并使资金市场的利率差与外汇市场的汇率差之间保持均衡，从而在客观上加强了国际金融市场的一体化。

10.2.4.7　外汇投机

外汇投机是指以赚取利润为目的的外汇交易，投机者利用汇率差异，贱买贵卖，从中赚取差价。外汇投机总体来说有两种形式：（1）先买后卖，即“买多”。投机者预期某种货币将升值，就在外汇市场上趁该外币价格相对较低时，先买进该种货币，待该货币汇率上升时，将其卖出。例如：美元在 2 月兑日元是 1 美元等于 110 日元，投机者认为 4 月美元将升值，则他花 110 万日元买进 10 000 美元，若 4 月如他所料，1 美元兑日元为 120 日元，投机者将手中的美元卖出，就可获得 120 万日元，则他赚了 120－110＝10 万日元。（2）先卖后买，即“卖空”。投机者预期某种货币将贬值，就在外汇市场上趁该外币价格相对较高时，先行卖出该货币，到该货币真正下跌时，再买进该货币，赚取差价。比如在上例中，投机者认为 4 月美元将贬值，投机者将手中的 1 万美元卖出，获得 110 万日元，4 月如他所料，1 美元兑 100 日元，投机者将手中的日元卖出，买进 11 000 美元，则他赚了 11 000－10 000＝1 000 美元。

10.3 汇率

10.3.1 汇率的定义

外汇作为一种资产，可以和其他商品一样进行买卖，不同之处在于普通商品买卖是在用货币购买商品，而外汇买卖是在用货币购买货币。在进行外汇买卖时，两国货币之间必须有一个兑换比率作为标准，这就是汇率，即用一国货币表示的另一国货币的相对价格。一个国家稳定的汇率制度能够建立外汇市场秩序，提高外汇交易效率，降低外汇市场参与者行为的不确定性，带来外汇收益，有效协调本国经济。

10.3.2 汇率的标价方法

在国际汇兑中，以本币为基准来标价还是以外币为基准来标价决定了存在两种不同的标价方法——直接标价法和间接标价法。

10.3.2.1 直接标价法

直接标价法又称价格标价法，是指以一定单位的外币表示本币的价格（一般是 1 或者 100 等），通过本币数量变动的浮动报价来反映汇率变化的表示方法。全球除了英镑、欧元与美元外，绝大多数的货币都使用直接标价法。如某日中国银行外汇牌价显示美元、日元和港币对人民币以直接标价法表示的市场汇率为：

USD100＝CNY727.99

JPY100＝CNY5.01

HKD100＝CNY92.84

在上述直接标价法的汇率下，等式左边的外币数量固定不变，等式右边的本币数量随着外币或本币币值的变动，以及外币与本币的供求关系变化而波动。当与固定数量外汇对应的本币数量减少时，表明外币贬值，本币升值。反之，当与固定数量外汇对应的本币数量增加时，表明外币升值，本币贬值。直接标价法实质是以本币数量变动反映外币价格的变化，因而本币数量的增减与外汇汇率的升降成正比变化，但与本币价格的涨跌成反比变化。

10.3.2.2 间接标价法

间接标价法是指以固定数量的本币为基准货币，通过外汇自身数量变化的浮动报价来反映外汇汇率变化的表示方法。在间接标价法中，本币是基准货币，外币为报价货币。世界上只有美元、英镑和欧元等极少数货币使用间接标价法。例如，某日纽约外汇市场美元与欧元、加元和日元以间接标价法表示的市场汇率是：

USD100＝EUR92.10

USD100＝CAD135.30

USD100＝JPY14514.00

需要强调的是，直接标价法是借助本币数量的波动反映外汇价格的变化，间接标价法是通过外汇自身数量变化的波动表明外汇价格的变化，无论哪一种都是表示外汇价格的方法，而本币汇率的变化不过是两种标价法在反映外汇价格变化时的连带反映而已。

10.3.3　汇率的种类

10.3.3.1　固定汇率和浮动汇率

按国际货币制度的演变划分，汇率可分为固定汇率和浮动汇率。

（1）固定汇率。固定汇率是指由政府制定和公布，并只能在一定幅度内波动的汇率。固定汇率制度是在金本位制下和布雷顿森林体系下通行的汇率制度，其优点是国家控制本国货币币值稳定，有利于外贸企业核算进出口商品的价格成本，使外贸企业能够专心进行经营活动。

（2）浮动汇率。浮动汇率是指由市场供求关系决定的汇率，是在 20 世纪 70 年代布雷顿森林体系崩溃之后各国汇率安排采用的主要形式。其涨落基本自由，一国货币市场原则上没有维持汇率水平的义务，但必要时可进行干预。

10.3.3.2　基本汇率和套算汇率

按制定汇率的方法划分，汇率可分为基本汇率和套算汇率。

（1）基本汇率。各国在制定汇率时必须选择某一国货币作为主要对比对象，我们称这种货币为关键货币。根据本国货币与关键货币实际价值的对比，制定出对它的汇率，这个汇率就是基本汇率。一般美元是国际支付中使用较多的货币，各国都把美元当作制定汇率的主要货币，常把对美元的汇率作为基本汇率。

（2）套算汇率。套算汇率是指各国按照对美元的基本汇率套算出的直接反映其他货币之间价值比率的汇率。例如，2023 年某日，1 英镑＝1.27 美元，1 美元＝145.28 日元，则英镑对日元的套算汇率为 1 英镑＝184.51 日元。

10.3.3.3　买入汇率、卖出汇率、中间汇率和现钞汇率

按银行买卖外汇的角度划分，汇率可分为买入汇率、卖出汇率、中间汇率和现钞汇率。

（1）买入汇率。买入汇率，也称买入价，即银行向同业或客户买入外汇时所使用的汇率。采用直接标价法时，外币折合本币数较少的那个汇率是买入价，采用间接标价法时则相反。

（2）卖出汇率。卖出汇率也称卖出价，即银行向同业或客户卖出外汇时所使用的汇率。采用直接标价法时，外币折合本币数较多的那个汇率是卖出价，采用间接标价法时则相反。

买入卖出之间有个差价，这个差价是银行买卖外汇的收益，一般为 1‰～5‰。银行同业之间买卖外汇时使用的买入汇率和卖出汇率也称同业买卖汇率，实际上就是外汇市场买卖价。

（3）中间汇率。中间汇率是买入价与卖出价的平均数。新闻报道汇率消息时常用中间汇率，套算汇率也用有关货币的中间汇率套算得出。

（4）现钞汇率。一般国家都规定，不允许外国货币在本国流通，只有将外币兑换成本国货币，才能够购买本国的商品和劳务，因此产生了买卖外汇现钞的兑换率，即现钞汇率。按理现钞汇率应与外汇汇率相同，但因需要把外币现钞运到各发行国去，由于运送外币现钞要花费一定的运费和保险费，因此，银行在收兑外币现钞时的汇率通常要低于外汇买入汇率；而银行卖出外币现钞时使用的汇率则高于其他外汇卖出汇率。表 10－2 为 2023 年 12 月 20 日中国银行外汇牌价。

表 10－2　2023 年 12 月 20 日中国银行外汇牌价

货币名称	现汇买入价	现钞买入价	现汇卖出价	现钞卖出价	中行折算价
英镑	904.29	903.37	910.35	912.99	904.14
港币	91.28	91.26	91.62	91.62	91
日元	4.950 6	4.950 5	4.983 8	4.985 8	4.938 3
美元	712.26	712.1	715.1	715.1	709.66
加拿大元	532.9	532.35	536.47	538.02	532.74
瑞士法郎	825.42	824.76	831.22	833.54	825.17
丹麦克朗	104.45	104.26	105.29	105.79	104.45

10.3.3.4　电汇汇率、信汇汇率和票汇汇率

按银行外汇付汇方式划分，汇率可分为电汇汇率、信汇汇率和票汇汇率。

（1）电汇汇率。电汇汇率是以电讯方式买卖外汇时所用的汇率。由于电汇方式汇款交付的时间较快，银行不能利用汇款资金，所以电汇汇率比信汇汇率高。大额国际支付多用电讯传递，因而电汇汇率是基本汇率，其他汇率都以电汇汇率为基础计算制定，全球外汇市场上公布的汇率多为银行电汇的买卖价。

（2）信汇汇率。信汇汇率是银行开具付款委托书，用信函方式通过邮局寄给付款地银行转付收款人所使用的一种汇率。由于付款委托书的邮递需要一定的时间，银行在这段时间内可以占用客户的资金，因此，信汇汇率比电汇汇率低。

（3）票汇汇率。票汇汇率是指银行在卖出外汇时，开立一张由其国外分支机构或代理行付款的汇票交给汇款人，由其自带或寄往国外取款所使用的汇率。由于票汇从卖出外汇到支付外汇有一段间隔时间，银行可以在这段时间内占用客户的头寸，所以票汇汇率一般比电汇汇率低。票汇有短期票汇和长期票汇之分，其汇率也不同。由于银行能更长时间使用客户资金，所以长期票汇汇率较短期票汇汇率低。

10.3.3.5　即期汇率和远期汇率

按外汇交易交割期限划分，汇率可分为即期汇率和远期汇率。

（1）即期汇率。即期汇率，也叫现汇汇率，是指买卖外汇双方成交当天或两天以

内进行交割的汇率。

（2）远期汇率。远期汇率是在未来一定时期进行交割，而事先由买卖双方签订合同、达成协议的汇率。到了交割日期，由协议双方按预定的汇率、金额进行钱汇两清。远期外汇买卖是一种预约性交易，是由于外汇购买者对外汇资金需要的时间不同，以及为了避免外汇汇率变动风险而引起的。外汇的远期汇率与即期汇率相比是有差额的。这种差额叫远期差价，有升水、贴水、平价三种情况。升水是表示远期汇率比即期汇率贵，贴水则表示远期汇率比即期汇率便宜，平价表示两者相等。表10－3为2023年12月19日中国银行远期结售汇牌价。

表10－3　2023年12月19日中国银行远期结售汇牌价

货币名称	货币代码	交易期限	买入价	卖出价	中间价
港币	HKD	一周	91.163 076	93.075 176	92.119 126
港币	HKD	一个月	90.930 658	92.859 458	91.895 058
港币	HKD	六个月	89.867 061	91.802 261	90.834 661
港币	HKD	一年	88.447 149	90.455 649	89.451 399
美元	USD	一周	712.706	724.566	718.636
美元	USD	一个月	710.897 5	722.857 5	716.877 5
美元	USD	六个月	700.552 5	712.512 5	706.532 5
美元	USD	一年	687.867 5	700.227 5	694.047 5

10.3.3.6　官方汇率和市场汇率

按对外汇管理的宽严划分，汇率可分为官方汇率和市场汇率。

（1）官方汇率。官方汇率是指国家机构（财政部、中央银行或外汇管理当局）公布的汇率。官方汇率又可分为单一汇率和多重汇率。多重汇率是一国政府对本国货币规定的一种以上的对外汇率，是外汇管制的一种特殊形式。其目的在于奖励出口限制进口，限制资本的流入或流出，以改善国际收支状况。

（2）市场汇率。市场汇率是指在自由外汇市场上买卖外汇的实际汇率。在外汇管理较松的国家，官方宣布的汇率往往只起中心汇率作用，实际外汇交易则按市场汇率进行。

10.3.3.7　开盘汇率和收盘汇率

按银行营业时间划分，汇率可分为开盘汇率和收盘汇率。

（1）开盘汇率。开盘汇率，又叫开盘价，是外汇银行在一个营业日刚开始营业时进行外汇买卖使用的汇率。

（2）收盘汇率。收盘汇率，又称收盘价，是外汇银行在一个营业日的外汇交易结束时使用的汇率。

10.4 汇率的决定

10.4.1 汇率决定的基础

汇率作为两种货币之间的交换比率，其本质是两国货币各自所代表或所具有的价值的比率，因此各国货币所具有或所代表的价值是汇率决定的基础，但由于在不同货币制度下，货币发行基础、货币的种类和形态各异，因而汇率决定的基础——各国货币价值的具体表现形式也很不一样。下面就按照不同的货币制度分别介绍汇率决定的基础。

10.4.1.1 金本位制下汇率决定的基础

金本位制（gold standard system）从1816年英国政府颁布条例，发行金币开始，一直到二战爆发前夕，具体又可分为两个阶段：

(1) 典型的金本位制阶段——金币本位制阶段。

在金币本位制（gold coin standard system）下，流通中的货币是以一定重量和成色的黄金铸造而成的金币，各国货币的单位价值就是铸造该金币所耗用的黄金的实际重量，各国货币的单位含金量被称为该国货币的铸币平价（mint par）。当时，两国货币汇率就是由两国货币的铸币平价来决定的，即汇率决定的基础是铸币平价，用公式表示就是：

$$A\text{国货币与}B\text{国货币之间的汇率}=\frac{A\text{国货币的铸币平价}}{B\text{国货币的铸币平价}}$$

例如，1925—1931年，1个英镑金币的重量为123.274 47格令，成色为11/12，即含113.001 6格令纯金；1个美元金币的重量为25.8格令，成色为9/10，即含23.22格令纯金，于是英镑与美元之间的汇率是113.001 6/23.22=4.866 6，即1英镑等于4.866 6美元。

由铸币平价所确定的汇率通常被称为法定平价，法定平价不会轻易变动，因此它并不是市场买卖外汇的实际价格，而是市场买卖外汇实际价格变动的中心。

(2) 蜕化的金本位制。

第一次世界大战后，许多国家通货膨胀严重，银行券的自由兑换和黄金的自由流动遭到破坏，于是传统的金本位制陷于崩溃。各国分别实行两种蜕化的金本位制，即金块本位制和金汇兑本位制。在这两种货币制度下，国家用法律规定货币的含金量，货币的发行以黄金或外汇作为准备金，并允许在一定限额以上与黄金、外汇兑换，各国货币的单位价值由法律所规定的含金量来决定。此时，我们称各国单位货币所代表的含金量为该货币的黄金平价（gold parity），显然在这个时期，汇率是由各自货币的黄金平价来确定的，即汇率决定的基础是各国货币的黄金平价。

只要两国货币的含金量不变，两国货币的汇率就基本保持稳定。当然，这种固定汇率也要受外汇供求、国际收支的影响，但是汇率的波动仅限于黄金输送点（gold point)。黄金输送点是指汇价波动而引起黄金从一国输出或输入的界限。汇率波动的最高界限是铸币平价加运金费用，即黄金输出点（gold export point）；汇率波动的最低界限是铸币平价减运金费用，即黄金输入点（gold import point）。

当一国国际收支发生逆差时，外汇汇率上涨超过黄金输出点，将引起黄金外流，货币流通量减少，通货紧缩，物价下降，从而提高商品在国际市场上的竞争能力，商品输出增加，输入减少，导致国际收支恢复平衡；反之，当国际收支发生顺差时，外汇汇率下降低于黄金输入点，将引起黄金流入，货币流通量增加，物价上涨，商品输出减少，输入增加，最后导致国际收支恢复平衡。黄金输送点和物价的机能作用，把汇率波动限制在有限的范围内，对汇率起到了自动调节的作用，从而可以保持汇率的相对稳定。在第一次世界大战前的35年间，美国、英国、法国、德国等国家的汇率几乎发生过升贬值波动。

10.4.1.2　布雷顿森林货币制度下汇率决定的基础

二战结束以后，资本主义各国为了稳定汇率，在1944年建立了布雷顿森林货币制度，该货币制度是在国际货币基金组织监督下的以美元为中心的固定汇率制，其核心是双挂钩：一是美元与黄金挂钩，确定1盎司黄金等于35美元的黄金官价；二是其他国家货币与美元挂钩，或者不规定含金量而规定与美元的比价，直接与美元挂钩，或者规定含金量，同时按美元的含金量与美元建立固定比价，间接与美元挂钩。在这种货币制度下，各国货币的价值分别通过黄金或美元来表示。由于这一货币制度是在国际货币基金组织的监督下协调运转的，因此国际上把各国单位货币的美元价值或黄金价值称为国际货币基金组织平价（IMF parity），简称基金组织平价，汇率的决定由各国货币的IMF平价的比值来决定，即汇率决定的基础是IMF平价。

10.4.1.3　纸币流通下汇率决定的基础

金本位制崩溃以后，各国纷纷实行纸币流通。尽管有的国家仍然规定了其货币的含金量，但含金量的规定实际上形同虚设。随着布雷顿森林货币制度的崩溃，资本主义各国纷纷放弃了与美元的固定比价，普遍实行浮动汇率制。在这种汇率制度下，各国货币基本与黄金脱钩，即不再在法律上规定货币的法定含金量。汇率已经不再是由各国货币的IMF平价或含金量来决定，而是由各国纸币所代表的实际价值来决定。

我们把单位纸币所代表的一定量商品称为该纸币的购买力平价，它实际上是商品价格的倒数。通过比较两国纸币的购买力平价就能得出两国纸币相互间交换的比例即汇率，也就是说，在浮动汇率制下两国货币汇率决定的基础是购买力平价。

10.4.2　影响汇率变化的因素

汇率作为一种价格，由外汇的供求状况决定，而外汇供求状况又受到各种长期和短期因素的影响。总体而言，一国经济实力的变化与宏观经济政策的选择是决定汇率长期发展趋势的根本原因。在经济活动中有许多因素影响汇率变动，列举如下：

10.4.2.1 国际收支状况

国际收支状况是决定汇率趋势的主导因素，一般情况下，国际收支变动决定汇率的中长期走势。国际收支逆差表明外汇供不应求，在浮动汇率制下，市场供求决定汇率的变动，因此国际收支逆差将引起本币贬值，外币升值，即外汇汇率上升。反之，国际收支顺差则引起外汇汇率下降。

10.4.2.2 国民收入

一般来说，国民收入增加，促使消费水平提高，对本币的需求也相应增加。如果货币供给不变，对本币的额外需求将提高本币价值，造成外汇贬值。国民收入的变动引起汇率是贬或升，要取决于国民收入变动的原因。如果国民收入是因增加商品供给而提高，则在一个较长时期内该国货币的购买力得以加强，外汇汇率就会下跌。如果国民收入因扩大政府开支或扩大总需求而提高，在供给不变的情况下，超额的需求必然要通过扩大进口来满足，这就使外汇需求增加，外汇汇率就会上涨。

10.4.2.3 通货膨胀率的高低

通货膨胀率的高低是影响汇率变化的基础。如果一国的货币发行过多，流通中的货币量超过了商品流通过程中的实际需求，就会造成通货膨胀。通货膨胀使一国的货币在国内购买力下降，使货币对内贬值，在其他条件不变的情况下，货币对内贬值，必然引起对外贬值。因为汇率是两国币值的对比，发行货币过多的国家，其单位货币所代表的价值量减少，因此在该国货币折算成外国货币时，就要付出比原来多的该国货币。

通货膨胀率的变动，也会改变人们对货币的交易需求量以及对债券收益、外币价值的预期。通货膨胀率上升造成国内物价上涨，在汇率不变的情况下，出口亏损，进口有利。在外汇市场上，外国货币需求增加，本国货币需求减少，从而引起外汇汇率上升，本国货币对外贬值。相反，如果一国通货膨胀率降低，外汇汇率一般会下跌。

10.4.2.4 货币供给

货币供给是决定货币价值、货币购买力的首要因素。如果本国货币供给减少，则本币由于稀少而更有价值。通常货币供给减少与银根紧缩、信贷紧缩相伴而行，从而造成总需求、产量和就业下降，商品价格也下降，本币价值提高，外汇汇率将相应地下跌。如果货币供给增加，超额货币则以通货膨胀形式表现出来，本国商品价格上涨，购买力下降，这将会促进相对低廉的外国商品大量进口，外汇汇率将上涨。

10.4.2.5 财政收支

一国的财政收支状况对国际收支有很大影响。财政赤字扩大，将增加总需求，常常导致国际收支逆差及通货膨胀加剧，结果本币购买力下降，外汇需求增加，进而推动汇率上涨。当然，如果财政赤字扩大，在货币政策方面辅之以严格控制货币量、提高利率的举措，反而会吸引外资流入，使本币升值，外汇汇率下跌。

10.4.2.6 利率

利率对汇率的影响主要体现在短期，通过不同国家的利率差异引起资金特别是短期资金的流动而起作用。在一般情况下，如果两国利率差异大于两国远期、即期汇率差异，资金便会由利率较低的国家流向利率较高的国家，从而有利于利率较高国家的国际收支。要注意的是，利率水平对汇率虽有一定的影响，但从决定汇率升降趋势的基本因素看，其作用是有限的，它只是在一定的条件下对汇率的变动产生暂时的影响。

10.4.2.7 各国汇率政策和对市场的干预

各国汇率政策和对市场的干预，在一定程度上影响汇率的变动。在浮动汇率制下，各国央行都尽力协调各国间的货币政策和汇率政策，力图通过影响外汇市场中的供求关系来达到支持本国货币稳定的目的，具体手段包括利率调整、直接干预、对资本流动实行外汇管制等。

10.4.2.8 投机活动与市场心理预期

自 1973 年实行浮动汇率制以来，外汇市场的投机活动越演越烈，投机者往往拥有雄厚的实力，可以在外汇市场上推波助澜，使汇率的变动远远偏离其均衡水平。投机者常利用市场顺势对某一币种发动攻击，攻势之强，使各国央行甚至西方七国央行联手干预外汇市场也难以阻挡。过度的投机活动加剧了外汇市场的动荡，阻碍正常的外汇交易，歪曲外汇供求关系。

当人们预期某国的经济状况将会恶化或者可能会遭受重大打击，经济发展速度越来越低时，该国货币就会在市场上被大量抛出，其汇率就会下跌；反之，就会上升。

10.4.2.9 政治与突发因素

政治与突发因素包括政局的稳定性、政策的连续性、政府的外交政策以及战争、经济制裁和自然灾害等。由于资本首先具有追求安全的特性，因此，政治与突发因素对外汇市场的影响是直接和迅速的。另外，西方国家大选也会对外汇市场产生影响。政治与突发事件因其突发性及临时性，使市场难以预测，故容易对市场构成冲击波。一旦市场对消息做出反应并将其消化，原有消息的影响力就会大为削弱。

总之，影响汇率的因素多种多样，这些因素的关系错综复杂，但是从一段长时间来观察，汇率变化的规律是受国际收支状况和通货膨胀所制约，因而这两个因素是决定汇率变化的基本因素；利率因素和汇率政策只能起从属作用，即助长或削弱基本因素所起的作用。一国的财政货币政策对汇率的变动起着决定性作用。投机活动只是在其他因素所决定的汇价基本趋势基础上起推波助澜的作用。一般情况下，各国的货币政策中，将汇率确定在一个适当的水平已成为政策目标之一。

章末案例

人民币汇率连日升值原因探析

2023 年 11 月 23 日，人民币对美元汇率中间价报 7.121 2，较前一交易日调升 42 个基点。人民币中间价近四日连续升值，续创 2023 年 6 月 9 日以来新高。与此同时，有报道称在全球企业及金融机构不断涌向中国债券市场的推动下，人民币 2023 年 11 月已超过欧元成为全球第二大贸易融资货币。

究竟是什么推动了人民币汇率连日“狂飙”?

主要原因在于美联储停止加息、中国经济企稳强化信心。2023 年下半年人民币汇率走强主要由地缘政治压力减轻、中美两国货币政策走势趋于收敛、中国宏观经济数据向好等三个因素共同推动。其中，最为直接的推动力是美国通胀回落超预期，市场纷纷押注美联储将在 2024 年降息，美债利率和美元遭受重挫，中美利差持续收窄。其中最主要的因素就是利率平价让位于购买力平价。一方面，2023 年底美国的加息快到头了；另一方面，美国开始重视利率，重视购买力了。美国此前大量印钱，导致美元“毛了”。对比之下，没有贬值的人民币显然就有了竞争力。

不仅如此，自 2023 年下半年开始，中国经济逐渐企稳也在很大程度上增强了国际投资者的信心。

资料来源：红星深度｜汇率连日狂飙，超越欧元成全球第二大贸易融资货币！人民币未来怎么走?. 红星新闻，2023-11-23.

本章小结

1. 外汇市场交易的种类随着外汇交易的性质变化而不断更新，主要包括现钞、即期外汇交易、远期外汇交易、外汇期货交易、外汇期权交易、外汇掉期业务、套利、外汇投机等。

2. 汇率是用一国货币表示的另一国货币的相对价格。在国际汇兑中，以本币为基准来标价还是以外币为基准来标价决定了存在两种不同的标价方法——直接标价法和间接标价法。全球除了英镑、欧元与美元外，绝大多数货币都使用直接标价法。

3. 由于在不同货币制度下，货币发行基础、货币的种类和形态各异，因而汇率决定的基础——各国货币价值的具体表现形式也很不一样。

关键词和术语

外汇	汇率	直接标价法	间接标价法
金本位制	黄金输送点	购买力平价	

思考题

1. 介绍外汇与汇率的含义。
2. 简述外汇的标价方法。
3. 论述汇率决定的基础以及影响汇率变化的因素。

4. 论述人民币汇率改革的历程。

延伸阅读

[1] 管涛，刘立品. 汇率的逻辑. 北京：中译出版社，2022.

[2] 张明. 穿越周期：人民币汇率改革与人民币国际化. 北京：东方出版社，2020.

[3] 张明，陈胤默. 人民币汇率制度改革的结构性演进：历史回顾、经验总结与前景展望. 财贸经济，2022 (12)：15-31.

[4] 本刊编辑部. 聚焦2022全球外汇市场调查. 中国外汇，2022 (23)：6-7.

[5] 于凤芹，王智明. 中国汇率制度改革40年：变迁与发展. 经济与管理研究，2018 (12)：14-25.

[6] 李扬，余维彬. 人民币汇率制度改革：回归有管理的浮动. 经济研究，2005 (8)：24-31.

[7] 丁志杰，严灏，丁玥. 人民币汇率市场化改革四十年：进程、经验与展望. 管理世界，2018 (10)：24-32.

[8] 王国刚，林楠. 中国外汇市场70年：发展历程与主要经验. 经济学动态，2019 (10)：3-10.

[9] 张礼卿. 人民币汇率形成机制改革：主要经验与前景展望. 中国外汇，2021 (13)：16-18.

第11章
国际货币体系及国际金融市场

学习目标

1. 了解国际货币体系的演变
2. 了解国际货币基金组织和世界银行在国际货币体系中的作用
3. 掌握布雷顿森林体系和牙买加体系的特点
4. 掌握固定汇率制和浮动汇率制的优缺点
5. 了解国际金融市场的形成与分类
6. 了解欧洲货币市场的形成、发展及作用
7. 掌握外汇风险对资金成本的影响

引导案例

人民币国际化稳步推进

2023年12月11日，中国人民银行表示，近日中国人民银行与塞尔维亚中央银行签署了在塞尔维亚建立人民币清算安排的合作备忘录。报道称，塞尔维亚人民币清算安排的建立，将有利于中塞两国企业和金融机构使用人民币进行跨境交易，进一步促进双边贸易、投资便利化。据统计，截至2023年底，已有巴西、印度尼西亚、伊朗、俄罗斯、德国、阿根廷等数十个国家逐渐在贸易结算或投资中转向使用人民币。

人民币在国际舞台上的地位正在不断提升，据路透社报道，全球企业和银行正在筹集创纪录数额的人民币，这推动人民币超过欧元，一跃成为全球第二大贸易融资货币。

路透社报道称，企业和银行正通过在中国内地和香港发行人民币债券（熊猫债券和点心债券）筹集创纪录数额的现金。例如加拿大国民银行2023年10月通过发行三年期熊猫债券筹集10亿元人民币。全球企业也纷纷涌入中国的银行大量借款，推动境外人民币贷款业务崛起。此前的10月16日，埃及政府在中国银行间市场成功发行35亿元人民币可持续发展熊猫债。此次发行实现了非洲地区熊猫债“零的突破”，同时也是首单可持续发展主权熊猫债、首单采用担保结构的主权熊猫债。

国际企业和银行大量募集人民币有两方面原因：一是出于财务成本因素的考虑，

2023 年美元利率、欧元利率都很高。因此，在其他地方融资成本大幅上升之际，全球企业和金融机构纷纷将目光锁定在了利率处于低位的人民币。人民币贷款利率相对较低，吸引了更多的国际企业和银行到中国融资。二是由于中国经济的持续稳健增长和金融市场保持相对稳定，以及人民币在跨境贸易和投资中的使用日益增多，人民币的国际融资需求增加。

境外机构从境内大量借贷，可以促进人民币的跨境使用，带动中国金融市场的发展，提升境内金融体系的竞争力。在全球筹集人民币的背景下，人民币已一举成为贸易融资领域仅次于美元的第二大货币。2023 年 9 月，国际资金清算系统（SWIFT）公布的数据显示，人民币在全球支付份额中获得创纪录的涨幅，其份额从年初的 3.9%升至 5.8%，首次超过欧元所占份额。这一数字也反映出人民币国际化水平的大幅提高。在中国央行鼓励人民币在境外使用的背景下，人民币国际化正不断取得新突破，人民币的境外“朋友圈”越来越大。

资料来源：人民币汇率持续走强 升值能继续吗?. 欧洲时报网，2023 - 11 - 22.

11.1　国际货币体系的概念及历史演变

11.1.1　国际货币体系的概念

国际货币体系，又称国际货币制度，是指管理汇率的制度安排，即为了适应国际经济交往的需要，对货币的本位与兑换、国际收支的调节等事项由各国政府做出的安排、遵循的原则、建立的组织形式与制定的规则和惯例的统称。

国际货币体系具有三方面的内容和功能：

（1）规定用于国际结算和支付手段的国际货币或储备资产及其来源、形式、数量和运用范围，以满足世界生产、国际贸易和资本转移的需要。

（2）规定一国货币同其他货币之间汇率的确定与维持形式，以确保各国间货币的兑换方式与比价关系的合理性。

（3）规定国际收支的调节机制，以纠正国际收支的不平衡，确保世界经济稳定与平衡发展。

11.1.2　国际货币体系的历史演变

国际货币体系的历史演变进程大致经历了国际金本位制、布雷顿森林体系及牙买加体系等几个阶段。至 1880 年，金本位制在世界上主要的贸易国被广泛采用，20 世纪 30 年代金本位制崩溃。1944 年西方主要国家的代表召开了布雷顿森林会议，此次会议建立了在国际货币体系中发挥重大作用的两个国际机构——国际货币基金组织和世界银行。实行固定汇率制的布雷顿森林体系于 1973 年崩溃，自此世界货币便在混乱的体系下运行，有的国家货币实行浮动汇率制，有的国家的货币受到政府管制从而实行钉住汇率制或者有管理的浮动汇率制等。

11.1.2.1 国际金本位制

国际金本位制是以黄金作为国际本位货币的制度，特点是各国货币之间的汇率由各自的含金量决定，黄金在各国之间可以自由输出入，国际收支具有自动调节功能。最早实行金本位制的是英国（1816 年），19 世纪 70 年代以后欧美各国及日本等国家也纷纷相继采用，各国的货币制度逐渐统一，金本位制由国内制度演变成国际制度。随着工业革命后全球国际贸易额的增长，通过在各国之间运输大量的黄金或白银来进行国际贸易融资已经满足不了现实需求，各国的解决方案是使用纸币支付，政府承诺将纸币以固定的比率兑换为黄金。因此，国际金本位制按其货币与黄金的联系程度可以分为金币本位制、金块本位制和金汇兑本位制。

（1）国际金本位制的原理。

国际金本位制是货币钉住黄金、保证货币与黄金的兑换性的制度。在世界主要贸易国共同采用金本位制的情况下，以其他货币表示的任何一种货币的价值（汇率）便很容易确定。

在金本位制下，按照规定，1 美元相当于 23.22 谷（谷为重量单位，1 谷＝64.8 毫克）纯金，所以理论上任何人都可以要求美国政府将 1 美元兑换为 23.22 谷黄金。480 谷等于 1 盎司，因此 1 盎司黄金等于 20.67（＝480/23.22）美元。购买 1 盎司黄金所需要的一种货币的数量就被称作黄金平价。如英国的英镑，按照规定 1 英镑含有 113 谷纯金，即 1 盎司黄金的价值是 4.25（＝480/113）英镑。通过美元和英镑的黄金平价，就可以计算出美元与英镑之间的汇率，即 1 英镑＝4.87 美元。

（2）国际金本位制的分类。

第一，金币本位制。金币本位制是以黄金作为货币金属进行流通的货币制度，它是 19 世纪末到 20 世纪上半期资本主义各国普遍实行的一种货币制度。1816 年，英国颁布了《金本位制法案》，开始实行金本位制，促使黄金转化为世界货币。随后，德国于 1871 年宣布实行金本位制，丹麦、瑞典、挪威等国于 1873 年也相继实行金本位制。到 19 世纪末，资本主义各国已经普遍实行了这一货币制度。

金币本位制的主要内容包括：①用黄金来规定货币所代表的价值，每一货币都有法定的含金量，各国货币按其所含黄金的重量而有一定的比价；②金币可以自由铸造，任何人都可按法定的含金量，自由地将金块交给国家造币厂铸造成金币，或以金币向造币厂换回相当的金块；③金币是无限法偿的货币，具有无限制支付手段的权利；④各国的货币储备是黄金，国际结算也使用黄金，黄金可以自由输出或输入。从这些内容可看出，金币本位制有三个特点：自由铸造、自由兑换和自由输出入。由于金币可以自由铸造，金币的面值与其所含黄金的价值就可保持一致，金币数量就能自发地满足流通的需要，从而起到货币供求的作用，不会发生通货膨胀和货币贬值。由于黄金可在各国之间自由转移，这就保证了外汇行市的相对稳定与国际金融市场的统一，因而金币本位制是一种比较健全和稳定的货币制度。

第一次世界大战前夕，各帝国主义国家为了准备世界大战，加紧对黄金的掠夺，使金币自由铸造、价值符号与金币自由兑换受到严重削弱，黄金的输出入受到严格限制。第一次世界大战爆发以后，帝国主义国家军费开支猛烈增加，纷纷停止金币铸造和价值符号的兑换，禁止黄金输出入，从根本上破坏了金币本位制赖以存在的基础，金币本位制随之告终。

第二，金块本位制与金汇兑本位制。第一次世界大战以后，在 1924—1928 年，资本主义世界曾出现了一个相对稳定的时期，主要资本主义国家的生产都先后恢复到大战前的水平并有所发展，各国企图恢复金本位制。但是，由于金铸币流通的基础已经遭到削弱，不可能恢复典型的金本位制。当时除美国以外，其他大多数国家只能实行没有金币流通的金本位制，这就是金块本位制和金汇兑本位制。

金块本位制是指由中央银行发行、以金块为准备的纸币流通的货币制度。它与金币本位制的区别在于：其一，金块本位制以纸币或银行券作为流通货币，不再铸造、流通金币，但规定纸币或银行券的含金量，纸币或银行券可以兑换为黄金；其二，规定政府集中黄金储备，允许居民在持有本位币的含金量达到一定数额后兑换金块。

金汇兑本位制是指以银行券为流通货币，通过外汇间接兑换黄金的货币制度。该制度是在金块本位制或金币本位制国家保持外汇，准许本国货币无限制地兑换外汇的金本位制。在该制度下，国内只流通银行券，银行券不能兑换黄金，只能兑换实行金块或金本位制国家的货币；国际储备除黄金外，还有一定比重的外汇，外汇在国外才可兑换黄金，黄金是最后的支付手段。实行金汇兑本位制的国家，要使其货币与另一实行金块本位制或金币本位制国家的货币保持固定比率，通过无限制地买卖外汇来维持本国货币币值的稳定。

金块本位制和金汇兑本位制是在金本位制的稳定性因素受到破坏后出现的两种不健全的金本位制。在这两种制度下，国家虽然都规定以黄金为货币本位，但只规定货币单位的含金量，而不铸造金币，实行银行券流通。二者不同的是：①在金块本位制下，黄金集中存储于本国政府，银行券可按规定的含金量在国内兑换金块，但有数额和用途等方面的限制，例如，英国 1925 年规定在 1 700 英镑以上、法国 1928 年规定在 215 000 法郎以上方可兑换。黄金是集中存储于本国政府的。②在金汇兑本位制下，银行券在国内不兑换金块，只规定其与实行金本位制国家货币的兑换比率，先兑换外汇，再以外汇兑换黄金，并将准备金存于该国。

金块本位制和金汇兑本位制由于不具备金币本位制的一系列特点，因此也被称为不完全或残缺不全的金本位制。在 1929—1933 年的世界性经济大危机的冲击下，这两种货币制度也逐渐被各国放弃并于 20 世纪 70 年代基本消失。

（3）国际金本位制的优势。

金本位制的最大优势是它具有强有力的机制来使所有国家贸易收支自动地实现平衡。在金本位制下，假使世界只有两个国家——英国和美国，当美国有贸易顺差的时候，黄金从英国流向美国。基于贸易产生的黄金的流动自动减少了英国的货币供应量，增加了美国的货币供应量。一国货币供应量的增长与通货膨胀密切相关，美国货币供应量的增长将提高美国商品的价格，而英国货币供应量的减少会降低英国商品的价格。美国商品价格的上升会导致这些商品的需求降低，而英国商品价格的降低会导致这些商品需求的增加。进而，美国开始从英国购买更多的商品，而英国从美国的购买会减少，直至实现贸易收支平衡。

（4）国际金本位制的崩溃。

金本位制通行了约 100 年后崩溃，其崩溃的主要原因有：第一，黄金生产量的增长幅度远远低于商品生产量的增长幅度，黄金不能满足日益扩大的商品流通需要，这就极大地削弱了金铸币流通的基础。第二，黄金存量在各国的分配不平衡。1913 年末，美国、英国、德国、法国、俄国五国占有世界黄金存量的三分之二。黄金存量大部分为少数强国所掌握，必然导致金币的自由铸造和自由流通受到破坏，削弱其他国家金币流通的基础。第三，第一次世界大战爆发，黄金被参战国集中用于购买军火，并停止自由输出和银行券兑现，从而最终导致金本位制的崩溃。

11.1.2.2 布雷顿森林体系

布雷顿森林体系是二战后以美元和黄金为基础的金汇兑本位制，其实质是建立一种以美元为中心的国际货币体系，基本内容包括美元与黄金挂钩、国际货币基金组织成员的货币与美元保持固定汇率（实行固定汇率制）。布雷顿森林体系的运转与美元的信誉和地位密切相关。

（1）布雷顿森林体系的建立。

两次世界大战之间的 20 年中，国际货币体系分裂成几个相互竞争的货币集团，各国货币竞相贬值，动荡不定。在第二次世界大战后期，美英两国政府出于本国利益的考虑，开始构思和设计战后国际货币体系。由于美国在世界经济危机和第二次世界大战后登上了资本主义世界盟主宝座，统计数据显示在第二次世界大战即将结束时，美国拥有的黄金占当时世界各国官方黄金储备总量的 75%以上，几乎全世界的黄金都通过战争流到了美国，美元的国际地位因其国际黄金储备的实力得到稳固。1944 年 7 月，美国邀请参加筹建联合国的 44 国政府的代表在美国布雷顿森林举行会议，经过激烈的争论后各方签订了《布雷顿森林协定》，通过《布雷顿森林协定》成立了国际复兴开发银行和国际货币基金组织两大国际经济组织，建立了金本位制崩溃后一个新的国际货币体系。布雷顿森林体系是以美元和黄金为基础的金汇兑本位制，又称美元-黄金本位制。它使美元在战后国际货币体系中处于中心地位，美元成了黄金的“等价物”，美国承担以官价兑换黄金的义务，各国货币只有通过美元才能同黄金发生关系，美元处于中心地位，起世界货币的作用。从此，美元就成了国际清算的支付手段和各国的主要储备货币。关税及贸易总协定作为 1944 年布雷顿森林会议的补充，连同布雷顿森林会议通过的各项协定，统称布雷顿森林体系，即以外汇自由化、资本自由化和贸易自由化为主要内容的多边经济制度，构成资本主义集团的核心内容。

（2）布雷顿森林体系的内容。

第一，美元与黄金挂钩。各国确认 1944 年 1 月美国规定的 35 美元一盎司的黄金官价，每一美元的含金量为 0.888 671 克黄金。各国政府或中央银行可按官价用美元向美国兑换黄金。为使黄金官价不受自由市场金价冲击，各国政府需协同美国政府在国际金融市场上维持这一黄金官价。

第二，其他国家货币与美元挂钩。其他国家政府规定各自货币的含金量，通过含金量的比例确定同美元的汇率。

第三，实行可调整的固定汇率。《国际货币基金组织协定》规定，各国货币对美元的汇率只能在法定汇率上下各 1%的幅度内波动。若市场汇率超过法定汇率 1%的波动幅度，各国政府有义务在外汇市场上进行干预，以维持汇率的稳定。若成员法定汇率的变动超过 1%，就必须得到国际货币基金组织的批准。1971 年 12 月，这种即期汇率变动的幅度扩大为上下 2.25%的范围，决定平价的标准由黄金改为特别提款权。布雷顿森林体系的这种汇率制度被称为可调整的钉住汇率制度。

第四，各国货币兑换性与国际支付结算原则。任何成员对于其他成员在经常项目往来中积存的本国货币，若对方为支付经常项目，则可以换回本国货币。成员未经国际货币基金组织同意，不得对国际收支经常项目的支付或清算加以限制。

第五，确定国际储备资产。《国际货币基金组织协定》中关于货币平价的规定，使美元处于等同黄金的地位，成为各国外汇储备中最主要的国际储备货币。

第六，国际收支的调节。国际货币基金组织成员份额的 25%以黄金或可兑换成黄金的货币缴纳，其余则以本国货币缴纳。成员发生国际收支逆差时，可用本国货币向国际货币基金组织按规定程序购买（即借贷）一定数额的外汇，并在规定时间内以购回本国货币的方式偿还借款。成员所认缴的份额越大，得到的贷款也越多。贷款只限于成员用于弥补国际收支赤字，即用于经常项目的支付。

（3）布雷顿森林体系的作用。

布雷顿森林体系有助于国际金融市场的稳定，对战后的经济复苏起到了一定的作用。

第一，布雷顿森林体系的形成暂时结束了战前货币金融领域里的混乱局面，维持了战后世界货币体系的正常运转。在典型的金本位制下，金币本身具有一定的含金量，黄金可以自由输出输入，汇价的波动界限狭隘。1929—1933 年的资本主义世界经济危机，引起了货币制度危机，导致金本位制崩溃，国际货币关系呈现出一片混乱局面。以美元为中心的布雷顿森林体系的建立，使国际货币关系有了统一的标准和基础，混乱局面暂时得以稳定。

第二，布雷顿森林体系的形成促进了各国国内经济的发展。在金本位制下，各国注重外部平衡，国内经济往往带有紧缩倾向。在布雷顿森林体系下，各国偏重内部平衡，危机和失业情形较战前有所缓和。

第三，布雷顿森林体系的形成，在相对稳定的情况下扩大了世界贸易。美国通过赠与、信贷、购买外国商品和劳务等形式，向世界散发了大量美元，客观上起到了扩大世界购买力的作用。固定汇率制在很大程度上消除了由于汇率波动而引起的动荡，在一定程度上稳定了主要国家的货币汇率，有利于国际贸易的发展。

第四，布雷顿森林体系形成后，国际货币基金组织和世界银行的活动对世界经济的恢复和发展发挥了一定的积极作用。其一，国际货币基金组织提供的短期贷款暂时缓和了战后许多国家的收支危机，促进了支付办法上的稳步自由化。国际货币基金组织的贷款业务迅速增加，重点由欧洲转至亚洲、非洲、拉丁美洲。其二，世界银行提供和组织的长期贷款和投资不同程度地解决了成员战后恢复和发展经济的资金需要。国际货币基金组织和世界银行在提供技术援助、建立国际经济货币的研究资料及交换资料情报等方面对世界经济的恢复与发展起到了一定作用。

第五，布雷顿森林体系的形成有助于生产和资本的国际化。汇率的相对稳定，避免了国际资本流动中引发的汇率风险，有利于国际资本的输入与输出；为国际融资创造了良好环境，有助于金融业和国际金融市场发展，也为跨国公司的生产国际化创造了良好的条件。

（4）布雷顿森林体系运转的条件。

以美元为中心的国际货币制度能在一个较长的时期内顺利运行，与美国的经济实力和黄金储备分不开。要维持布雷顿森林体系的运转，需具备以下三个基本条件，但这三个条件却又是矛盾的。

第一，美国国际收支保持顺差，美元对外价值稳定。若其他国家通货膨胀严重，国际收支逆差，在国际货币基金组织的同意下，该国货币可以贬值，重新与美元建立固定比价关系。

第二，美国的黄金储备充足。在布雷顿森林体系下，美元与黄金挂钩，外国政府或中央银行持有的美元可向美国兑换黄金。美国要履行 35 美元兑换一盎司黄金的义务，必须拥有充足的黄金储备。

第三，黄金价格维持在官价水平。第二次世界大战后，美国黄金储备充足，若市场价格发生波动，美国可以通过抛售或购进黄金加以平抑。

（5）布雷顿森林体系的崩溃。

第二次世界大战后，日本、欧盟及一些发展中国家迅猛发展，经济实力与日俱增，在国际贸易中的重要地位逐渐凸显；相较之下，美国经济发展速度比较平缓，美国贸易逆差愈加严重，人们对美元这一国际中心货币的信心逐渐下降。世界各国向美国兑换美元，美元大量外流，美元储备减少且在海外大量沉淀。美元危机频发，最终于 1971 年 8 月 15 日，尼克松政府宣布实行“新经济政策”，停止了美元与黄金的兑换义务。1973 年 2 月国际汇率市场再度爆发美元危机，《史密森协议》终止，废止布雷顿森林体系下的固定汇率制，布雷顿森林体系彻底崩溃。

布雷顿森林体系崩溃的根本原因在于以美元为中心的国际货币制度崩溃，这是布雷顿森林体系制度本身的无法解决的矛盾。1960 年美国经济学家罗伯特·特里芬

(Robert Triffin) 的《黄金与美元危机——自由兑换的未来》指出，由于美元与黄金挂钩，而其他国家的货币与美元挂钩，美元虽然取得了国际核心货币的地位，但是各国为了发展国际贸易，必须用美元作为结算与储备货币，这样就会导致流出美国的货币在海外不断沉淀，对美国国际收支来说就会发生长期逆差；而美元作为国际货币核心的前提是必须保持美元币值稳定，这又要求美国必须是一个国际贸易收支长期顺差国。这两个要求互相矛盾，因此是一个悖论。这一内在矛盾被称为特里芬难题 (Triffin dilemma)。第二次世界大战后从美元短缺到美元泛滥，正是这种矛盾发展的必然结果。

11.1.2.3　牙买加体系

布雷顿森林体系瓦解后，国际货币基金组织于 1972 年 7 月成立了一个专门委员会来具体研究国际货币制度的改革问题。该委员会于 1974 年 6 月提出一份"国际货币体系改革纲要"，对黄金、汇率、储备资产、国际收支调节等问题提出了一些原则性的建议，为以后的货币改革奠定了基础。直至 1976 年 1 月，国际货币基金组织理事会国际货币制度临时委员会在牙买加首都金斯敦举行会议，讨论《国际货币基金组织协定》的条款，经过激烈的争论，签订达成了《牙买加协议》。同年 4 月，国际货币基金组织理事会通过了《国际货币基金组织协定第二修正案》，从而形成了新的国际货币体系——牙买加体系。

(1) 牙买加体系的主要内容。

第一，实行浮动汇率制的改革。《牙买加协议》正式确认了浮动汇率制的合法化，承认固定汇率制与浮动汇率制并存的局面，成员可自由选择汇率制度。同时国际货币基金组织继续对成员货币汇率政策实行严格监督，并协调成员的经济政策，促进金融稳定，缩小汇率波动范围。

第二，推行黄金非货币化。协议做出了逐步使黄金退出国际货币的决定并规定：废除黄金条款，取消黄金官价，成员中央银行可按市价自由进行黄金交易；取消成员相互之间以及成员与国际货币基金组织之间需用黄金清算债权债务的规定，国际货币基金组织逐步处理其持有的黄金。

第三，修订基金份额。各成员缴纳的份额的比重有所变化。

第四，以特别提款权作为主要储备资产。主要是提高特别提款权的国际储备地位，扩大其在国际货币基金组织一般业务中的使用范围，并适时修订特别提款权的有关条款。规定参加特别提款权账户的成员可以用特别提款权来偿还国际货币基金组织的贷款，使用特别提款权作为偿还债务的担保，各参加成员也可用特别提款权进行借贷。

第五，扩大对发展中成员的资金通融。以出售黄金所得的收入扩充信托资金，用于援助发展中成员。扩大国际货币基金组织信用贷款的额度，由各成员份额的 100%提高至 145%。提供出口波动补偿贷款，由各成员份额的 50%提高到 75%。

(2) 牙买加体系运行的特征。

第一，黄金非货币化。即黄金与货币彻底脱钩，取消国家之间必须用黄金清偿债权债务的义务，降低黄金的货币作用，使黄金在国际储备中的地位下降，促成多元化国际储备体系的建立。

第二，多样化的汇率制度安排。国际经济合作的基本目标是维持经济稳定而不是汇率稳定。牙买加体系允许汇率制度安排多样化，并试图在世界范围内逐步用更具弹性的浮动汇率制取代固定汇率制。国际货币基金组织把多样化的汇率制度安排分为以下三种：硬钉住汇率（hard pegs），如货币局制度、货币联盟制等；软钉住汇率（soft pegs），包括传统的固定钉住制、爬行钉住制、带内浮动制和爬行带内浮动制；浮动汇率群（floating group），包括完全浮动汇率制以及各种实施不同程度管制的浮动汇率制。

第三，以美元为主导的多元化国际储备体系。牙买加体系中，可供一国选择的国际储备不只是美元，还可以是黄金储备、欧元、日元、英镑和人民币等国际性货币，国际货币基金组织的储备头寸，特别提款权等。尽管如此，美元仍是各国外汇储备的主要组成部分。由此可见，原有货币体系的根本矛盾仍然没有得到根本解决。

第四，国际收支调节机制多样化。国际货币基金组织允许国际收支不平衡国家通过汇率机制、利率机制、资金融通机制等多种国际收支调节手段对国际收支不平衡进行相机抉择。

（3）牙买加体系的瓦解。

如果说在布雷顿森林体系下，国际金融危机是偶然的、局部的，那么在牙买加体系下，国际金融危机就成为经常的、全面的和影响深远的。1973 年浮动汇率制普遍实行后，西方外汇市场货币汇价的波动、金价的起伏经常发生，小危机不断，大危机时有发生。1978 年 10 月，美元对其他主要西方货币汇价跌至历史最低点，引起整个西方货币金融市场的动荡，这就是著名的 1977—1978 年西方货币危机。由于金本位制的瓦解，信用货币无论是在种类上还是在金额上都大大增加。信用货币占西方各通货流通量的 90%以上，各种形式的支票、支付凭证、信用卡等种类繁多，现金在某些国家的通货中只占百分之几。货币供应量和存放款的增长速度大大高于工业生产的增长速度，而且国民经济的发展对信用的依赖越来越深，信用依赖带来的风险也越来越大，直至爆发 2007 年的美国次贷危机。总之，现有的国际货币体系被人们普遍认为是一种过渡性的不健全的体系，需要进行彻底的改革。

11.2 固定汇率制与浮动汇率制

汇率制度在国际货币体系中居于核心位置。在布雷顿森林体系崩溃以后，国际货币体系所采用的牙买加体系正式确认了浮动汇率制的合法化，承认固定汇率制与浮动汇率制并存的状况。在牙买加体系运行的 40 多年间，理论界关于固定汇率制与浮动汇率制的优劣争论一直存在，特里芬和蒙代尔（Mundell）等经济学家坚持固定汇率制更好，而弗里德曼（Friedman）、哈伯勒（Haberler）和米德（Meade）等经济学家则认为浮动汇率制更佳。本节将对固定汇率制与浮动汇率制的争论进行讨论，以探讨国际货币体系的改革之路。

11.2.1　固定汇率制

在固定汇率制下，汇率具有相对稳定性，汇率的波动范围或自发或人为地得以维持，这使进出口品的价格确定、国际贸易成本计算和控制、国际债权债务的清偿都能比较稳定地进行，减少了汇率波动带来的风险。此外，汇率比较稳定也在一定程度上抑制了外汇投机活动。因此，固定汇率制有利于经济稳定发展，对世界经济发展起到了一定促进作用。

但固定汇率制也存在一定的严重缺陷，如容易导致本币币值高估，削弱本地出口品的竞争力，引起难以维持的长期的经常项目收支失衡。同时，僵化的汇率固定可能会被他人认为是政府暗含的汇率担保，从而鼓励了短期资本流入和没有套期保值的对外借债，损害了国内金融体系的健康。在固定汇率制下，一国要么限制资本的自由流动，要么牺牲本国货币政策的独立性，否则便易引发金融与货币危机。如 1992—1993 年间的欧洲汇率危机、1994 年的墨西哥比索危机、1997 年的亚洲金融危机、1998 年的俄罗斯卢布危机等皆是如此。这些发生危机的国家和地区都是采用固定汇率制，同时在国际收支上又采取了宽松的资本项目管制。

11.2.2　浮动汇率制

浮动汇率制是指一国货币对另一国货币的汇率在外汇市场上根据供求关系自由波动的汇率制度。浮动汇率制有以下优势：

（1）防止外汇储备大量流失。

在浮动汇率制下，各国货币当局没有义务维持货币的固定比价。当本币汇率下跌时，不必动用外汇储备去购进被抛售的本币，这样可以避免国家外汇储备的大量流失。

（2）节省国际储备。

在浮动汇率制下，汇率随着外汇供求的涨落而自动达到平衡，政府在很大程度上听任汇率由外汇市场支配，减少干预行动，国家需要的外汇储备的需求量自然可以减少。这就有助于节省国际储备，使更多的外汇能用于本国的经济建设。

（3）自动调节国际收支。

根据市场供求，汇率不断调整，可以使一国的国际收支自动达到均衡，从而免除长期不平衡的严重后果。当一国出现国际收支逆差时，本国货币贬值，有利于本国的出口进而使国际收支得到改善。

（4）维持经济政策的独立性。

浮动汇率制使各国可以独立地实行自己的货币政策、财政政策和汇率政策。在固定汇率制下，各国政府为了维持汇率的上下限，必须尽力保持其外部的平衡。如一国的国际收支出现逆差时，往往采取紧缩性政策措施，减少进口和国内开支，使生产下降，失业增加。这样国内经济有时还要服从于国外的平衡。但是在浮动汇率制下，可以通过汇率杠杆对国际收支进行自动调节，在一国发生暂时性或周期性失衡时，一定时期内的汇率波动不会立即影响国内的货币流通，一国政府不必急于使用破坏国内经济平衡的货币政策和财政政策来调节国际收支。

（5）减轻通货膨胀的影响。

浮动汇率制使经济周期和通货膨胀的国际传递减少到最小限度。在贸易上有密切联系的国家间容易通过固定汇率传播经济周期或通货膨胀，如 1971—1972 年发生的国际性的通货膨胀，就是同固定汇率制密切相关的，当时各国为了维持固定汇率不得不经受相同的通货膨胀。在浮动汇率制下，若一国国内物价普遍上升，通货膨胀严重，则会造成该国货币对外货币汇率下浮，该国出口品的本币价格上涨便会被汇率下浮抵消，出口品折成外币的价格因而变化不大，从而贸易伙伴国就少受国外物价上涨压力。

（6）缓解国际游资的冲击。

在固定汇率制下，由于要维持货币的固定比价，因此会使汇率与货币币值严重背离，各种国际游资竞相追逐可以用来保值或用来谋求汇率变动利润的硬货币，这会导致国际游资的大规模单方面转移。在浮动汇率制下，汇率因国际收支、币值的变动等频繁调整，不会使币值与汇率严重背离，某些硬货币受到巨大冲击的可能性减少。

浮动汇率制的劣势主要体现为：

（1）助长投机，加剧动荡。

在浮动汇率制下，汇率变动频繁且幅度大，为低买高抛的外汇投机提供了可乘之机。有时不仅一般投机者参与投机活动，连银行和企业也加入了这一行列。如 1974 年 6 月，德国最大的私人银行之一赫斯塔特银行因外汇投机损失 2 亿美元而倒闭。这种为牟取投机暴利而进行的巨额的、频繁的投机活动，加剧了国际金融市场的动荡。

（2）不利于国际贸易和国际投资的稳定进行。

汇率波动导致国际市场价格波动，使人们普遍产生不安全感。外贸成本和对外投资损益的不确定性加大，风险加大，使人们不愿意缔结长期贸易契约和进行长期国际投资，使国际商品流通和资金借贷受到严重影响。

（3）使货币战加剧，国际协调困难。

浮动汇率制可能导致竞争性贬值，各国都以货币贬值为手段，以邻为壑，输出本国失业，或以他国经济利益为代价扩大本国就业和产出。浮动汇率制可能会助长各国在汇率上的利己主义或各自为政，削弱金融领域的国际合作，加剧国际经济关系的矛盾。

（4）具有通货膨胀倾向。

由于一国汇率的下浮可一定程度上自动调节国际收支浮动汇率，因此浮动汇率制有其内在的通货膨胀倾向，可使一国长期推行通货膨胀政策，而不必担心国际收支问题。

总之，固定汇率制与浮动汇率制在特定条件下均能发挥好的作用，条件改变后其缺点可能又很明显或突出。要在固定汇率制和浮动汇率制之间找到一个平衡点，一个比较好的选择就是实行有管理的浮动汇率制。实行这种汇率制度可以依靠三种工具：一是货币政策工具，二是中央银行对外汇市场的对冲性干预，三是一定程度的资本管制。这种制度既可以保持货币政策的独立性，又能使汇率具有一定的灵活性以应对国内外的冲击，同时还可以有选择地部分放开资本账户，使资本流动处于可控状态。目前，包括中国在内的大多数国家都实行有管理的浮动汇率制，绝对的固定汇率制和绝对的浮动汇率制是不存在的。

11.3　国际金融市场

11.3.1　国际金融市场的含义

国际金融市场是指在国际范围内进行资金融通借贷、有价证券买卖以及相关国际金融业务服务的场所，相对于本国居民参与的国内金融市场而言，其参与者可以是经营国家间货币和金融业务的一切金融机构、商业组织及个人。

在现代经济中，国际金融市场具有十分重要的地位，商品与劳务的国际性转移、资本的国际性转移、黄金输出入、外汇的买卖乃至国际货币体系的运转等各方面的国际经济交往都离不开国际金融市场，国际金融市场上新的融资手段、投资机会和投资方式层出不穷，金融活动也同传统的实体经济一起，成为推动世界经济发展的主导因素。

国际金融市场有广义与狭义之分。狭义的国际金融市场是指只进行国际借贷活动的场所。广义的国际金融市场是指居民与非居民之间或非居民与非居民之间实现金融资源（含金融资产与衍生金融工具）在国际范围内有效配置的场所或运营网络；我们平时提及的国际金融市场都是指广义的。金融资产亦称金融工具或证券，是指单位或个人拥有的以价值形态存在的资产，是一种索取实物资产的权利，通常包括货币、外汇、票据、股票、债券及货币型黄金等。衍生金融工具，又称金融衍生产品，是与基础金融产品相对应的一个概念，指建立在基础产品或基础变量之上，其价格随基础金融产品的价格（或数值）变动的派生金融产品，具体包括金融期货、金融期权、金融远期合约、利率互换等。当前国际金融市场的一个突出特点是其交易的对象已不限于金融资产本身，还包括各种金融衍生产品。

11.3.2　国际金融市场的形成与发展

11.3.2.1　一战以前

英国于19世纪初最早完成工业革命，经济得到迅速发展，通过对外扩张从海外殖民地掠夺了大量巨额利润，资金实力雄厚，英镑逐渐成为世界主要结算货币，成为货币霸主，伦敦率先发展成为国际金融中心。

11.3.2.2 一战爆发至二战结束后

二战后英国经济持续遭到战争重创，伦敦国际金融市场的作用随之逐步削弱。同时，美国利用二战积累的巨额资本，成为世界上最大的资金供应者，美元成为各国的储备货币和国际结算货币，纽约金融市场迅速崛起，超过伦敦，成为世界上最大的国际金融市场。同时，瑞士因免受战争灾难，并且具有良好的金融环境和瑞士法郎能够自由兑换的优势，使苏黎世金融市场规模也迅速扩大。在这一阶段，纽约、伦敦和苏黎世被公认为世界三大国际金融市场。

11.3.2.3 布雷顿森林体系后

随着布雷顿森林体系的产生和瓦解，美国国际收支出现持续巨额逆差并危及美元的信用，同时美国政府的一系列金融管制措施进一步诱发美元大规模外逃，促使美国境外的国际金融市场迅速发展，在欧洲形成了规模巨大的欧洲美元市场和欧洲货币市场，在亚洲和世界其他地区也出现了规模较大的国际金融市场。国际金融市场不再局限于少数地区，而是扩张到巴黎、法兰克福、阿姆斯特丹、东京、新加坡、香港等地区。

11.3.3 国际金融市场的分类

根据角度的不同，国际金融市场有不同的分类方式。

11.3.3.1 国际货币市场和国际资本市场

这是目前最常用的分类。按借贷期限来划分，国际金融市场可分为国际货币市场和国际资本市场。

（1）国际货币市场。

国际货币市场是国家间从事短期（通常在一年以内）金融资产交易的场所。按照经营业务种类划分，国际货币市场可分为国际短期信贷市场、国际短期证券市场、国际贴现市场。

①国际短期信贷市场。这是国际银行业对客户提供一年或一年以内短期贷款的市场，目的在于解决临时性的资金需要和以风险管理为目的的头寸调剂。贷款的期限最短为一天，最长为一年，也可一周、一月、半年等。其中银行或金融机构在每个营业日结束时，因风险管理或经营管理的需要，在同业间进行头寸调剂而形成的市场又被称为银行同业拆借市场。国际短期信贷市场交易通常以批发形式进行，少则几十万美元，多则几百万美元甚至更多，一般不需要担保或抵押，完全凭信誉，交易简便，并通过现代化通信设施或互联网进行。

②国际短期证券市场。国际短期证券市场的交易对象是期限为一年以内的短期证券，如短期国库券、可转让银行定期存单、银行承兑汇票等。

短期国库券是西方发达国家财政部为满足筹集季节性资金需要或进行短期经济和金融调控而在国际金融市场上发放的短期债券，期限一般为三个月或半年。可转让银行定期存单是存户在国际银行的定期存款凭证，可以转让和流通。银行承兑汇票是一种高流动性的信用支付工具，由银行承兑后可背书转让，到期后持票人可持票向付款人取款。

③国际贴现市场。这是对未到期的信用凭证（短期国库券、存单、汇票等）按贴现方式进行融资的国际性交易场所。贴现业务是货币市场资金融通的一种重要形式，贴现率一般要略高于银行利率。中央银行通常在再贴现业务中通过再贴现利率的调节来影响市场利率和控制信贷规模。在国际贴现市场上，跨国公司、跨国银行、国际金融机构和主要发达国家的中央银行等是贴现交易的主要参与者。

（2）国际资本市场。

国际资本市场是国家间从事长期（通常为一年以上）金融资产交易的场所，由国际信贷市场和国际证券市场组成。

①国际信贷市场。国际信贷市场是各国政府、国际金融机构和国际商业银行向客户提供中长期信贷的场所，其主要业务是政府贷款、国际金融机构贷款和国际商业银行贷款等。

政府贷款一般期限长，利率低，一般还规定贷款中要有部分优惠。但提供贷款时往往附加一些约束条件，如借款国必须用所获贷款购买贷款国指定的商品，或借款国必须做出实施某些经济政策或调整某些外交政策的承诺。

国际金融机构贷款有国际货币基金组织贷款、世界银行贷款、国际金融公司贷款、国际开发协会贷款和地区性开发银行（如亚洲开发银行、泛美开发银行等）贷款。与政府贷款相比，这些贷款具有相同的优惠利率，而且期限更长一些，同时各机构贷款目的各不相同。国际货币基金组织贷款的目的是帮助成员解决国际收支失衡和本币大幅度贬值以摆脱金融危机的困境；世界银行提供的贷款主要是项目贷款，其目的是支持成员的经济发展；国际金融公司侧重向成员的私人企业提供贷款；国际开发协会主要向贫穷的发展中成员提供条件更为优惠的贷款，以帮助贷款成员摆脱贫困。

国际商业银行贷款大多是跨国银行如花旗银行、汇丰银行和渣打银行等提供的无约束贷款，贷款利率视市场行情变化和贷款人信用而定。

②国际证券市场是指筹资者直接到国际金融市场发行债券或股票，以及买卖债券或股票的场所。国际证券市场包括初级市场（一级市场）和二级市场。初级市场是证券的发行市场，是指新证券的发行人从策划到由中介机构承销直至全部由投资人认购完毕的过程。二级市场是指已发行证券的交易市场，包括证券交易所和场外交易市场。

11.3.3.2　国际证券市场、国际资金市场、国际黄金市场和国际外汇市场

根据经营的业务种类不同，国际金融市场可分为国际证券市场、国际资金市场、国际黄金市场以及国际外汇市场。

国际证券市场主要指的是国际上政府债券、公司债券和股票等各种有价证券的交易与发行的市场，是需求者和长期投资人之间的一种中介，是组成国际金融市场的重

要部分。

国际资金市场从狭义来说就是我们常说的国际金融市场，也就是国际资金的借贷市场，根据借贷的时间长短可以分为长期信贷市场和短期信贷市场。

国际黄金市场主要从事的业务就是买卖黄金，其中业务也只涉及黄金交易。

国际外汇市场则是由外汇的需求者和提供者两部分组成，主要开展的业务涉及外汇买卖、外汇资金清算以及外汇资金调拨等。具体业务有：外汇远期交易、外汇即期交易、外汇期权交易以及外汇期货交易等。世界上最大的外汇交易中心是伦敦，其次是纽约、法兰克福、苏黎世、新加坡和东京。

11.3.4 国际金融市场的作用

随着技术的进步和社会生产力的发展，各国持续推进贸易和金融的自由化，生产国际化有力地推动了金融资本的国际化，国际金融市场发挥着越来越重要的作用，具体体现在以下方面：

(1) 调节国际收支。

国际金融市场在调节国际收支方面发挥着重要作用。国际收支出现逆差的国家可以在国际金融市场筹措资金以弥补逆差；同时，国际金融市场还可以通过汇率变动来影响国际收支状况，这是因为国际金融市场上外汇供求的变化会导致外汇汇率的变动，而汇率的变动又可以影响国际经贸往来，进而可以调节国际收支的状况。

(2) 促进了生产和资本的国际化。

国际金融市场通过世界各国的银行和非银行金融机构，广泛地组织和吸收世界各国与地区以及国际社会的各种资金，把大量闲散资金积聚起来变为有效资本。跨国公司和跨国银行的发展、互联网技术和电子商务在金融业的广泛运用，以及贸易和金融自由化的持续推进，使得生产和金融资本在全球统一规则下实现全球范围内优化配置，并能提供各种形式的不同货币的高效能的国际结算服务。国际金融市场的功能与效率的拓展和提高，为生产和资本的全球化创造了有利条件。

(3) 促进世界经济的发展。

国际金融市场积极发挥世界资本再分配的职能，为各国经济发展提供了资金。如战后形成的欧洲美元市场和欧洲货币市场为促进西欧和日本等经济体的经济复兴发挥了重要的作用，亚洲美元市场的发展为东亚经济体的经济增长和繁荣注入了大量资金，特别是许多发展中经济体可以通过国际金融市场筹措资金以满足其经济发展的投资需求。国际金融市场提供的资金有力推动了各国经济乃至世界经济的发展。

然而，国际金融市场的迅速发展也产生了一些副作用。国际金融市场积聚大量的跨国流动的资本，尤其是国际游资规模庞大，促使汇率和利率频繁大幅波动，强化了国际金融市场的不确定性，这些都会削弱政府经济与金融政策的有效性，诱发金融危机，降低全球范围内金融资源的配置效率。20 世纪 90 年代以来就有许多新兴市场经济体遭受金融危机的重创而蒙受惨重损失。

章末案例

外汇局河南省分局：为企业规避汇率风险备好“工具箱”

河南明泰铝业股份有限公司是一家大型铝制品出口企业，受 2023 年人民币汇率大幅波动影响，汇兑成本对企业综合利润的影响尤为明显。公司财务人员表示，为了最大限度提升公司利润，公司根据汇率变化和订单情况，采取多种手段综合管理汇率风险。首先，积极与交易对手约定汇率波动条款，根据汇率实时变化，通过双方约定补贴的方式解决汇率变化问题；其次，作为一家进出口兼营企业，公司通过“外币统收、统支，以收抵支”的方式尽量降低跨境资金结算中的汇率风险；最后，通过上述方式仍无法规避的风险，公司积极和银行沟通使用外汇衍生产品。整体操作下来，汇兑不但未造成公司利润亏损，还为公司贡献了约 2%的利润。

针对 2023 年以来国际国内货币政策分化、国内远期结汇贴水及购汇风险准备金并存、企业汇率风险管理难度空前提升等情况，外汇局河南省分局主动求变，将汇率风险管理思路从注重外汇套保向多元服务转变，区分“有无跨境人民币结算基础、有无自然对冲可能、有无议价能力、有无其他避险手段”4 种情形，注重引导企业使用适合自身需求的汇率避险方式。对辖内大型进出口企业，支持其采用外汇收入对冲外汇支出的方法，规避汇兑损益；对具备跨境人民币结算基础的企业，鼓励其使用跨境人民币结算，避免汇兑损益，前 8 个月全省跨境人民币结算 212.8 亿美元，同比增长 17%；对抗风险能力较弱的中小微企业，支持其首选与交易对手约定汇率条款，同时积极推动中小微汇率避险奖补政策扩面增量，为小微企业汇率避险保驾护航；对涉外收付款账期较长且无其他避险手段的企业，加强汇率风险中性理念宣传与实地走访对接，充分发挥外汇衍生产品在汇率风险管理中的兜底性、保障性作用。

资料来源：叶松，苗晓艳，张矜金，等. 外汇局河南省分局：为企业规避汇率风险备好“工具箱”. 中国金融新闻网，2023-10-24.

本章小结

1. 国际货币体系的历史演变进程大致经历了国际金本位制、布雷顿森林体系及牙买加体系等几个阶段。

2. 布雷顿森林体系是二战后以美元和黄金为基础的金汇兑本位制，其实质是建立一种以美元为中心的国际货币体系，基本内容包括美元与黄金挂钩、国际货币基金组织成员的货币与美元保持固定汇率（实行固定汇率制）。通过《布雷顿森林协定》成立了国际复兴开发银行和国际货币基金组织两大国际经济组织。

3. 自布雷顿森林体系崩溃以后，国际货币体系所采用的牙买加体系正式确认了浮动汇率制的合法化，承认固定汇率制与浮动汇率制并存的状况。目前，包括中国在内的大多数国家都实行有管理的浮动汇率制，绝对的固定汇率制和绝对的浮动汇率制是不存在的。

4. 目前最常用的分类是按借贷期限来划分，国际金融市场可以分为国际货币市场和国际资本市场。国际货币市场是国家间从事短期（通常在一年以内）金融资产交易的场所，国际资本市场是国家间从事长期（通常为一年以上）金融资产交易的场所。

关键词和术语

国际货币体系	金本位制	布雷顿森林体系
牙买加体系	固定汇率制	浮动汇率制
国际货币市场	国际资本市场	欧洲货币市场
外汇风险		

思考题

1. 什么是金本位制？金本位制为什么崩溃？
2. 试述什么是布雷顿森林体系，以及其主要特点、作用、崩溃的原因。
3. 试述什么是牙买加体系以及其与布雷顿森林体系的不同。
4. 固定汇率制与浮动汇率制各有哪些优缺点？
5. 关于国际货币体系改革，各国都提出了哪些方案？
6. 试述什么是欧洲货币市场以及其形成与发展。
7. 在国际商务活动中，企业要如何进行外汇风险与资金成本的权衡？

延伸阅读

[1] 巴里·埃森格林. 资本全球化：一部国际货币体系史：原书第3版. 北京：机械工业出版社，2022.

[2] 范希文. 美元主导下国际货币体系的韧性与脆弱. 中国金融，2023（15）：80-82.

[3] 张策，梁柏林，何青. 人民币国际化与中国企业的汇率风险. 中国工业经济，2023（3）：58-76.

[4] 李骏，李俊葶. 基于“特里芬难题”的国际货币体系改革探讨：兼论稳慎推进人民币国际化. 金融发展研究，2022（3）：3-7.

[5] 王晓芳，鲁科技. 国际货币体系改革与人民币国际化. 经济学家，2023（2）：45-55.

[6] 张丽娟. 国际货币体系演进与“去美元化”态势. 当代世界，2023 (7)：32-37.

[7] 张明. 国际货币体系面临新变局. 金融博览，2022 (9)：46-47.

[8] 张明，王喆. 俄乌冲突对国际货币体系的冲击与人民币国际化的新机遇. 辽宁大学学报（哲学社会科学版），2022 (4)：1-17.

[9] 王俊尧. 国际货币体系缺陷及改革方向的探讨. 产业创新研究，2022 (11)：111-113.

第12章
国际企业进入战略

学习目标

1. 了解不同导向的国际企业战略
2. 掌握国际企业竞争优势塑造的思路
3. 掌握国际市场进入战略

引导案例

金风科技的国际化战略

金风科技是全球可信赖的清洁能源战略合作伙伴，致力于推动能源变革，让人人可负担、可靠、可持续的能源惠及全球，构建“可持续更美好”的未来。金风科技深度聚焦能源开发、能源装备、能源服务、能源应用四大领域，以强大科研创新和最佳业务实践，将可再生能源的效率提升至新高度。作为在深交所、港交所两地上市的公司，金风科技多次入选“气候领袖企业”“亚洲地区最受尊敬公司”“最佳投资者关系公司”，并荣登“全球最具创新能力企业 50 强”“全球最环保企业 200 强”“全球新能源企业 500 强”“新财富最佳上市公司”“《财富》中国 500 强”“年度 ESG 实力先锋企业”“A 股公司 ESG 百强”等多个影响力榜单。

自成立至今，金风科技亲历并见证中国可再生能源事业蓬勃发展，并以全面深度的国际化能力根植全球市场。金风科技业务遍及全球 6 大洲、38 个国家。在波黑、北马其顿、埃及建设了当地最大的风电项目；在巴基斯坦建设风电解决方案工厂，提供风电人才和技术支持；在巴西重启停工数年的风电项目，使项目重焕生机；更是为乌兹别克斯坦、阿拉伯联合酋长国实现了风电“零的突破”，助推“一带一路”共建国家加速能源转型步伐。金风科技北京研发总部、新疆白鸟湖创新中心及布局全球的 6 大研发基地构建起驱动前沿技术发展的核心动力。金风科技全球员工超过 10 000 人，其中研发和技术人员超过 3 000 名。公司已在北美洲、南美洲、欧洲、非洲、澳大利亚、亚洲、中东北非地区、中亚俄语区设立 8 大海外区域中心，全面实现资本、市场、技术、人才、管理的国际化。

资料来源：整理自金风科技官网。

实行国际化经营的企业往往需要面对更为严峻的竞争环境与更为激烈的竞争态势。国际企业应合理评估内部资源状况与外部环境，合理进行战略规划与进入战略选择，塑造竞争优势。

12.1 国际企业的战略

12.1.1 企业战略的界定

不同学者从不同维度对企业战略进行了诠释。代表性的观点有以下几种：

12.1.1.1 安索夫对企业战略的界定

伊戈尔·安索夫（Igor Ansoff）在其代表作《公司战略》（1965 年）一书中提出了其对企业战略的理解。在《从战略规划到战略管理》（1976 年）一书中，安索夫进一步对企业战略进行了界定，认为“企业战略是企业高层管理者为保证企业持续生存和发展，在对企业外部环境和内部资源条件分析的基础上，对企业经营活动所进行的全局性、长远性、根本性的谋划”。

12.1.1.2 明茨伯格对企业战略的界定

亨利·明茨伯格（Henry Mintzberg）认为企业战略包括 5P，即计划（plan）、计谋（ploy）、模式（pattern）、定位（position）和观念（perspective）。

第一，战略是一种计划。即战略是一种有意识、有预计、有组织的行动，是企业“行动之前的概念”。

第二，战略是一种计谋。即战略是企业在特定的环境下，在与竞争对手的竞争博弈中威慑和战胜竞争对手的一种“手段”。

第三，战略是一种模式。即战略是企业一系列的具体行动和现实结果。明茨伯格认为，企业行为模式是在发展历史中逐渐形成的，并且会在很大程度上决定企业未来战略的选择和实施。因此，在制定和选择企业战略时要充分考虑并尊重企业发展史和企业原有的行为模式。定义为“计划”的战略是设计的战略，而定义为“模式”的战略是已实现的战略，并且可能在事先并未计划的情况下形成。

第四，战略是一种定位。即战略是企业在其所处环境中的位置。制定战略时应充分考虑到外部环境，尤其是行业竞争结构对企业行为的影响，确定自己在行业中的地位和达到该地位所应采取的各种措施。把战略看成一种定位就是要通过正确地配置企业资源，形成竞争优势。

第五，战略是一种观念。即战略是组织中人们对客观世界固有的认识方式，反映了企业战略决策者的价值观。

12.1.1.3 波特对企业战略的界定

迈克尔·波特认为企业战略是企业为了形成竞争优势而拟定出的具有独特性和价值性的定位。波特对企业战略的界定是从竞争视角出发的。波特在其 1980 年出版的著作《竞争战略》一书中，阐释了企业的三种基本竞争战略——成本领先战略、差异化战略、聚焦战略。

第一，成本领先战略是指企业通过规模生产、高效运营、科学管理等有效途径最大限度降低生产经营过程中的总成本，从而凭借总成本优势赢得竞争的战略。一方面，企业可以通过低成本优势制定出低价格，大量吸引对价格敏感的顾客，进而提高总销售收入；另一方面，企业可以维持销售价格，通过控制内部成本，在市场份额基础上利用低成本优势提高单位利润率；再一方面，成本领先战略是一个“可持续成本领先”的概念。

第二，差异化战略是指企业通过打造差异化的产品设计、营销措施、个性化服务等，与竞争对手相比，形成“与众不同”的独特性，从而构建竞争优势的战略。一方面，差异化的来源多种多样，可以表现为一种独特的口味、一系列的特色、工程设计和性能独特性、名望和特异性、高质量的制造、产品的安全性和可靠性、技术领导地位、可靠的服务、行业中高端的形象和地位等；另一方面，差异化战略往往意味着高投入和一定的风险；再一方面，差异化战略一般伴随着高价格，并非所有的目标顾客都有意愿和能力为此买单。

第三，聚焦战略是指企业集中精力深耕于特定的细分市场、特定的产品线或特定的地域，通过集中发力更好地让目标顾客满意，从而形成竞争优势的战略。一方面，在顾客群体需求存在较大差异、竞争对手尚未关注、企业资源相对有限的情况下适合采用聚焦战略；另一方面，聚焦战略往往能为细分领域的顾客提供更满意的产品或服务；再一方面，聚焦战略意味着放弃其他市场机会，存在战略风险，特别是目标市场的突然变化会导致企业面临困境。

12.1.2 国际企业战略的界定

根据安索夫对企业战略的界定，结合国际企业的特点，我们认为国际企业战略是指实施跨国经营的企业管理者，为谋求企业生存和发展，在对企业所处的国际经营环境和内部资源状况进行充分分析的基础上，对企业经营活动所进行的全局性、长远性、根本性的谋划。其意义在于推动开展国际化经营的企业通过正确地分析和评估其外部环境和内部条件，使得企业在经营目标、经营结构和资源配置等方面与外部环境提供的机会实现动态平衡，从而在激烈的国际市场竞争中实现企业的生存和持续发展。

12.1.3 不同导向的国际企业战略

根据 EPRG 模型，国际企业战略可以根据战略中心的不同划分为四类，即本国中心导向（ethnocentric）战略、多国中心导向（polycentric）战略、地区中心导向（regiocentric）战略和全球中心导向（geocentric）战略。

12.1.3.1　本国中心导向战略

本国中心导向战略是指国际企业将战略重心放在母国，而将东道国放在较为次要位置的战略。这一战略的特点是根据母公司的利益和价值观进行战略规划，母公司集中进行产品的设计、开发、生产和销售协调，管理模式高度集中，经营决策权由母公司控制。这种战略的优点是集中管理可以节约大量的成本支出，缺点是产品对东道国当地市场的需求适应能力差。

12.1.3.2　多国中心导向战略

多国中心导向战略是指国际企业将战略重心放在海外各子公司业务上的战略。这一战略的特点是国际企业在统一的经营原则和目标的指导下，按照各东道国当地的实际情况组织生产和经营。母公司主要承担总体战略的制定和经营目标分解，对海外子公司实施目标控制和财务监督；海外子公司拥有较大的经营决策权，可以根据当地的市场变化做出迅速的反应。这种战略的优点是对东道国当地市场的需求适应能力强，市场反应速度快，缺点是增加了子公司和子公司之间的协调难度。

12.1.3.3　地区中心导向战略

地区中心导向战略是指国际企业将战略重心放在一定区域内的海外经营业务上，追求这一区域内海外子公司或分公司整体利益最大化的战略。这一战略的特点是国际企业集中关键资源在特定区域构建竞争优势，在各个管理层次上反映区域中心及区域文化的特征。这种战略的优点是可以发挥相似市场的合力，产生规模效应，更便宜、更安全、反应更快速；缺点是受制于区域经济的规模且存在一定的风险。

12.1.3.4　全球中心导向战略

全球中心导向战略是指国际企业通过全球网络将不同的子公司统一起来协调行动，谋求企业总体利益最大化的战略。实行这一战略的国际企业将全球视为一个统一的大市场，在全世界范围内获取最佳的资源并在全世界销售产品。采用全球中心导向战略的企业通过全球决策系统把各个子公司连接起来，通过全球商务网络实现资源获取和产品销售。这种战略的优点是既考虑到东道国的具体需求差异又顾及国际企业的整体利益，缺点是对企业管理水平的要求高，管理资金投入大。

12.2　国际企业竞争优势的塑造

12.2.1　基于交易成本理论的国际企业竞争优势塑造

科斯（Coase，1937）[①] 以交易费用作为分析工具，在交易成本的框架内解释市场与企业的关系，认为企业组织是市场机制的替代物，交易费用的节约是企业绩效的重

① Coase，R. H. The Nature of the Firm. *Economica*，1937，4（16）：386－405.

要影响因素和企业竞争优势的来源。威廉姆森（Williamson，1975）[①] 进一步从资产专用性、不确定性、交易效率三个层面界定交易费用，将企业交易成本划分为搜寻成本、信息成本、议价成本、决策成本、监督成本、违约成本等子维度，同时提出企业边界的拓展可以形成企业竞争优势。

国际企业将部分需要通过市场进行的交易内部化，可以有效减少信息搜寻投入，避免外部市场的不确定性，降低交易成本，提升交易效率，打造企业竞争优势。

12.2.2 基于价值链理论的国际企业竞争优势塑造

波特在《竞争优势》一书中率先提出企业价值链的概念。他认为："任何企业的价值链都是由一系列相互联系的创造价值的活动构成，即每一个企业都是设计、生产、营销、交货和对产品起辅助作用的各种活动的集合。"企业价值链的增值活动可以分为两大类：基本活动和辅助活动。基本活动涉及企业的生产经营环节，包括原材料供应、产品开发、生产运营、市场营销和售后服务，这些活动都与商品实体的加工流转直接相关。辅助活动是辅助性增值活动，包括企业组织、人事管理、技术开发和采购事宜。根据产品实体在价值链中各环节的流转程序，企业的价值创造活动还可以被分为上游环节和下游环节。上游环节的经济活动围绕产品进行，产品技术特性在价值增值中起决定作用，如材料供应、产品开发和生产加工等环节。下游环节的活动围绕顾客进行，如储运、营销和服务等环节。无论是生产性行业还是服务性行业，企业的经济活动都可以用价值链进行分析，并且价值链上的每一环节都与其他环节相关。但是不同行业的价值链构成并不完全相同，同一环节在各行业价值链中的重要性也不相同。1998 年，波特进一步提出了价值体系（value system）的概念，将研究视角扩展到不同的公司之间。

科格特在 1985 年提出价值增值链（value added chain）的概念，认为价值链是"技术与原材料以及劳动力的组合，然后经过一系列加工活动最终生产出产品，通过市场上的交易、购买、消费等环节，最终形成产品的价值循环"。这一观点将价值链的视角从企业层面提升到地区、国家或者全球层面，一个企业可能仅参与这个循环中的某一个环节，也可能是参与多个环节。此外，科格特（Kogut，1984）[②] 提出国家和企业在价值链上的分工是由国家间不同的比较优势和企业不同的竞争优势决定的，而国际战略的制定应该以国家间的比较优势和企业间的竞争优势为基础。格里芬（Gereffi，2001）[③] 在分析全球范围内国际分工与产业联系问题时提出了全球价值链（global value chain）的概念，将其定义为"在全世界范围内为了实现某个商品或者服

---

① Williamson，O. E. *Markets and Hierarchies：Analysis and Antitrust Implications*. New York：The Free Press，1975.

② Kogut，B. Normative observations on the International Value-added Chain and Strategic Groups. *Journal of International Business Studies*，1984，15 (2)：151 - 167.

③ Gereffi，G.，Humphrey，J.，Kaplinsky，R.，et al. Introduction：Globalization，Value Chains and Developments. *IDS Bulletin*，2001，32 (3)：1 - 8.

务的价值而整合设计、加工生产、营销推广和售后服务等全过程的跨国企业网络组织”。全球价值链概念提供了一种基于网络、用来分析国际性生产的地理和组织特征的分析方法，揭示了全球产业的动态性特征。

国际企业不仅可以在更广的范围内设计和规划企业价值链，也可以有更多的机会嵌入全球价值链，因此可以形成企业竞争优势。但是同时，也需要警惕“低端锁定”困局，努力实现价值链跃升。

12.2.3　基于技术创新理论的国际企业竞争优势塑造

熊彼特（Schumpeter）在其代表作《经济发展理论》中最早探讨了创新对经济发展的作用。熊彼特认为，创新是一种新的生产函数的建立，即实现生产要素和生产条件的一种从未有过的新结合，并将其引入生产体系。创新包括制造新的产品、采用新的生产方法、开辟新的市场、获得新的供应商、形成新的组织形式。熊彼特的创新理论引发了学者对创新的持续关注，后续的研究分支之一是在新古典经济学的理论框架下推动了新古典经济增长理论和内生经济增长理论的发展；另一个分支则注重研究技术创新的扩散和技术创新的轨道与范式。

技术创新可以通过提高产品品质、降低生产成本、提升管理效率、打造产品独特性等渠道推动企业竞争优势的构建。国际企业往往可以在更广的范围内充分利用各种资源条件推动技术创新，还可以更便捷地接触技术创新的新成果、分享技术溢出的红利，形成企业竞争优势。

12.2.4　基于数字化背景下的新特征的国际企业竞争优势塑造

数字化正推动全球经济发生深刻变革。以人工智能（artificial intelligence）、区块链（blockchain）、云计算（cloud computing）、大数据（big data）等“ABCD”为核心底层技术架构的信息技术的广泛应用重塑了企业资源和能力，使企业组织结构、资源和能力、商业模式和战略决策等发生根本性变化。

虽然当前关于数字化对企业竞争优势的影响方向仍然存在争议，但是企业数字化变革“降成本”“提效率”“强创新”的作用得到普遍认可。一方面，企业数字化变革可以简化运营流程、革新商业模式、降低管理成本、节约交易费用；另一方面，企业数字化变革有利于优化生产要素、降低信息不对称，提升运营效率；再一方面，企业数字化变革既可以推动创新主体多元化和组织柔性增加，也可以促进隐性知识的溢出，有助于企业创新。

国际企业往往规模更大，涉及产品、行业或国家更多，数字化变革为其更有效地降低成本、提升效率和推动创新提供了条件。但是在分享数字化红利的同时也需要警惕可能的数字化陷阱，持续保持和提升国际企业竞争优势。

12.3 国际市场进入战略

12.3.1 出口

出口可以划分为直接出口和间接出口。

12.3.1.1 直接出口

直接出口是指企业将产品直接出售给外国经销商或进口商，独立完成产品出口业务，直接从事国际市场营销。企业可以通过以下几种方式进行直接出口：一是设立国内出口部；二是使用国外的经销商或代理商；三是设立驻外办事处；四是建立国外营销子公司。

(1) 设立国内出口部。

该部门负责实际的对外销售工作。它通常由一名出口销售经理和几名职员组成。它有可能演变成独立的出口部门，负责企业所有有关出口的业务，甚至还可能成为企业的销售子公司，单独计算盈利。

(2) 使用国外的经销商或代理商。

国外经销商直接购买企业产品，拥有产品所有权；而国外代理商是代表企业在国际市场推销企业产品，不占有产品但要抽取佣金。在企业不了解国外市场又想尽快进入国际市场时，可以把产品卖给国外经销商，或委托国外代理商代售。

(3) 设立驻外办事处。

设立驻外办事处实质是企业跨国化的前奏。办事处可从事生产、销售、服务等一条龙服务。其优点一是可以更直接接触市场，信息回馈准确迅速；二是可以避免代理商的三心二意，而集中力量攻占某个市场。但其缺点是设立国外办事处需要大量投资。

(4) 建立国外营销子公司。

国外营销子公司的职能与驻外办事处相似，所不同的是，子公司是作为一个独立的当地公司建立的，而且在法律上和财务上都有其独立性。这说明企业已更深入地介入了国际营销活动。

直接出口可以给企业带来以下有利之处：

第一，能较迅速地掌握国外市场动向，从而有利于企业改进产品，提高产品对国际市场的适应性和竞争力。

第二，有利于积累跨国营销经验和树立企业在国际市场的声誉，从而有利于开拓国际市场。

第三，增加了企业对产品流向和价格的控制能力。

直接出口可以给企业带来以下不利之处：

第一，需要增设专门的外销机构和人员，承担直接渠道费用。

第二，加重了资金周转的负担，增加了风险。

第三，对一个初步涉及直接出口的企业来说，总要碰上如何寻找国外客户、建立自己的国外渠道的困难。如果解决不好，企业将无法顺利进入国际市场。

12.3.1.2　间接出口

间接出口是指将产品卖给国内出口商或委托出口代理商代理出口。企业可以通过以下几种方式进行间接出口：一是借助专业外贸公司；二是借助合作出口；三是借助外国企业驻本国采购处。

（1）借助专业外贸公司。

专业外贸公司往往拥有人才、资金、渠道、信誉、灵敏的信息网络、一定的政策优惠等优势，是中国的重要出口力量。同时，随着中国改革开放的深入，越来越多的生产企业获得了出口自主权以及外资企业的介入，拓展了出口渠道。

（2）借助合作出口。

合作出口有两种形式：一是由若干小企业组成松散的合作组织，以该组织名义从事出口业务，包括营销调研、贸易洽谈、统一定价和联合运输等。二是一家生产企业或者为了发挥规模效益，或者因为产品的互补性而利用自己的出口力量和海外渠道为另一家生产企业出口产品。两者之间的关系可以是买卖关系，也可以是代理委托关系。

（3）借助外国企业驻本国采购处。

西方国家的一些大型批发商和零售商往往在其他国家设有采购处或采购中心，主动寻求合适商品销往本国或海外市场。

间接出口可以给企业带来以下有利之处：

第一，利用出口商或出口代理商的国外渠道和外销经验，迅速打开国际市场。

第二，不必增设外销机构和人员，节省直接渠道费用。

第三，减轻资金负担和减少风险。

间接出口可以给企业带来以下不利之处：

第一，对产品流向和价格控制程度较低，甚至不能控制。

第二，难以迅速掌握国际市场信息，从而不利于提高产品对国际市场的适应性和竞争力。

第三，无法获得跨国营销的直接经验。

第四，难以建立企业自己在国际市场上的声誉。

12.3.2　合同协议

常见的合同协议包括许可协议和特许经营。

许可协议是技术贸易的一种主要形式，是指许可人同意受许可人使用、制造或销售其专利物，或同意受许可人使用其商标，而由受许可人支付一定的报酬作为取得此项使用权的对价的一种合同。许可协议是在国际技术转让中使用得最广泛和最普遍的合同形式。有时，许可协议中也包含转让专有技术的内容。在许可协议中，被许可人只是获得对协议项下的专利技术和商标的使用权，而不是其所有权。

特许经营是指拥有注册商标、企业标志、专利、专有技术等资源的企业（特许人），以合同形式将其拥有的经营资源许可其他经营者（被特许人）使用，被特许人按照合同约定在统一的经营模式下开展经营，并向特许人支付特许经营费用的经营活动。

12.3.3 国际战略联盟

国际战略联盟亦称跨国战略联盟，是指在两个或两个以上国家的两个及以上的企业，为实现某一战略目标而建立的合作性的利益共同体，其目的主要在于增强企业的长期竞争优势。

企业确立战略联盟的用意在于，与合作方协力加速扩大市场容量，以便从中获得一定的市场份额，这也正是战略联盟创造新市场的思想，即与竞争对手共同创造并分享一个更大的市场。

常见的国际战略联盟模式有以下几种：

（1）技术开发联盟。

技术开发联盟即由各方为了共同从事技术开发而形成的联盟。这种联盟的具体形式有多种，如在大企业与中小企业之间形成的技术商业化协议，即由大企业提供资金与市场营销力量等，而由小企业提供新产品研制计划，合作进行技术与新产品开发；又如合作研究小组，即各方将研究与开发的力量集中起来，在形成规模经济的同时也加速了研究开发的进程；与此类似的还有联合制造工程协议，即由一方设计产品，另一方设计工艺。

（2）合作生产联盟。

合作生产联盟即由各方集资购买设备以共同从事某项目的生产。这种联盟可以使加盟各方分享到生产能力利用率高的益处，因为各参与方既可以优化各自的生产量，又可以根据供需的不同对比状况及时迅速地调整生产量。

（3）市场营销与服务联盟。

合作各方共同拟定适合于合作者所在国或某个特定国家市场的市场营销计划，从而使加盟各方能在取得当地政府协助的有利条件下，比其他潜在竞争对手更积极、更迅速地占领市场；加盟各方也可经由这种联盟形成新市场，使竞争不至于因各方力量相差悬殊而趋于窒息。

（4）多层次合作联盟。

这种联盟实际上是上述各种联盟形式的组合，即由加盟各方在若干领域内开展合作业务。企业加入这种联盟可采取渐进方式，从单项业务交流发展到多项合作。

12.3.4 对外直接投资

对外直接投资是指一国投资者直接在外国举办并经营企业而进行的投资。对外直接投资一般表现为投资者输出资本，直接在国外开办工厂，设立分店，或收买当地原有企业，或与当地政府、团体、私人企业合作，而取得各种直接经营企业的权利。对外直接投资有利于被投资国解决资金困难、引进先进技术、扩展出口贸易、增加就业机会，因而被广泛接受。世界各国为促进本国经济发展，大都采取开放政策以吸收国外直接投资，同时也注重制定相应的政策法律，保护民族权益。

对外直接投资的主要动机包括收入动机和成本动机。

收入动机可以进一步划分为以下几项子目标：

（1）吸引新的需求来源。

随着企业的不断成长，由于竞争激烈，会发展到其增长在本国受到限制的阶段，或者虽然没有太大的竞争，但它在本国的市场份额已接近潜力顶峰，因此一种可能的解决途径就是考虑有需求潜力的国外市场。许多发展中国家都被认为是具有吸引力的新的需求的来源。因为这些国家的消费者过去在购买国外企业生产的商品方面受到了限制，一些商品市场尚未完善，从而为跨国公司的进入提供了巨大的潜力。

（2）进入有超额利润的市场。

假如行业内的其他企业证实在其他市场可以取得超额收益，那么该市场就很可能吸引跨国公司进入以获取超额利润。

（3）利用垄断优势。

如果企业拥有其竞争对手所不具有的各种资源和技能，就有可能变得国际化。即一个特定企业如果拥有先进的技术并已经将这一优势成功地在本国市场上加以利用，它也可能试图在其他国家市场上加以利用。

（4）对贸易限制做出反应。

由于过多商品出口到其他国家会损害当地的就业形势，因此当地政府往往会对进口做出一定的限制。而对外直接投资能够促进就业，因此也能规避政府对进口贸易的限制。

成本动机可以进一步划分为以下几项子目标：

（1）从规模经济中充分受益。

企业通过对外直接投资可以扩大生产和销售规模，进一步产生规模经济效应，降低成本、提高收益。

（2）利用国外的生产要素。

各国由于资源禀赋的差异，其劳动力成本、土地成本、资金使用成本等生产要素成本会有很大的不同，因此企业会试图通过对外直接投资在劳动力和土地价格相对便宜的地方设立生产点。

（3）利用外国技术。

科学技术是第一生产力。各企业可以通过在国外建厂或购买国外已建成的工厂来学习国外的技术，这些技术又会在全球子公司普及以完善生产程序。

（4）对汇率变动做出反应。

汇率的变化也是影响企业对外投资决策的重要因素。当企业觉察到某种外币会贬值时，它也许会考虑对该国进行直接投资，因为原先的费用支出相对降低了，意味着企业对外直接投资的成本降低了。

章末案例

中国企业"走出去"更要"走进去"

2019年10月，国家电网在海外首个独立中标的特高压输电工程——美丽山二期项目正式投入商业运行。这条"电力高速公路"贯穿巴西南北，不仅有效解决了水电长距离输送难题，而且有力促进了巴西电力行业和特高压技术的发展。中国特高压点亮海外，既是中国企业扬帆出海的生动注脚，也为企业从"走出去"向"走进去"转变提供了有益启示。

随着"一带一路"建设从谋篇布局的"大写意"转向精谨细腻的"工笔画"，中国企业"走出去"的道路越来越宽广。揆诸全球，从华为、小米等智能手机品牌在国外成功"圈粉"，到快递产业、移动支付等"中国服务"阔步迎风出海，再到大型基础设施建设工程在世界各地落地生根，中国企业"走出去"成绩单可圈可点。但"墙外开花"还需"两头香"。企业要开拓海外市场、实现长远发展，简单的"走出去"远远不够，必须"走进去""融进去"。

完成这一跨越，既要有"打铁还需自身硬"的实力支撑，更要有合作共赢、造福当地的情怀与担当。实践中，"走得快""走得稳"的企业无不顺应互利互惠、共同繁荣的发展潮流。在孟加拉国，中铁大桥局创造"烂泥坑"上建桥的奇迹，结束了帕德玛河两岸居民千百年摆渡往来的历史；在阿拉伯联合酋长国，"阿布扎比之光"项目满足逾9万人用电需求，每年减排二氧化碳100万吨；在塔吉克斯坦，新疆中泰集团中塔农业纺织项目为当地创造固定就业岗位1 600个、提供年临时用工30万人次……这些合作共赢的故事，不但将中国人民的友谊播撒向世界，而且提示我们：只有真正惠及当地，企业才能获得支持，实现长远发展。

从"走出去"到"走进去"，企业需要将"功夫下在诗外"。由于不同国家在历史发展、文化习俗等方面存在较大差异，在合作中难免出现"水土不服"的情况。这就要求企业与海外公众多交往、多沟通，形成情感共振。拿美丽山二期项目的建设来说，国家电网在工程建设的同时，还在线路沿途新建、修复了超过1 970公里的道路和350座桥梁，向亚马孙地区沿线居民捐献了760批防治疟疾专用物资，帮助亚马孙地区贫困居民建设现代化工厂……实实在在的举动造福着巴西人民，让该工程成为闻名巴西全境、受当地民众尊敬的项目。

企业扬帆出海，注定要在深海里练就抗击风浪的经验和能力。近期，突如其来的疫情，给出海企业带来了巨大挑战。不少人担心：海外项目怎么办？实际上，为将疫情影响降到最低，不少企业纷纷行动起来。比如，一些企业一手抓疫情防控，一手推进海外项目建设，有的工程甚至提前"交卷"；跨境电商、外贸等行业主动化危为机，加快企业转型升级。事实证明，企业出海不可能总在风平浪静时，只有学会在疾风骤雨中成长，才能最终驶向彼岸。

近年来，中国企业"走出去"步伐加快，海外形象也逐年提升。有专家结合调查报告发现，中国企业海外形象的分值从 2017 年的 3.15 分提升至 2019 年的 3.77 分（满分为 5 分）。数字的变迁，标注着中国企业从“走出去”到“走进去”的嬗变。未来，相信会有更多中国企业直挂云帆、乘风出海，为中国和世界做出更大更多的贡献。

资料来源：中国企业“走出去”更要“走进去”. 人民日报海外版，2020-04-03.

本章小结

1. 国际企业战略是实施跨国经营的企业管理者，为谋求企业生存和发展，在对企业所处的国际经营环境和内部资源状况进行充分分析的基础上，对企业经营活动所进行的全局性、长远性、根本性的谋划。国际企业战略可以根据战略中心的不同划分为四类。

2. 国际企业竞争优势的塑造可以从基于交易成本理论、基于价值链理论、基于技术创新理论、基于数字化背景下的新特征等维度进行。

3. 国际市场进入战略包括出口、合同协议、国际战略联盟、对外直接投资。

关键词和术语

企业战略	国际企业战略	交易成本
价值链	出口	合同协议
国际战略联盟	对外直接投资	

思考题

1. 国际企业战略的含义是什么？有哪些不同导向的国际企业战略？
2. 国际企业竞争优势可以从哪些维度进行塑造？
3. 国际市场进入战略有哪些？

延伸阅读

[1] 许晖，张超敏，丁超，等. 特变电工：“一带一路”沿线的勇士. 中国工商管理国际案例库.

[2] Kittilaksanawong，W.，Harun，N. I. B. 阿里巴巴集团：收购来赞达（LAZADA）以赢得东南亚的电子商务之战. 中国工商管理国际案例库.

第13章 全球生产

学习目标

1. 了解全球生产的必要性
2. 理解影响国际企业区位选择的因素
3. 了解全球生产背景下产业链安全和韧性的重要性

引导案例

长城汽车生产网络的全球布局

全球生产网络理论作为基于全球价值链理论建构的“年轻”理论，自提出伊始便被视作从“全球-地方”生产关联层面理解全球化经济空间配置与产业组织动态的重要途径。近年来，随着中国更为主动地融入全球产业链价值链，中国企业主导的全球生产网络备受关注。

长城汽车是中国领军的汽车制造企业，旗下拥有哈佛、魏、欧拉、坦克及长城皮卡五大整车品牌，2022年市值位居全球车企第九位。作为燃油汽车制造的“在位者”，长城汽车在2016年成立XEV（Next Energy Vehicle）项目组，从零开始启动氢能技术产品开发，以“后发者”姿态进入这一双碳时代“兵家必争”的复杂技术领域，而彼时的全球市场，丰田、现代、奔驰等全球领先企业已推出MIRAI、TUCSON等量产车型，电堆、储氢瓶、空压机等关键零部件的综合性能与关键参数标准也在不断提升。

长城汽车布局的“四国五地”全球生产网络（包括中国保定和上海、德国慕尼黑、日本横滨、加拿大温哥华），成为不同阶段自主产品开发平台构建与关键技术攻坚的“驱动器”。例如：依托保定团队建设全国首家氢能检验检测中心，整合乘用车、商用车应用场景，聚焦全产业链关键核心技术产品开发，同时进行全产业链氢能技术产品检验检测；依托上海团队聚焦整合乘用车、商用车应用场景，进行全产业链关键核心技术产品开发，下线首个量产级别产品——“超越-300E”型100kW商用燃料电池发动机；依托慕尼黑团队搭建氢能技术V流程产品开发体系，进行储氢技术产品开发；依托横滨团队开展储氢瓶原材料测试与机理研究；依托温哥华团队进行下一代高功率密度Y型堆开发。

长城汽车秉承正向开发、自主产权与国产化战略加速追赶，借助全球生产研发网络的构建，现已形成涵盖燃料电池发动机、电堆、储氢瓶、瓶阀及减压阀等关键零部件的完整产品序列，多项产品达到国际领先水平，燃料电池系统和储氢系统在 2022 年 5 月同时通过 IATF（International Automotive Task Force，国际汽车工作组）权威认证。

资料来源：周麟，贺俊，兰宗敏，等. 后发企业如何利用全球生产网络构建自主产品开发平台?：对长城汽车氢能技术产品开发的纵向案例研究. 管理世界，2023（11）：152－172.

全球化的发展推动了企业间合作的日益紧密，尤其是对产业结构较为复杂的制造业而言，全球生产网络逐渐成为主流的生产组织方式。

13.1　全球生产的方式与区位选择

全球竞争的日益激烈促使开展国际经营的企业不断挖掘不同国家在劳动力、资源禀赋、资本投入、知识要素和创新能力等方面的优势，区位优势成为全球生产方式下国际企业打造竞争优势的重要依托。国际企业区位选择需要综合考虑国家因素、战略动机、技术特征和市场需求状况。

13.1.1　国家因素与国际企业区位选择

13.1.1.1　政治因素

政治因素主要包括政治制度与体制、政局，政府各项路线、方针、政策的制定和调整等，政治环境是影响国际企业区位选择的重要因素。稳定的政局、良好的双边关系、对待外资的友好稳定和优惠的政策可以帮助政府有效地吸引投资。

一国政治制度环境可以通过世界银行开发的世界治理指标（worldwide governance indicators）来衡量。具体而言，通过公众话语权与政府问责、政治稳定与社会暴力、政府管制效率、监管质量、法律环境和腐败控制 6 个维度进行衡量。国与国之间的政治制度距离可以借助测算文化距离的公式进行计算。

13.1.1.2　法律因素

法律因素不仅包括政府制定的法律、法规、地方性法规、规章、税收制度等，还包括法律效力、依法治理程度等多方面内容。法律环境是影响国际企业区位选择的重要因素。

良好的法律制度环境往往基于规则意识和契约精神，不仅意味着“游戏规则”不被任意侵犯，同时保障了国际企业可以行使应有的权利和履行应尽的义务，在发生纠纷时可以合理抗辩。因此，好的法律制度环境能够降低交易成本并且减少交易的不确定性，确保市场经济透明公开、平等公正、诚信守约，可以在更大程度上改善和优化投资环境，保障企业经营与交易的安全和稳定，推动国际企业在跨国经营中获得高利润。

13.1.1.3 经济因素

经济因素包括GDP、利率水平、财政货币政策、通货膨胀、失业率水平、居民可支配收入水平、汇率、能源供给成本、市场机制、市场需求等。经济环境是影响国际企业区位选择的重要因素。

一方面，经济状况稳定并且经济发展水平较高往往意味着良好的生产氛围和较强的供应链柔性，是国际企业顺利高效生产的有力保障。另一方面，旺盛的市场需求、稳定充裕的居民可支配收入水平往往意味着较大的市场容量和强劲的消费潜力，是国际企业产品或服务扩大市场的有力保障。再一方面，稳定的汇率、完善的市场机制等因素是国际企业稳定经营和持续盈利的有力保障。

13.1.1.4 社会文化因素

社会文化因素包括人口因素和文化因素。人口因素主要包括人口规模、年龄结构、人口分布、种族结构等因素。人口因素影响市场容量、消费者特点和消费模式，是影响国际企业跨国经营区位选择的重要因素。

文化是指一群人共同拥有并且世代相传的文化价值观、礼仪和仪式、符号、信仰、思维过程。文化影响人们的思维方式、消费者的行为模式、企业的管理风格等，因此也是影响国际企业跨国经营区位选择的重要因素。

13.1.2 战略动机与国际企业区位选择

国际企业跨国经营的战略动机是影响其区位选择的重要因素。国际企业跨国经营一般包括四种战略动机：寻求自然资源、寻求市场、寻求效率与寻求战略资产。

13.1.2.1 自然资源寻求型

自然资源寻求型跨国经营的主要目的是寻求国内稀缺的资源以及维护原料来源的稳定性。第一，大多数制造业企业对于石油、铁、铜等自然资源需求旺盛，而自然资源的分布具有非均衡性，因此投资于资源丰富的国家是该类国际企业寻求资源的主要方式。第二，一些使用进口原料的企业为防范国际原料市场供应和价格变化带给企业的不良影响，往往考虑在原料生产国生产该产品。第三，一些特定区域具有其他地方难以比拟的自然地理条件因而形成区位优势。比如，新加坡是一个理想的连接欧洲、中东与东亚以及澳大利亚的海运和空运中转站，可以为在那里经营的企业提供更多的机遇，并减少包括运输成本在内的多种成本。第四，低成本的土地、资本、劳动力等生产要素供给也会影响整体生产成本和效率，因此也是影响国际企业跨国经营区位选择的重要因素。

13.1.2.2 市场寻求型

市场寻求型跨国经营的主要目的是寻求更为广阔、更具发展潜力的海外市场。

一方面，大规模、快速成长的市场具有区位优势。随着一国国内经济的不断发展，国内市场上的很多产品都面临着市场饱和、生产过剩等现象，其市场需求呈下降趋势。为了寻求生存之路，国际企业可以借助跨国经营让产品在国外市场生产和销售，不仅能够解决生产过剩问题，而且还可以拓展市场。

另一方面，某些海外市场可以规避贸易保护和贸易壁垒。关税、配额以及非关税贸易壁垒等的存在限制了对外贸易，国际企业可以借助对外直接投资有效规避贸易保护和贸易壁垒。

再一方面，对于新产品而言，同时占领国内和国外市场，企业就可以在产品生产的初期获得领先优势，得到丰厚的利润回报。

13.1.2.3 效率寻求型

效率寻求型跨国经营是指国际企业将产品的设计、开发、生产和销售环节转移到具有更低劳动力成本的国家以降低生产的整体成本，实现资源的最优配置和经济效率的最大化。

任何从事跨国经营的企业都应当为其包括生产环节在内的价值链各环节在全球找到最佳区位。效率寻求型国际企业会寻求那些具有低成本要素优势的区位进行生产活动。对于生产劳动密集型产品的国际企业来说，劳动力工资水平是决定产品竞争力最重要的因素之一，这就促使企业在全球范围内寻求具备劳动力低成本优势的区位。对于生产技术密集型产品的国际企业来说，研发设计环节是决定产品竞争力最重要的因素之一，因此企业将在全球范围内寻求研发设计最具效率的区位。

13.1.2.4 战略资产寻求型

自邓宁提出战略资产寻求型对外直接投资概念以来，国际企业以动态技术追赶、提高生产率水平、获取国际化经营、提升学习能力等长期战略性成长为目的的发展，使得战略资产成为影响国际企业跨国经营区位选择的重要因素。

现如今，挑剔的消费者对商品和服务的质量、新技术水平和用户体验抱有更高的期望；产品生命周期的明显缩短为企业研发新技术、新产品提出了更高的要求；对于久负盛名的大型企业而言，虽然庞大的规模、遍布全球的分支机构以及对研发的重金投入可能会为它带来持久的市场领先地位，但是，如今越来越多具备卓越创新能力的中小型企业给领先的大企业带来了新的挑战。以上这些新变化更加促使企业努力创新。持续创新的能力已经成为企业在全球竞争中获得竞争优势的重要战略资产。为此，战略资产寻求型国际企业常常需要瞄准那些具备创新优势的区位。这样的区位可能是科技大国或者在特定产业领域具有全球创新优势的国家，也可能是知名大学附近、科研机构附近、高科技产业和金融业集聚区。

13.1.3 技术特征与国际企业区位选择

技术不仅包括发明，而且包括与企业市场有关的新技术、新工艺、新材料、新的发展趋势以及应用背景。企业特定的生产活动所采用的技术也可能对区位选择产生一定的影响，这种影响促使企业对集中生产和分散生产进行权衡选择。也就是说，某些技术因素可能会使企业在一个地点生产并供应全球市场比较合适，而在另一些情况下选择分散生产则更为理性。因此，技术因素是影响国际企业在跨国经营区位选择的重要因素。

13.1.3.1 固定成本水平

在某些情况下建立制造工厂的固定成本投入过高，因此在多个地区建立工厂将耗费企业大量的资源，这样显然是不明智的，企业应当考虑集中生产。反之，相对较低的固定成本使企业在不同地区分别建立工厂进行分散生产更有意义，这样做一方面能使企业更好地适应当地的需要，另一方面也避免了对一个产地的过多依赖。

13.1.3.2 最小效率规模

最小效率规模（minimum efficient scale）的概念与规模经济有关。规模经济指在一定范围内，随着企业生产规模的不断扩大，单位产品的平均成本存在持续降低的状况。在存在规模经济效应的产量范围内，生产规模的扩大意味着可以用更低的平均成本来服务于整个市场，实现生产上的效率。超过规模经济效应的产量范围，则意味着单位成本不再下降，甚至可能上升。我们把实现平均成本最低的最小产量水平所对应的那个规模上的生产能力称为最小效率规模。显然，最小效率规模对应着可能最低的平均成本和特定的产量。如果一家工厂的最小效率规模相对于全球总需求较大，那么企业选择在少数几个地方集中生产更为有利；反之，企业选择在多个地点分散生产不但可行，而且灵活。

13.1.3.3 先进技术追逐

对于现阶段技术水平还比较落后的国际企业，为了缩短与海外先进企业在技术水平上的差距，引进能够应对国内激烈竞争的技术，一般都会采取跨国并购等海外投资的方式，吸收学习国际先进技术、了解国际技术最新动态，并引进本国进行本土化之后，推向市场，提高自己的竞争力。这一类国际企业的区位选择主要是以发达国家为主，因为它们有较为高端的技术。

13.1.4 市场需求状况与国际企业区位选择

国际企业将部分需要通过市场进行的交易内部化，可以有效减少信息搜寻投入，避免外部市场的不确定性，降低交易成本，提升交易效率，打造企业竞争优势。

13.1.4.1 消费者品位与偏好

消费者品位与偏好也是影响国际企业区位选择的因素。如果各国消费者对某类产品的偏好几乎毫无差异，如个人电脑、手机等个人电子产品，即产品服务于普遍需求，那么当地响应的需要就会减少，也就增加了在一个最佳区位集中生产的吸引力。相反，如果消费者品位和偏好的差异较大，企业就必须对商品或服务进行改变以迎合当地消费者的独特需求。如果消费者对产品可靠性有较强的偏好，那么，生产区位就更倾向于布局在劳动力技能更为优越但工资率较高的国家。如果消费者偏好即时交货，生产区位则会倾向于布局在这些消费市场或者运输时间更短、地理上更近的区位。

13.1.4.2　进口贸易政策壁垒

同消费者偏好差异一样，进口国贸易政策壁垒会给当地带来相应压力。比如市场国的进口限制政策，如关税和配额等，会刺激出口商绕开这些壁垒，在市场国生产。贸易替代型外国直接投资取代了以集中生产通过国际贸易服务于外国市场的方式。某些国家的国产化率要求，也使生产决策倾向于在市场国建厂，分散生产。

13.2　全球生产背景下产业链安全和韧性

全球生产为国际企业带来了机遇的同时也蕴藏着风险。特别是在全球生产体系变革、逆全球化的背景下，部分发达国家开启了制造业回流计划，引发了全球产业链供应链体系新一轮的博弈。确保产业链供应链安全是推进国家治理体系和治理能力现代化的重要内容。因此，着力提升产业链供应链韧性和安全水平已成为中国产业链供应链战略调整的当务之急，也是中国应对全球变局的主动作为。

产业链是指产业部门之间基于一定的技术经济联系和时空布局关系而客观形成的链条式关联形态，涵盖产品或服务提供的全过程，是产业组织、生产过程和价值实现的统一。供应链是指生产及流通过程中，涉及将产品或服务提供给最终用户活动的上游企业与下游企业所形成的网链结构，即将产品从商家送到消费者手中的整个链条。产业链供应链安全和韧性是指其受到外部冲击后能恢复原状甚至达到更理想状态，即在极端情况下能够有效运转，在关键时刻能够反制封锁打压，并能够在价值链中获利的能力。

提升重点产业链安全和韧性是保障产业发展、保护国家安全、实现中国式现代化的重要保障。第一，提升产业链安全和韧性需要构建关键制造业行业完整的产业链条；第二，提升产业链安全和韧性必须进行原创性引领性科技攻关，在关键领域掌握核心技术；第三，提升产业链安全和韧性可以借助新一轮科技革命和产业变革的新机遇，推进产业数字化建设；第四，提升产业链安全和韧性需要充分利用国内、国际两个市场的优势，既要充分挖掘中国超大规模内需优势，又要充分利用对外开放合作平台优势。

章末案例

加快形成新质生产力　以创新技术提升产业链韧性

技术创新成果加速转化、数字化运营与产业链核心业务增值融合、智能设备赋能生产场景、新型劳动者加速培育……随着一系列稳增长政策“组合拳”落地，我国工业制造业恢复稳定发展势头，产业提质增效成果显著。新能源、新材料、先进制造、电子信息等战略性新兴产业，孕育出新场景、新方案、新模式，加快形成新质生产力。

“新质生产力的本质是强调创新力的提升，通过材料、工艺、设备的创新带动整个产业、社会和品质的提升，推动传统行业向高附加值转移的、可持续的生产力。” Omdia智能手机市场首席分析师李泽刚表示，新质生产力正锚定重要基础研究和战略性原始创新，以高新技术创新为牵引，以产业升级为方向，驱动制造业新动能涌现。

“新质生产力对消费电子行业激励非常大，让荣耀看到了创新和科技引领的价值。”荣耀终端有限公司CEO赵明表示，新质生产力让消费电子行业更聚焦于通过技术更好地服务消费者，打破思维、产业的边界，带动产业链的合作伙伴在技术迭代和突破中，带给行业更多的力量和更多的创新动力。

基于行业的力量，从一个个细小的零部件到最终形成一部智能手机，既依赖消费电子厂商的硬核科技实力，也需要完整和庞大的产业链作为支撑。加快形成新质生产力，也需要制造业补链强链，健全产业基础支撑体系，持续提升产业链韧性。

“加快形成新质生产力会对消费电子等制造业提出更多需求，也会给相关产业链企业带来弯道超车的机会。”厦门三德信科技股份有限公司副总经理魏静平表示，加快形成新质生产力对于产业链企业蕴含着机会。

也有业内人士表示，产业链的有效协同驱动创新技术加速落地，推动中国产品在高端化、智能化升级中走向全球，助力我国制造业塑造发展新动能、新优势，走向更创新、更高效和更可持续的发展道路。

资料来源：加快形成新质生产力 以创新技术提升产业链韧性. 光明网，2023-11-28.

本章小结

1. 全球化的发展推动了企业间合作的日益紧密，尤其是对产业结构较为复杂的制造业行业而言，全球生产网络逐渐成为主流的生产组织方式。

2. 全球竞争的日益激烈促使开展国际经营的企业不断挖掘不同国家在劳动力、资源禀赋、资本投入、知识要素和创新能力等方面的优势，区位优势成为全球生产方式下国际企业打造竞争优势的重要依托。国际企业区位选择需要综合考虑国家因素、战略动机、技术特征和市场需求状况。

3. 全球生产为国际企业带来机遇的同时也蕴藏着风险，提升产业链供应链韧性和安全水平尤为重要。

关键词和术语

全球生产方式　　国际企业区位选择　　产业链安全与韧性

思考题

1. 国际企业为何进行全球生产?
2. 国际企业区位选择的影响因素有哪些?
3. 全球生产背景下产业链安全与韧性的重要性如何体现?

延伸阅读

1. 制造业最重要的产品是工厂本身：全球先进工厂案例.“经邑智研”微信公众号，2023-05-12.

2. 出海26年 长城汽车全球化发展进入“一个长城”时代. 长城汽车官网，2023-09-20.

第14章

全球营销与研发

学习目标

1. 了解全球营销的产品、价格、渠道、促销策略
2. 能够结合行业、企业、产品特点，拟定适宜的全球营销组合策略
3. 了解全球视角下的研发活动

引导案例

美的集团的全球营销——绿色战略守护非洲蓝色海岛

“科技尽善，生活尽美”——美的是一家集智能家居、楼宇科技、工业技术、机器人与自动化和创新型业务五大业务板块于一体的全球化科技集团，过去五年研发资金超500亿元，形成美的、小天鹅、华凌、COLMO、库卡、威灵、合康、科陆、高创、万东和菱王等多个品牌组合，每年为全球超过4亿用户、各领域的重要客户与战略合作伙伴提供满意的产品和服务。迄今，美的在全球拥有约200家子公司、31个研发中心和40个主要生产基地，业务覆盖200多个国家和地区。

美的集团从非洲海岛国家的本地化用户视角洞察实际场景痛点，特别研发、量身定制“海岛空调”，提供全面防腐蚀解决方案以及环保冷媒的应用；举办相关活动，与社会各界一起加入海洋生态保护行动，共促蓝色可持续经济发展。

资料来源：美的官网；“2023中国企业国际形象建设案例征集活动”评选结果揭晓.国务院国有资产监督管理委员会官网，2023-11-28.

开展国际化经营的企业需要结合不同国家市场特点拟定适宜的全球营销组合策略。在全球竞争日益激烈的背景下，开展国际化经营的企业应借助全球研发实现成长。

14.1 全球营销组合策略

14.1.1 产品策略

14.1.1.1 产品构成模型

产品是指能够满足人们的需求和欲望，并且可以提供给市场的一切物品，包括有

形的产品和无形的服务。根据产品构成模型，产品包括三个维度——核心产品、形式产品、附加产品。

核心产品是指产品的核心部分，即产品在本质上满足的是顾客的哪种需要，包括产品平台、设计特征和功能性特征。在全球营销的过程中，国际企业应当清晰地界定提供给消费者的核心利益。

形式产品是指产品的形式部分，即能够满足顾客某种需要的物品是以什么样的形式呈现在消费者面前的，包括商标、包装、式样、价格、质量等。在全球营销的过程中，国际企业应当围绕核心产品为消费者提供富有吸引力的产品形式。

附加产品是指产品的附加部分，即产品能够提供给消费者的附加利益，包括安装、指导、送货、零配件、维修和保养等。在全球营销的过程中，国际企业应当为消费者提供附加服务和利益。

14.1.1.2　全球营销中的产品与文化

一方面，从历史的视角来看，产品本身是文化的一部分。产品不仅是物理形态的组合，也是消费者感受的组合。国与国之间由于文化差异的存在形成了消费者对产品不同的偏好，这些差异化的偏好会体现在产品上并且随着时间的流逝成为习惯、传统、仪式、价值观等文化的体现。因此，对全球营销者而言，应充分考虑不同国家的文化差异去打造适宜的产品。

另一方面，民族的才是世界的，文化赋予产品生命和灵魂，只有扎根文化，产品才有生命力。当下，全球营销中依然不断输出着文化标签，富含文化底蕴的产品日益受到更多的关注。故宫博物院在开创文化产品上走在前列，深度挖掘丰富的明清皇家文化元素，融合现代人喜欢的时尚表达理念，打造出既具有故宫文化内涵和鲜明时代特征，又贴近消费者实际需求的产品，深受全球消费者喜爱。

再一方面，中华文化源远流长，我们有底气也有必要构建文化自信，推动中国产品更好地走出去。中华民族不断探索的精神和共享共赢的理念可追溯千年。汉武帝太初元年（公元前 104 年）首设对外经贸专门机构“大鸿胪寺”，许多中国制造经由陆上和海上丝路远销海外，享誉全球，输出了中国的文化标签。党的十八大以来，文化自信被屡屡提及。在 2014 年 2 月 24 日的中央政治局第十三次集体学习中，习近平总书记提出要增强文化自信和价值观自信。2016 年，在庆祝中国共产党成立 95 周年大会的讲话中，习近平总书记进一步对文化自信特别加以阐释，指出文化自信是更基础、更广泛、更深厚的自信。中华文明上下五千年，灿烂的文化为中国产品提供了丰富的养料。作为新时代建设者，有必要扎根传统文化，构建文化自信，推动中国特色产品更好地走向世界！

14.1.1.3　全球营销中的产品与创新

“创新是推动人类文明前进的车轮。”全球营销者为了构建持续竞争优势需要不断推动产品创新。一方面，全球营销中会面临国家差异，不同国家对于产品往往有不同的需求特点，因此需要创新推动产品改革以增强产品适应性；另一方面，全球营销中会面临消费者的差异，不同类型的消费者具有不同的消费偏好，因此需要创新推动产品改革以满足异质性消费群体的需求；再一方面，全球营销中会面临技术演进阶段的变化，只有与时俱进、不断创新，才能增强产品适应性和生命力。

14.1.2 价格策略

14.1.2.1 价格与基本定价方法

价格是指单位产品或服务的价值，是商品交换价值在流通过程中的转换形式，是企业将产品或服务转化为货币形式收益的重要中介。基本的定价方法包括成本导向的定价方法、需求导向的定价方法和竞争导向的定价方法三类。

成本导向的定价方法是指企业秉持以产品成本为中心的定价思路，定价时在产品或服务成本的基础上加上一定比例的利润作为商品的零售价格。成本导向的定价方法可以分为完全成本定价法和变动成本定价法。其中，变动成本是指随着单位产量变化而发生变化的成本，不变成本是指不随单位产量变化而发生变化的成本，总成本等于变动成本加不变成本。

需求导向的定价方法是指企业根据市场需求和消费者感知为产品或服务定价。需求导向的定价一般以该产品或服务的历史价格为基础，根据市场需求的变化和消费者对不同类别产品或服务感知的不同，在一定幅度内调整价格。

竞争导向的定价方法是指企业参考市场上提供同类产品或服务的竞争对手的价格进行定价。在分析竞争对手生产条件、市场份额、价格水平等因素的基础上结合自身实力和目标，可以选择跟随定价、差别定价、密封投标定价等。

14.1.2.2 全球营销中的价格策略

（1）统一定价策略。全球营销中的统一定价策略是指国际企业为同一产品或服务在国际市场上制定统一的价格，即不考虑不同国家的竞争状况、市场状况、需求特征等具体情况，制定统一的价格。

（2）多元定价策略。全球营销中的多元定价策略是指国际企业为同一产品或服务在国际市场上制定不同的价格，即根据不同国家的竞争状况、市场状况、需求特征等具体情况制定差异化的价格。

（3）控制定价策略。全球营销中的控制定价策略是指国际企业为同一产品或服务在国际市场上采取适当控制措施，既不采用统一的价格，也不采用差别化定价，而是规定在一定幅度内进行价格拟定。

（4）转移定价策略。全球营销中的转移定价策略是指国际企业不以营利为目的，而是为了规避风险或者转移利润的需要，在跨国公司内部的母子公司之间或者子公司与子公司之间交易时为产品或服务制定特别的价格。

14.1.3 渠道策略

14.1.3.1 全球营销中的渠道

渠道是指产品从生产者到消费者手中所经过的过程。在全球营销中，渠道既包括产品在母国国内的流通渠道，又包括产品在东道国的销售渠道。渠道根据不同划分标准可划分为直接渠道与间接渠道、长渠道与短渠道、宽渠道与窄渠道。

14.1.3.2 影响渠道选择的因素

第一，产品因素。包括产品的理化特征、季节性特征、单位产品价值、产品的技术复杂程度等。

第二，市场因素。包括目标市场状况、消费者购买习惯、销售季节性等。

第三，竞争者因素。包括竞争对手的状况、同类产品的可替代程度等。

第四，企业自身因素。包括企业的信誉、管理能力、财务水平等。

第五，环境因素。包括政治环境、经济环境、社会文化环境等。

14.1.3.3 数字化背景下的全球渠道

数字化的进行给全球营销渠道带来了新的挑战和变化。一方面，传统分销渠道不断变化，日常消费用品的销售渠道日益扁平化。另一方面，新的分销渠道不断出现，线上渠道日益重要。

14.1.4 促销策略

14.1.4.1 促销策略的界定

促销是刺激消费者购买欲望、推动产品或服务销售的营销活动。促销可以分为商业广告、公共关系、人员推销和营业推广四类。商业广告是指为了推销产品或者服务，以付费方式借助广告媒体向消费者传递产品或服务的信息。公共关系是指通过与包括顾客、公众、政府、供应商甚至竞争对手在内的主体建立良好的关系以促进产品销售。人员推销是指企业推销人员直接向可能的购买者进行推销活动。营业推广是指其他类别的促销活动，包括店内演示、发送样品、赠购物券、发小礼物、抽奖销售、销售点展示、赞助专业会议等。

14.1.4.2 数字化背景下的全球促销

数字技术的飞速发展改变了促销的形式。数字技术平台推动了新的促销形式的出现，视频营销、直播营销、社交媒体营销、泛娱乐营销等多样化的新兴促销形式不断涌现。

数字化的纵深发展影响了促销的传播速度和影响范围。数字技术的飞速发展不仅为远距离即时交流提供了便捷，各种线上促销方式也使得其影响力涉及更多的受众、促销的影响范围更为广泛。

数字化背景下消费者的互动和体验变得更加重要。数字化促销方式为企业与消费者之间的即时互动提供了便捷，消费者的体验、参与和反馈影响营销效果。

14.2 全球视角下的研发活动

创新是企业发展的不竭动力。在全球竞争日益激烈的背景下，技术创新成为企业竞争优势的重要来源。

创新不仅改变了产品特征和消费者行为模式，也加快了产品的升级换代，推动了市场需求的不断变化。

联合国教科文组织数据显示，2001—2020 年间全球研发投入占 GDP 的比重整体呈现波折中增长的趋势。具体而言，由 2001 年的 2.07%增长至 2020 年的 2.63%，如表 14-1 所示。全球 GDP 排名前十的国家 2011—2020 年间研发投入占 GDP 的比重如表 14-2 所示。

表 14-1　2001—2020 年间全球研发投入占 GDP 的比重（%）

时间	2001	2002	2003	2004	2005	2006	2007	2008	2009	2010
占比	2.07	2.04	2.03	1.98	1.96	1.97	1.94	1.99	2.03	2.01
时间	**2011**	**2012**	**2013**	**2014**	**2015**	**2016**	**2017**	**2018**	**2019**	**2020**
占比	2.00	2.02	1.99	2.07	2.09	2.14	2.13	2.20	2.33	2.63

表 14-2　全球 GDP 排名前十的国家 2011—2020 年间研发投入占 GDP 的比重（%）

	2011	2012	2013	2014	2015	2016	2017	2018	2019	2020
美国	2.77	2.68	2.71	2.72	2.78	2.85	2.90	3.00	3.17	3.45
中国	1.78	1.91	2.00	2.02	2.06	2.10	2.12	2.14	2.24	2.40
日本	3.21	3.17	3.28	3.37	3.24	3.11	3.17	3.22	3.20	3.26
德国	2.73	2.88	2.84	2.88	2.93	2.94	3.05	3.11	3.17	3.14
印度	0.79	0.74	0.71	0.70	0.69	0.67	0.67	0.66	—	—
英国	1.64	1.57	1.61	1.63	1.63	1.64	1.66	1.70	1.71	—
法国	2.19	2.23	2.24	2.28	2.23	2.22	2.20	2.20	2.19	2.35
俄罗斯	1.13	1.03	1.03	1.07	1.10	1.10	1.11	0.99	1.04	1.10
加拿大	1.79	1.77	1.71	1.71	1.69	1.73	1.69	1.68	1.59	1.70
意大利	1.22	1.26	1.30	1.34	1.34	1.37	1.37	1.42	1.46	1.53

章末案例

华为的全球研发

华为创立于 1987 年，是全球领先的 ICT（信息与通信技术）基础设施和智能终端提供商。其 20.7 万名员工遍及 170 多个国家和地区，为全球 30 多亿人口提供服务。公司致力于把数字世界带入每个人、每个家庭、每个组织，构建万物互联的智能世界。

华为重视研究与创新，坚持走开放创新的道路。2022 年，华为研发费用支出约为人民币 1 615 亿元，占全年收入的 25.1%。华为在全球范围内拥有多家研究所。

华为在国内建立了 3 个研发中心与 10 个一级研究所。在其他亚洲国家，如印度、马来西亚、日本、韩国等也设有研究所，通过与当地学术机构和行业精英合作，共同探索先进技术并且为当地市场提供创新解决方案。

华为在英国、德国、法国、意大利等传统欧洲大国都设有研究所。此外，华为还在东欧和北欧的捷克、波兰、瑞典、芬兰等国建立了研发机构。这些研究所与当地的高等院校和科技企业保持着密切的合作，为华为产品的研发和市场适应性的提升贡献了力量。

华为在美洲的美国、加拿大、墨西哥、巴西等国家建立了研究所，为华为在该地区的业务扩展提供了有力支持。在美国，华为的研究所在硅谷、西雅图和达拉斯等地建立，与当地的科技公司和学术界保持良好的关系，以便能够迅速掌握最前沿的技术动态和行业趋势。

华为在非洲的南非、埃及、肯尼亚、尼日利亚等国家设有研究机构。这些研究机构通过与非洲各国政府和当地运营商的合作，推动了通信技术在该地区的普及和质量的提升，对促进非洲的数字化发展起到了重要作用。

华为还在大洋洲的澳大利亚和新西兰设有研究机构。这些研究机构帮助华为更好地了解当地市场需求、挖掘当地的创新资源，并为当地市场提供更精确和定制化的解决方案。

资料来源：整理自华为官网。

本章小结

1. 开展国际化经营的企业需要结合不同国家市场特点拟定适宜的全球营销组合策略。

2. 在全球竞争日益激烈的背景下，开展国际化经营的企业应借助全球研发实现成长。

关键词和术语

全球营销组合策略	产品策略	价格策略
渠道策略	促销策略	

思考题

1. 阐述全球营销中产品与文化的关系。
2. 阐述全球营销中产品与创新的关系。
3. 全球营销价格策略有哪些?
4. 影响渠道选择的因素有哪些?
5. 阐述数字化对全球促销策略的影响。

延伸阅读

[1] 王政，王明峰. 极米科技股份有限公司：深耕研发一线 创新步履不停. 人民日报，2023-09-01.

[2] 王政. 汽车产业加快智能化电动化转型. 人民日报，2023-10-18.

第15章
国际人力资源管理

学习目标

1. 了解国际人力资源管理的含义
2. 掌握国际人力资源管理的主要内容

引导案例

海尔是如何打造入乡随俗的人力资源管理机制的

在《财富》杂志发布的2021年世界500强企业名单中，中国（含香港地区）企业数量达到124家，历史上第一次超过美国（121家），加上台湾地区的企业，中国共有133家企业上榜。

海尔是国内最早进行国际化管理的跨国公司，也是国际化人力资源管理的杰出代表之一。曾经有记者问海尔集团创始人张瑞敏在美国办厂有什么意想不到的困难，张瑞敏认为其中一大困难就是海尔的管理不易被外国人接受，中美不但有文化上的差异，还有制度上的差异。

人尽皆知的“6S案例台”就是海尔进行国际人力资源管理曾面临的挑战。6S是海尔集团实行多年的“日事日毕，日清日高”管理法的主要内容之一。在海尔生产车间，在开班前会、班后会的地方，有两个大脚印，被称为“6S大脚印”。它是一块60厘米见方的图案，红框白地上印有两个比普通人的脚都要大两圈的绿脚印，脚印的正上前方高悬着6S标语：整理、整顿、清扫、清洁、素养、安全。

“6S案例台”早期在海尔的每个车间都有，用途在于让每一个在前一天犯了错误的员工第二天早上站在上面进行反思。后来海尔在海外投资了一个有200多个美国工人的海外公司，张瑞敏也希望把这个“6S案例台”移植到美国，但被律师告知在美国这属于体罚员工而被制止。后来张瑞敏根据美国的文化特征调整为表现好的员工上去站一站，这在当时取得了很好的效果。现在海尔在全球各地的工厂车间里都有6S大脚印。美国人的价值观是个人英雄主义，而海尔的价值观是创新，在这一点上寻找共同之处，最后把6S大脚印变成谁干得好谁站在上面，结果每个人都想站在上面。美国人喜欢突出个人价值，海尔在美国工厂的布告栏上贴了很多激励员工的照片。如果在中国，贴上员工个人的照片他会很高兴了，但在美国，这还不够，要贴上他全家的照片。海尔的全球化理念正在一步步地向前推进，而世界各地的海尔也正积极地进行着本地化的改良。

资料来源：黄渊明. 海外人力资源管理：帮企业成功走出去. 昆明：云南科学技术出版社，2021.

15.1 国际人力资源管理的意义与实践

人力资源管理是指组织为有效利用其人力资源所进行的各项活动，包括：人力资源规划、员工的配置（如员工招聘、选拔、安置）、绩效管理、培训与开发、薪酬管理与激励、劳动关系等。

当人力资源管理走向国际化时，上述的各种人力资源活动便与国内企业的人力资源管理产生了不同。首先，不同文化背景影响着企业员工的需求、期望和行为，因此，国际人力资源管理需要更多地考虑到国别和地区之间的文化差异，以便制定适合不同国家、地区和文化背景的管理策略；其次，不同国家和地区有不同的法律规范，国际企业需要确保企业的管理和人力资源活动符合当地法律法规的要求；最后，由于语言和文化背景不同，在国际人力资源管理中，需要考虑到语言和沟通的影响，同时，要加强跨文化培训和发展，以便让员工适应不同的文化背景和工作环境。

15.2 国际人力资源规划

人力资源规划（human resource plan，HRP）也叫人力资源计划，是指为了实施企业的发展战略，完成企业的生产经营目标，根据企业内外部环境和条件的变化，通过对企业未来人力资源需求和供给状况的分析及估计，运用科学的方法进行组织设计，对人力资源的获取、配置、使用、保护等各个环节进行职能性策划，制订企业人力资源供需平衡计划，以确保组织在需要的时间和需要的岗位上，获得各种必需的人力资源，保证事（岗位）得其人、人尽其才，从而实现人力资源与其他资源的合理配置，有效激励、开发员工的规划。人力资源规划是企业人力资源管理的第一流程，招聘的质量在很大程度上决定了企业人才的素质和能力。

因此，人力资源规划旨在通过规划人力资源发展，达到人力资源合理运用的目的，配合组织发展需要、降低人力资源成本，有利于人力资源活动的有序化，满足组织总体战略发展的要求。

15.3 国际人力资源配备政策

当企业走出国门演变成跨国公司时，就在一个更加复杂、多元化的国际环境下经营，面临着更大的挑战，因此，企业对于具有适应国际化经营能力的员工需求也更加迫切。与此同时，企业所面临的员工选择范围也变得多元化，可以从国内人员、东道国人员以及第三国人员中进行多渠道、多层次的比较和选择。总体看来，跨国公司配备人员的方式与其参与全球化的程度有很大关系，主要表现为四种方式：民族中心法、多中心法、全球中心法、地区中心法。

15.3.1　民族中心法

民族中心法是指跨国公司所有的关键岗位都由母国人员担任，从而由母国工作人员控制国外分支机构的决策权，这种政策对于早期阶段的跨国公司来说应用比较普遍。

其优势在于：第一，当跨国公司因为相对低廉的劳动力成本而在发展中国家、新兴市场国家投资设厂时，如果在海外分支机构所在地找不到合适的当地管理者，就可以采用这种人员配备方法。第二，使用民族中心法配备人力资源，可以以母国公司的运营形象在东道国进行复制，比如，如果一些外派管理者已经在母国承担了高层管理工作，他往往会试图向分支机构传播公司文化，因此有利于在全球各分支机构之间形成共同的价值观和文化理念；同时，各个分支机构之间比较容易形成相互依赖，便于公司全球战略的实施。第三，部分公司也会认为来自母国的管理人员会对公司更加尽心尽力，因此在一些涉及商业机密、技术保密等行业中，往往更倾向于使用民族中心法。

其劣势在于：第一，对于驻外的管理人员，往往需要耗费一段较长的时间来了解和适应所在国的制度、法律和文化环境，在此期间，母国派出的人员可能会由于对当地政策、环境、文化理念的不熟悉而做出错误的决策；第二，这种政策限制了东道国人员的晋升机会，影响公司的士气和带来人员的流动。

15.3.2　多中心法

多中心法是招聘分支机构所在国的人员管理其当地子公司，而母国人员在母国总部任职，这种人力资源配置方法使用广泛，既适用于中、高层管理人员，也适用于低层管理人员。这样，国外分支机构就有了一定程度的经营管理权和决策自主权，同时，也保留着母国总部对国外分支机构的控制权，可以完全按照总部的意愿来经营公司。

其优势在于：第一，总部直接在东道国聘用当地人员，他们对于当地的文化、法律、商业管理更为熟悉，有着更为深入的了解；同时，也有利于克服语言障碍，更容易了解当地员工和消费者的需求。第二，直接聘用分支机构所在国的人员，花费较低，可以节省对于外派人员的安家费、在外补助费之类的开支。第三，聘用所在国的人员可以保持子公司管理的连续性。

其劣势在于：多中心法直接聘用东道国当地人员，因此可能会降低母国总部对于东道国分支机构的控制，使国外分支机构与母公司之间的联系减弱。如果对于东道国人员聘用培训和管理不周，其文化的多元性可能会使公司变成一个离散的集合体，无法形成统一的公司文化和管理模式；同时，由于语言障碍和文化冲突，总部和分支机构之间可能产生隔阂，结果使得母公司难以控制分支机构。

15.3.3 全球中心法

全球中心法是在整个组织中选择最适合的人员来担任关键职位，而不考虑其国别和地区因素，这种做法通常适用于公司的高层管理者。法塔克（Phatak）认为，执行这种方法的可行性基于如下5个相关的假设：（1）无论总部还是分支机构，都会获得高素质员工；（2）国际经验是高层管理者成功的条件；（3）有很强潜在能力和晋升愿望的员工，可以随时从一个国家调到另外一个国家；（4）高素质和高流动性的员工具有开放的思维和很强的适应能力；（5）开始时不具备开放思维和较强适应能力的人到国外工作后可以积累国际经验。

其优势在于：全球中心法可以帮助母国总部和东道国分支机构发展和培养全球职业经理人，他们可以很快融入异国商务环境，从而帮助公司克服国别障碍，拥有全球性的视野和观点，这对跨国公司的经营是极为有利的；同时，有利于跨国公司组建国际化的高层管理人员队伍，并克服多中心法带来的“联邦式”缺点。

其劣势在于：对于这样的全球经理人，既要求他们能够较快地融入当地环境，又能高效地管理公司，对人才的要求较高，因此往往比较匮乏，雇佣成本也就相应较高，再加上重置家庭成员的成本等，所带来的管理成本也是相对较高的。

15.3.4 地区中心法

地区中心法是在多国经营的基础上，实现功能合理化组合，该组合随着公司经营战略和产品战略性质的变化而变化，因此对于跨国公司来说，经常采用的方法就是将其自身的经营管理按照地理区域划分，人员在地区间流动。

其优势在于：可以增进人员的交流和互动，地区分支机构调动到地区总部的高层管理人员与任命到地区总部的母国人员之间可以就企业管理、文化等进行交流，实现企业内部的融合；同时，采用这种人员配置方式有利于跨国公司转变纯粹的民族中心法或多中心法等人员配备方式，实现全球中心法配置企业人力资源。

其劣势在于：有可能在某一地区内形成“集团主义”或“联邦主义”，而不是以全球为基础，限制了企业的全球立场。同时，虽然该方法扩大了管理者的职业前景，突破了职业发展国家区域的限制，但是员工的职业生涯依然局限于地区层面，在一定程度上影响了高层管理者的晋升途径和工作积极性。

近三十年来，虽然跨国公司在跨国经营人力资源管理战略的选择上各有特点，但仍有一个共同而又明显的特征，即人力资源本土化。跨国公司为了拉近与东道国的关系，往往倾向于采用本土化经营战略，即在东道国的分支机构中任用当地管理人员，沿袭当地文化传统，最终形成适应当地经营环境的跨国公司经营模式。

15.4　国际人力资源培训与开发

国际人力资源培训与开发需要适应社会背景，制订合理的培训计划和职业规划，根据社会和技术的发展与变化，与个人和企业的发展方向相结合，实现员工职业发展与企业经营战略的良性互动。技术、交通和通信的不断发展提供了创造新文化、新沟通方式的可能性，从而使国际人力资源的培训与开发形式、内容也发生了变化，人力资源的开发和培训贯穿于跨国经营与管理的全过程。

跨国公司在经营管理过程中面对不同的东道国文化环境，需要发展不同的国际人力资源培训和开发策略。常见的人力资源培训与开发策略大体可以分为两类：一种是"被人改变"，即追随文化策略，也就是跨国公司倾向于适应东道国的文化环境，秉承对东道国文化学习和接受的态度，使企业的跨国经营成为东道国的"本地化经营"；另外一种是"改变人"，即创新文化策略，由被动适应转向能动改观，也就是跨国公司通过创新，引领或改变东道国管理模型、企业文化、消费观念等。

国际人力资源培训的主要内容包括敏感性训练、语言学习、跨文化沟通及冲突处理、地区环境模拟等，通过培训，可以减少外派的管理人员可能遇到的文化冲突问题，使之迅速适应当地环境并发挥有效的管理、协调作用；同时，维持企业内部良好的人际关系，保障有效沟通，从而实现东道国本土员工对企业经营理念的理解与认同。在具体的培训中，企业可以针对具体情况提出不同的培训方案，比如着重提升语言能力、着重加深对国外文化的了解等等。一般来说，培训的内容、方式和时间长短与派遣期限和职位息息相关。

15.5　国际人力资源绩效考核与管理

15.5.1　国际人力资源绩效考核

从广义来讲，绩效考核包括组织绩效考核和个人绩效考核两个层次。因此，广义的绩效考核是指企业通过对部门、员工或所属单位与个体投入产出状况进行考察、衡量和比较，从而确定其行为价值、提高企业竞争力的过程。从狭义来讲，绩效考核是对员工在一个既定时期内对组织的贡献做出的评价过程。

对于企业来讲，必须建立一套客观、公正的绩效评价体系，而且，评价体系的建立必须以企业绩效文化为核心，能够与整个人力资源管理系统相契合，同整个企业的战略相结合。完善的绩效评价系统由潜能评价体系、职业化行为评价体系、绩效考核体系、绩效改进体系和绩效管理循环体系五大体系构成。

15.5.1.1　以要素模型为核心的潜能评价体系

上述五个体系并不是孤立运行的，而是在互相交错、相互联系中发挥作用的。企业能否产生好的业绩，其决定因素是人。企业的不同岗位对人提出的要求不同。因此，对一个人的要求就在于解决岗位适应性问题。企业必须首先研究具有什么样个性、什么样潜能的人更适应该岗位，或是说，在该特定岗位上，什么样的人更容易产生高的绩效，这就是以要素为核心的潜能评价体系所要解决的核心问题。

15.5.1.2 以任职资格标准为核心的职业化行为评价体系

通过潜能评价体系解决了将合适的人配置到合适的岗位的问题后，企业还需要解决的问题是：这些具有核心专长的员工到了特定的岗位后，如何使员工知道自己所从事的某项工作的职业化特征是什么，因此，企业还需要建立一套能产生高绩效的企业行为规范及标准，也就是建立一套任职资格标准体系，通过该体系规范员工的行为，若员工按照企业所制定的标准去做，就能产生高绩效。对员工是否按照这些规范标准去工作进行评价的体系就是以任职资格为核心的职业化行为评价体系。

15.5.1.3 以KPI为核心的绩效考核体系

以KPI为核心的绩效考核体系，必须在职业化行为评价体系基础上才能真正发挥作用。任职资格制度将企业的员工进行分类，对于不同层次的员工制定不同的要求，KPI不仅要成为企业员工行为的约束机制，同时也要发挥战略导向作用。企业制定了战略之后，战略靠什么实现，必须有一套牵引机制和约束机制，从而促使员工都朝着这个战略去努力，这就需要一套指标来引导员工，这套指标就是KPI体系。KPI体系有两个作用：一是成为员工的约束机制；二是发挥战略导向的牵引作用。

15.5.1.4 以经营检讨及中期述职为核心的绩效改进体系

经营检讨和中期述职是一个员工共享学习、持续进行绩效改进的过程。KPI完成的过程需要对指标进行分解，定期的述职要求管理者和经营者对推进过程中的指标完成情况、遇到的主要问题、取得的主要经验等进行分析，通过绩效分析找出问题，找出改善问题的行动和措施。同时，这种述职也是员工提升能力和发掘潜能以及管理者提供资源支持的过程。

15.5.1.5 以提高管理者人力资源责任为中心的绩效管理循环体系

企业还要建立一个以提高管理者人力资源管理责任为中心的绩效管理体系。人力资源规划是企业的战略性工作，人力资源管理不仅是人力资源部门的事情，而且也是全体管理者的责任。因此，管理者如何履行人力资源管理者责任，如何履行这种辅导员工、教育员工、提升员工的责任，就需要依靠制度化的规则来保证，从而承担起人力资源管理的责任。绩效管理循环体系就是要在企业形成一个有力的制度保障体系，来促进管理者承担人力资源管理的责任。

15.5.2 国际人力资源绩效管理

15.5.2.1 绩效管理的内涵

绩效管理是指为实现组织发展战略和目标，采取科学的方法，通过对员工个人或组织的绩效目标计划、绩效目标实施以及在绩效目标实施中员工的行为表现和工作业绩以及综合素质的全面检测、考核和评价，激励员工的积极性、主动性和创造性，持续改善员工和组织绩效活动的过程。

15.5.2.2 绩效管理的常用方法

（1）目标管理考核法。

目标管理由美国专家彼得·德鲁克（Peter Drucker）于 1954 年在《管理的实践》一书中提出。根据德鲁克的观点，管理必须遵循的一个原则是：每项工作都必须为达到总目标而展开。目标管理考核法的核心是由员工和主管协商制定个人目标，个人目标依据企业目标和部门目标确定，以制定的目标作为考核依据，从而使个人的努力目标和组织目标相一致。

目标管理考核法的应用步骤为：

第一步，战略目标设定。考核期内的目标设定，首先是从企业的最高层管理者开始的，由最高层制定总体的战略规划，明确总体发展方向，提出企业中长期战略目标和年度目标。

第二步，分解目标，逐级传递，制定被考核者的工作目标。在制定目标时，指标不宜过多；目标应该是可以观察、可以测度的；长期目标和短期目标共存；目标由管理者和员工共同参与制定；共同制定目标实现的步骤和时间框架。

第三步，实施控制。在目标实施过程中，管理者提供客观反馈，监控员工完成目标的进展程度，比较员工完成目标的程度，根据完成程度指导员工。必要时管理者和员工可以根据业务或环境变化修改或调整目标。

第四步，在评价期间结束时，评价目标的完成情况。在一个考核周期结束后，留出专门的时间对目标进行回顾和分析。

第五步，管理者和员工共同制定下一评价周期的工作目标和绩效目标。

目标管理考核法的评价标准直接反映员工的工作内容，结果易于观测，所以很少出现评价失误，也适合对员工提出建议，进行反馈和辅导。由于目标管理的过程是员工共同参与的过程，因此，员工工作积极性会大为提高，增强了责任心和事业心。但是，目标管理没有在不同部门、不同员工之间设立统一目标，因此难以对各员工和不同部门之间的工作绩效做横向比较，不能为以后的晋升决策提供依据。

（2）关键绩效指标考核法。

关键绩效指标（key performance indicator，KPI）是指企业经营管理绩效的系统考核指标。随着管理实践的发展，战略在企业管理中的地位受到高度重视，如何有效实施战略管理成为企业关注的焦点。企业越来越需要一种把绩效管理和战略结合在一起的评价体系。KPI 就是企业宏观战略目标经过层层分解而产生的具有可操作性的战术目标，是衡量企业战略实施效果的关键指标。其目的是建立一种机制，将企业战略转化为内部过程和活动，从而不断增强企业的核心竞争力并获得持续发展。通过 KPI，企业可以实现企业战略目标和落实业务重点，传递企业的价值导向，有效激励员工，促进企业和员工绩效的改进与提升。KPI 强调对企业业绩起关键作用的指标，而不是和企业经营管理者有关的所有指标。它实际上提供了一种管理思路：绩效管理应该抓住关键绩效指标进行管理，通过关键绩效指标将员工的行为引向组织的目标方向。

（3）平衡计分卡。

平衡计分卡（balanced score card，BSC）是由哈佛大学商学院卡普兰（Kaplan）教授和复兴全球战略集团创始人诺顿（Norton）在论文《平衡计分卡——良好绩效的评价体系》中提出的一种新的绩效评价方法。平衡计分卡建立了客户维度、内部业务流程维度、创新学习与发展维度以及财务维度的绩效评价指标，弥补了传统财务指标的单一性。它使企业在了解财务结果的同时，又能对自己在增强未来发展能力方面取得的进展进行监督。

平衡计分卡是一个综合性的测评体系，有助于企业在产品、程序、顾客和市场开发等关键领域取得突破性进展。从客户维度来看，企业为了获得长远的财务业绩，必须创造出让客户满意的产品和服务；从内部业务流程维度看，从满足投资者和客户需要的角度出发，平衡计分卡从价值链上针对内部的业务流程进行分析，提出了质量导向的考核、基于时间的考核、柔性导向考核和成本指标考核四种绩效属性；从创新学习与发展维度看，平衡计分卡避免了短期行为，强调未来投资的重要性，同时并不局限于传统设备的改造升级，更注重员工系统和业务流程的投资；从财务维度看，平衡计分卡将财务方面的指标作为所有目标考核的焦点。

（4）以人为本的绩效管理制度。

绩效管理的意义除了在于对员工的表现做出科学评价之外，更多地在于能帮助管理者掌握管理技巧，养成科学的管理习惯，帮助员工提高工作效率，最大限度地开发内在潜能，从而促使企业的战略规划得到有效落实。从这个认识出发，企业更应该把绩效管理作为企业的一种管理科学，所有的管理决策和实践都应该从绩效出发，最终再回到绩效。企业有义务对员工传达绩效管理的观念，让员工的心中都持有绩效的概念、都了解公司的目标和发生的问题，让每一位员工和管理者一样，考虑寻求解决问题的途径，形成“千斤重担千人担，千人工厂千人管”的管理格局。

（5）网络化绩效管理制度。

网络化绩效管理系统基于企业内部网的安全可靠的站点，负责为员工提供与绩效管理有关的信息、表格及服务支持。微软人力资源薪酬与绩效规划项目首席产品经理金伯利·米查姆（Kimberly Mecham）在评价网络化人力资源管理时指出：“人力资源网络化的首要目标在于为员工提供可以随时随地获取信息的便捷、安全的信息与服务访问方式。”它允许企业内的员工登录网络，对绩效管理过程、绩效评价系统进行访问。由于采取了基于网络化的方式实现绩效管理，网络化绩效管理系统有利于员工及时获取公司绩效管理政策、提交绩效评价报告等。网络化绩效管理系统使人力资源部门优化了业务处理流程，从而获得更加快捷的事务处理方式，缩短了其他部门以及其他地域的员工向人力资源部门提交相关信息所需占用的时间。

15.6　国际人力资源薪酬管理

薪酬管理是大多数企业和员工都关心的问题。企业需要通过合理的薪酬体系来激发员工工作的动力，保证企业组织目标的实现。这就意味着，薪酬制度和薪酬管理对于企业吸引、招聘和留用优秀人才具有非常重要的作用。

国际企业的跨国性决定了国际企业薪酬制度的本土性，也就是说，国际企业分设在不同国家的子公司，其各自的薪酬制度应该与所在国的总体薪酬制度相吻合；同时，国际企业又具有集中性，决定了分设在不同国家的子公司，其各自的薪酬制度又必须与母公司薪酬制度相一致。因此，如何建立一种具有一致性的、被国内外员工认可的薪酬制度是提升国际企业人才竞争能力的关键所在。

15.6.1　影响国际企业薪酬制度构成的因素

15.6.1.1　内部因素

对于国际企业而言，影响薪酬制度设计最主要的内部因素是国际企业内部劳动力构成的多元化和多样化，其主要表现为母公司和各个子公司内部人员国籍、语言、文化等方面的差异，也表现为母公司与子公司之间、各个子公司之间的员工构成差异。因此，国际企业在实现薪酬管理目标时，不仅要考虑母公司和各个子公司员工的多样化和多元化问题，还要考虑到国内与国外员工、不同子公司之间员工的多样化和多元化问题。

母国人员包括在母公司上班的雇员和母公司的外派人员。外派人员一般都是具有一定的专业技能和管理才能的人才，外派担任子公司的高层管理者。为此，国际企业在设计薪酬制度时，除了考虑员工的多样化外，还应该考虑外派人员这一特殊群体，并在其薪酬制度上给予特殊的考虑和合理的安排。

东道国人员一般指的是国际企业各个子公司所聘用的人员。由于各个子公司内部员工在外在属性（如性别、民族、性取向等）和内在属性（如个性、劳动态度、价值观等）上都存在广泛的差异，国际企业各个子公司在各自的薪酬制度设计上应该保障内部的公平性。另外，由于各个子公司所在国之间与各个子公司与母公司之间存在的经济、文化、法律等背景的差异性以及各个子公司员工之间的差异性，国际企业在自身的薪酬体系的设计上还应保障员工的公平性，也就是说，从事相同或相似工作的员工所得的报酬应该处于一个合理的变动范围内。

15.6.1.2　外部因素

影响国际企业薪酬制度构成的外部因素很多，比如企业所在地的文化传统、国际社会的经济发展情况等。一般认为，影响国际企业薪酬制度构成最主要的外部因素有制度因素、经济因素和人文因素。

（1）制度因素。制度因素主要是指作用于国际企业薪酬制度构成的一系列法律因素和政策因素。国际企业在制定薪酬制度时，必须严格遵守各个子公司所在国的相关法律制度，如各个子公司所在国实行的一系列关于平等就业机会的法律、有关劳动者权益保护的法律、有关社会保障的法律等等。此外，一些国家更习惯用政策来实施干预，政策具有的灵活性、及时性、贴切性和丰富性等特点决定了政策对于短期内的社会与经济事务更为有效。因此，国际企业在薪酬制度的设计方面必须遵循各个子公司所在国推行的相关政策，尽量避免与之相冲突。

（2）经济因素。由于国际企业各个子公司所在国的社会经济发展水平存在一定的差异，国际企业在制定薪酬制度时必须考虑到影响其公平性的经济因素，并对这些经济因素予以管理和控制，特别是在各个子公司所在国经济水平相差巨大的情况下，国际企业的薪酬制度必须体现制度的外部公平与内部公平。影响国际企业薪酬制度的经济因素主要有：各个子公司所在国的经济发展水平、物价水平、消费水平、通货膨胀率、汇率、税率等。

（3）人文因素。人文因素主要是指影响国际企业薪酬制度构成的各个子公司所在国具有的文化背景、价值观以及人们对社会、生活、劳动的态度。国际企业在薪酬制度构成方面应当致力于减少文化冲突，提高员工对企业的认同感。

15.6.2 国际企业的薪酬构成

国际企业的薪酬一般由直接薪酬和间接薪酬构成，主要有基本工资、出国服务奖励、津贴和福利等几个部分。外派人员的薪酬构成如表15－1所示。

表15－1 外派人员的薪酬构成

直接薪酬	间接薪酬
・基本薪酬	・标准福利
・绩效薪酬	保障计划
・补偿性薪酬	非工作时间报酬
驻外津贴	・额外福利
困难补助	安家费
流动津贴	随行子女教育费
	探亲休假差旅费
	休假及津贴

15.7 国际人力资源职业生涯管理

职业生涯管理（organizational career management，OCM），是指由组织实施的、旨在开发员工的潜力、留住员工、使员工能够自我实现的一系列管理方法。对员工的职业生涯管理不仅包括员工培训，还包括对员工的使用、考核、薪酬管理、晋升等一系列活动，是一个完整的体系。因此，职业生涯管理是人力资源管理的一个重要环节，是组织和员工对职业生涯进行设计、规划、执行、评估和反馈的一个综合性过程。员工和组织通过合作与共同努力，使每个员工的职业生涯目标与组织发展目标保持一致，使员工与组织能够获得同步的发展。

15.7.1　职业生涯管理的发展过程

职业生涯管理一般包括两个方面：第一是员工的自我管理，员工是自己职业生涯发展的主人；第二是组织为员工规划其生涯发展，并为员工提供必要的教育、训练、轮岗等发展机会，促进员工职业生涯目标的实现。

在过去相当长的时期，所有的企业、管理者以及员工本人，一般都认为职业生涯管理是员工个人的事情。随着人力资源概念的发展，员工被看作企业最重要的资源，企业广泛实施以人为本的管理思想与管理技术，人们逐渐认识到，加强企业员工的职业生涯管理，实际上是与企业的发展目标一致的，是实现企业目标的有效管理手段。正因为如此，现在职业生涯管理成为企业人力资源管理的重要内容之一。因为企业一般通过培训、工作实践和业务指导制度等进行员工的职业生涯管理，所以企业对员工的职业生涯管理也可以称作对员工的职业生涯开发。职业生涯管理的过程其实就是一种人力资源开发的过程，这意味着应该把有组织的职业生涯管理看作一种战略性步骤，最大化地开发个人的重要潜力是企业取得全面成功的途径之一。进入 21 世纪，这种有组织的职业生涯管理起到了越来越重要的作用。

15.7.2　国际人力资源职业生涯管理的操作

职业生涯管理已经成为人力资源管理和开发的一个重要内容，各国和各企业都根据自身的情况在不断地探索更适合自己的职业生涯开发系统。面对当前经济全球化背景下人力资本越来越受重视的形势，企业需要通过不断学习、积累和探索，建立起有效的职业生涯开发系统，尤其是国际环境中的职业生涯开发系统，使个人和企业建立起真正的合作关系。

跨国公司一般比较重视对员工的职业生涯管理，它们吸引优秀人才的地方并不总是薪资，更多的是为员工提供良好的工作环境和有前途的职业发展机会。它们注重把员工个人目标和企业目标整合起来，为实现彼此共同的利益而奋斗。企业协助员工发展完善的职业生涯规划，使其在个人成长过程中有实施新构想的机会。企业一般基于年资、岗位、学识、专长等综合要素，规划员工不同的发展方向，将员工的职业生涯发展规划与企业战略规划融为一体。

章末案例

联想构建国际化人力资源管理全景图

从 2000 年到现在，联想从一个销售额只有 30 亿美元、在国外默默无闻的中国企业，一跃成为全球最大的跨国公司，年销售额超过 450 亿美元，业务遍及 160 多个国家。而在这十多年的国际化过程中，联想的人力资源管理也走上了国际化的道路，其重要性日益凸显，已经成为公司国际化的核心。

联想国际人力资源管理以大视野进行国际化的人事分配，在全球范围内实现了人才的本土化使用。同时，为满足企业经营与人才开发的需要，联想挑选了一批优秀的经营与管理人才，并将他们派往世界各地。外派人员不仅要把以往的成功经验复制到本地市场，完成业务指标，还要在本地迅速搭建业务架构，培养出一批可以独立运营和管理的本地团队。

作为一个真正的国际化公司，联想还大量提拔并重用本地管理人才。比如联想的德国、美国、印度等分公司都是由本地人进行管理和运营，他们已经完全融入公司的各个层面。此外，很多国际化公司都是按照地域划分为中国团队、美国团队等，而联想的岗位是根据职能来划分的，在联想同做一个岗位的员工，通常分布在美国、欧洲、中国等世界的各个角落，这样更易于合理配置全球资源。随着联想业务在全球市场的不断拓展，人才资源已经成为公司发展的第一要素，直接关系到联想未来的生存和发展。

联想的人力资源国际化的实现路径主要是通过人才的梯队培养建立起强大的人才后备资源。具体来说，要未雨绸缪地选拔和培养一批接班人，以便人才变动后可以随时补充上去；还要对这批接班人进行不同程度的培训，这样就形成了梯队式的人才队伍。联想有多梯队的人才培养计划，正在全面培养各个层次的人才，所以某一层次的管理者离开，马上会有新的有能力胜任的人接任。

资料来源：李欣羽. 浅析联想集团跨文化人力资源管理. 老字号品牌营销，2022（8）：128－130.；黄渊明. 海外人力资源管理：帮企业成功走出去. 昆明：云南科学技术出版社，2021.

本章小结

1. 人力资源管理是指组织为有效利用其人力资源所进行的各项活动，包括：人力资源规划、员工的配置（如员工招聘、选拔、安置）、绩效管理、培训与开发、薪酬管理与激励、劳动关系等。

2. 跨国公司配备人员的方式与其参与全球化的程度有很大关系，主要表现为四种方式：民族中心法、多中心法、全球中心法、地区中心法。虽然跨国公司在跨国经营人力资源管理战略的选择上各有特点，但仍有一个共同而又明显的特征，即人力资源本土化。跨国公司为了拉近与东道国的关系，往往倾向于采用本土化经营战略。

3. 国际人力资源培训可以减少外派的管理人员可能遇到的文化冲突问题，使之迅速适应当地环境并发挥有效的管理、协调作用；同时，维持企业内部良好的人际关系，保障有效沟通，从而实现东道国本土员工对企业经营理念的理解与认同。

4. 企业必须建立一套客观、公正的绩效评价体系，而且，评价体系的建立必须以企业绩效文化为核心，能够与整个人力资源管理系统相契合，同整个企业的战略相结合。完善的绩效评价系统由潜能评价体系、职业化行为评价体系、绩效考核体系、绩效改进体系和绩效管理循环体系五大体系构成。

5. 薪酬管理是大多数企业和员工都关心的问题。企业需要通过合理的薪酬体系来激发员工工作的动力，保证企业组织目标的实现。这就意味着，薪酬制度和薪酬管理对于企业吸引、招聘和留用优秀人才具有非常重要的作用。

6. 职业生涯管理是人力资源管理的一个重要环节，是组织和员工对职业生涯进行设计、规划、执行、评估和反馈的一个综合性过程。员工和组织通过合作与共同努力，使每个员工的职业生涯目标与组织发展目标保持一致，使员工与组织能够获得同步的发展。

关键词和术语

人力资源管理　　人员配备　　薪酬管理　　职业生涯管理

思考题

1. 什么是人力资源管理？人力资源管理包括的主要内容有哪些？
2. 跨国公司配备人员的方式有哪些？各自有何优缺点？
3. 薪酬管理的意义以及国际企业薪酬的主要构成是什么？

延伸阅读

[1] 黄志伟. 华为人力资源管理. 苏州：古吴轩出版社，2017.

[2] 彼得·道林，玛丽昂·费斯廷，艾伦·恩格尔. 国际人力资源管理：第 7 版. 北京：中国人民大学出版社，2022.

[3] 林新奇. 国际人力资源管理. 4 版. 上海：复旦大学出版社，2023.

[4] 加里·德斯勒. 人力资源管理：第 16 版. 北京：中国人民大学出版社，2024.

第16章
国际财务管理

学习目标

1. 了解国际财务管理的目标
2. 掌握国际资产定价模型
3. 熟练运用国际资本预算模型
4. 了解国际税收的含义和种类

引导案例

麦当劳公司的国际避税案

据法新社报道，巴黎法院2022年6月16日确认批准麦当劳支付5.08亿欧元公益罚款。加上当年5月，麦当劳与法国税务机构达成协议、同意补缴的7.37亿欧元税款，共计12.45亿欧元，约合人民币88亿元，这也是迄今为止法国与纳税方达成的金额最高的逃税纠纷和解协议。至此，轰动一时的“麦当劳国际避税案”落下帷幕。那么，麦当劳是如何通过优化公司架构、实现避税目的的呢？其行为是否合理、合法呢？

麦当劳采用以特许经营为主的经营模式，由此决定了其大量收入来源于特许权使用费。基于此，麦当劳可以利用欧洲地区的双边税收协定来作为国际税收筹划工具，优化其国际组织架构，从而达到避税的目的。2008年末，卢森堡宣布对来源于知识产权的收入可以享受低税率政策，于是，麦当劳便在卢森堡注册成立了一个在瑞士、美国拥有分支机构的知识产权控股公司，并将其在欧洲地区的特许经营权从美国特拉华总部转移到了该公司。而该公司的两个分支机构也承担起了经营过程中的不同角色：美国分公司为特许经营权的“持有人”，拥有欧洲地区的特许经营权，并承担经营损益；而瑞士分公司负责欧洲地区特许经营权的管理，收取特许权使用费，在扣除公司营运费用后，将特许权使用费转交美国分公司。财务数据显示，仅在2013年，只拥有13名员工的瑞士分公司获取的来自欧洲地区的特许权使用费收入就高达8.3亿欧元。

该知识产权控股公司在卢森堡注册成立，理应属于卢森堡的纳税人，对其特许权使用费收入履行纳税义务。但是，麦当劳的业务收入主要来源于瑞士分公司和美国分公司，卢森堡分别与两国签订过双重税收协定，规定分公司的利润单边征税。按照《卢森堡-瑞士双重税收协定》，瑞士分公司产生的利润仅在瑞士征税，免征卢森堡公司所得税。同样，按照《卢森堡-美国双重税收协定》，美国分公司产生的利润仅在美国征税，免征卢森堡公司所得税。但是，按照美国税法的规定，卢森堡公司通过美国分公司获得的利润，不属于美国征税范围，因为整个特许经营权的管理由瑞士分公司执行，在美国境内并未开展经营活动。于是，麦当劳利用“美国-卢森堡-瑞士-美国”的组织构架搭建起了规避国际税收的完美框架。在2009—2020年期间，麦当劳利用在美国、卢森堡和瑞士三地的避税架构进行避税交易，规避了接近10亿欧元的税款，其中，位于卢森堡的母公司为实际税负几乎为零的壳公司。最终，法国税务机关判定此行为不符合独立交易原则，并将其定性为逃税。

资料来源：麦当劳案达成和解 罚款5亿欧元避免诉讼. 欧洲时报，2022-06-18.

财务管理旨在关注如何以最优方式做出关于投资、融资、股利分配、营运资本管理等各类公司财务决策，从而实现既定的公司目标。以跨国公司为主体的国际企业的出现和发展，构成了国际财务管理形成和发展的基础。一方面，跨国公司的国际化程度不断提高，投融资结构和方式不断发生变化；另一方面，外汇风险和政治风险增加了跨国公司经营环境的不稳定性，更加凸显了国际财务管理的必要性。因此，国际财务管理并不是国内财务管理的简单延伸，国际汇率体系、税率制度、通货膨胀率、会计制度以及资本市场的不同，使国际财务管理的内容更加复杂。

16.1 国际财务管理的目标

国际企业财务管理以风险和收益均衡为基本原则，协调企业的资金流，从而实现财务管理的目标。由于企业在跨国经营过程中，不可避免地要面对不同的国际资本市场、税收体系等因素的影响，因此，国际财务管理在资本结构、资本预算、净营运资本管理等方面的外延和内涵较国内财务管理而言，变得更加多样化、复杂化和多层次化。但就财务管理的目标而言，企业的国际投资管理、国际融资管理、国际净营运资本管理以及国际税收管理等主要财务活动，都是在协调统一的基础上，既要保证投资者的利益，又要保证债权人及其他相关者的利益；既要处理好跨国公司的外部关系，也要处理好内部关系。只有对各方利益进行充分协调，跨国公司才能实现自身利益最大化。

如何衡量自身利益最大化，从而确定合理的财务管理目标？从企业契约理论来看，财务管理的目标是股东财富最大化或每股股票价值最大化，也就是说，在考虑资金的时间价值和风险报酬的情况下，不断增加企业财富，使企业总价值达到最大。在股份有限公司中，企业的总价值可以用市场价值总额来表示，当公司股票的市场价格最高时，也就实现了股东财富最大化。

将最大化每股股票价值或最大化股东财富作为财务管理的目标，具有很多优点：第一，考虑了资金的时间价值和风险因素。第二，能够克服企业在追求利润上的短期行为。由于以股票价值最大化作为财务管理目标，不仅要考虑过去和当前的企业利润，而且要预期未来的经营战略、增长机会对于企业价值的影响，因而可以杜绝企业的短期行为。第三，股东的权益是一种剩余索取权，即企业在清偿所有债权之后，股东才能对公司价值享有权利，因此，股东财富最大化，也即意味着与企业利益相关的当事人，包括企业员工、上下游合作企业、债权人等利益相关者的权益均已经得到清偿和保障。也就是说，股东财富最大化，意味着企业相关利益当事人的权益均已实现。

16.2 资本资产定价模型

资产的价值取决于持有该项资产所能带来的预期现金流的现值，比如，股票的价格等于未来所有预期股利的现值之和，因此，资产价格取决于其未来预期收益和其贴现率。在均衡市场中，资产的期望收益率等于无风险利率与风险溢价之和。基于此，现代资产组合理论提出了完全市场的资本资产定价模型（capital asset pricing model, CAPM）。该模型建立的假设基础为：

（1）投资者关注风险和回报，假设投资者都是风险厌恶者，偏好低风险、高收益；

（2）市场上所有投资者对于资产的期望收益和风险大小预期是一致的；

（3）投资者关注本币的名义收益；

（4）存在无风险利率，在此利率基础上可以无限借贷；

（5）无交易成本和税收。

在以上假设基础上，CAPM认为，一项资产的均衡期望收益率应该等于无风险利率与风险溢价之和，资产的期望收益率可以写作：

$$E(R_i)=R_0+\beta_i\times \mathrm{RP}_m \qquad (16-1)$$

其中，$E(R_i)$ 是资产 i 的期望收益率；

R_0是无风险利率；

β_i是资产 i 对市场变动的敏感度（如市场敞口）；

RP_m是市场风险溢价，等于 $E(R_m)-R_0$，$E(R_m)$ 是市场组合的期望收益率。

式（16-1）描述了资产 i 的风险-定价关系。RP_m和 R_0为常数，而 $E(R_i)$ 和β_i则因考察的资产 i 的不同而不同。描述资产对市场变动的敏感度与资产的期望收益率之间存在的线性关系的曲线，被称为证券市场线。

16.2.1 基本思路

在式（16-1）中，与资产定价有关的风险是资产对市场变动的敏感度。为了进一步分析风险，我们将资产收益率分解为两部分，市场影响和一个特定部分，即：

$$R_i = \alpha_i + \beta_i \times R_m + \varepsilon_i \tag{16-2}$$

其中，α_i和β_i是常数项，R_i、R_m和ε_i是随机的，ε_i取决于资产i，与市场收益率R_m独立。该等式可通过资产收益率对市场收益率的简单回归得到。资产i的全部风险可以分解为市场（系统）风险和它的特定（剩余）风险。

$$\sigma_p^2 = \beta_p^2 \times \sigma_m^2 + \sigma_\varepsilon^2 \tag{16-3}$$

相似的关系适用于市场上任何资产组合p。组合的β值β_p是组合所包括的所有资产的β值的算术平均值。随着所包含资产种类的增加，由于单项资产的特定风险相互独立并可以相互抵消，所以特定风险降低。在一个充分多元化的资产组合中，特定风险消失，全部风险降为市场风险σ_m^2。

$$\sigma_p^2 = \beta_p^2 \times \sigma_m^2 \tag{16-4}$$

因此，对于任何持有充分多元化的资产组合的投资者来说，最为重要的是着眼于市场风险的分析。所有资产的β值的平均值等于1（市场组合的β值），β值较高的资产对市场变动更加敏感。在给定市场风险溢价时，β值较高的资产的期望收益率要高于β值较低的资产的期望收益率。因此，在国内CAPM中，所有国内资产的定价都应该与它们的国内市场风险一致。

16.2.2 资产收益与汇率变动

当把投资扩展到世界资产时，衡量投资回报不可避免地要受到汇率因素的影响。我们假设，持有瑞士诺华公司股票的瑞士投资者以瑞士法郎衡量股票价值和预期收益，美国投资者则以美元衡量诺华公司股票的价值和预期收益。假设两国货币之间的直接汇率是S单位本币兑换1单位外币，例如，美国投资者持有诺华公司股票，诺华公司的本币（美元）价值V等于其外币（瑞士法郎）价值V^{FC}，乘以即期汇率S（S单位美元兑换1单位瑞士法郎），即：

$$V = V^{FC} \times S \tag{16-5}$$

利用式（16－5），计算诺华公司股票投资的本币（美元）收益率，$R = (V_1 - V_0)/V_0$，等于其外币（瑞士法郎）收益率，$R^{FC} = (V_1^{FC} - V_0^{FC})/V_0^{FC}$，加上汇率变动百分比，$s = (S_1 - S_0)/S_0$，再加上$R^{FC}$和$s$的交叉乘积项。该乘积项表示诺华公司的初始瑞士法郎汇率波动，和瑞士法郎资本利得，R^{FC}，即：

$$R = R^{FC} + s + (s \times R^{FC})^2 \tag{16-6}$$

最后一项是二阶形式，并假设短期内汇率变动很小，因此，其一阶近似为：

$$R = R^{FC} + s \tag{16-7}$$

此外，假设投资者可以在远期外汇市场上对冲风险，并假设当前远期汇率报价是 F 单位本币兑换 1 单位外币。完全对冲意味着期末投资者在市场上卖出 V_1^{FC} 单位远期外币，并明确预期到期末的汇率水平，所以以 F 代替 S_1，外国股票的对冲收益率为：

$$R=R^{FC}+(F-S_0)/S_0 \tag{16-8}$$

其中，远期升贴水（$F-S_0$）/S_0 在期初是已知的。

以预期收益率表示，未进行套期保值的投资的本币收益率可以表示为：

$$E(R)=E(R^{FC})+E(s)=E(R^{FC})+E[(S_1-S_0)/S_0] \tag{16-9}$$

套期保值的投资的预期收益率可以表示为：

$$E(R)=E(R^{FC})+E[(F-S_0)/S_0] \tag{16-10}$$

16.2.3 外汇风险溢价

将国内 CAPM 拓展至国际背景使用时，需要将汇率因素纳入模型范围。同时，我们假设：(1) 全世界的投资者具有相同的消费篮子；(2) 所有国家消费品的真实价格是一致的，即购买力平价在任何时点都是成立的。

基于以上假设，在这种完美的世界中，汇率将只是简单反映两个国家间通货膨胀率的差异。汇率将完全是会计转换的工具，真实外汇风险将会消失。实际汇率定义为名义汇率乘以两国消费篮子中价格水平的比率。实际汇率和名义汇率之间的关系可以表示为：

$$X=S\times(P_{FC}/P_{DC}) \tag{16-11}$$

其中，X 是实际汇率（直接标价法，FC：DC）；

S 是名义汇率（直接标价法，FC：DC）；

P_{FC} 是国外价格水平；

P_{DC} 是国内价格水平。

实际汇率变动定义为未被两国通货膨胀差异解释的汇率波动。以一段时间内的百分比变动表示实际汇率和名义汇率变动之间的关系，即：

$$x=s+I_{FC}-I_{DC}=s-(I_{DC}-I_{FC}) \tag{16-12}$$

其中，x 和 s 分别是实际汇率和名义汇率的变动率；

I_{DC} 和 I_{FC} 分别是国内和国外的通货膨胀率。

如果购买力平价成立，则实际汇率不变，名义汇率变动 FC：DC 等于通货膨胀率之差（国内通货膨胀率－国外通货膨胀率）。

因此，外汇风险溢价（SRP）可以定义为未被预期的汇率波动风险，即用预期的汇率变动减去两国的利率之差：

$$\text{SRP}=E[(S_1-S_0)/S_0]-(R_{DC}-R_{FC})=E(s)-(R_{DC}-R_{FC}) \tag{16-13}$$

16.2.4　国际资本资产定价模型

在存在外汇风险的条件下，额外的风险溢价必须加入风险-定价关系中，以此来反映资产与各种汇率之间的相关性。如果有（$k+1$）个国家，最多会产生 k 种额外的外汇风险溢价，因此，资产的预期收益率取决于市场风险溢价与各种外汇风险溢价之和：

$$E(R_i)=R_0+\beta_{iw}\times \mathrm{RP}_w+\gamma_{i1}\times \mathrm{SRP}_1+\gamma_{i2}\times \mathrm{SRP}_2+\cdots+\gamma_{ik}\times \mathrm{SRP}_k \quad (16-14)$$

其中，R_0是国内货币无风险利率；

β_{iw}是资产 i 的本币收益对市场变动（市场敞口）的敏感度；

RP_w是世界市场风险溢价，等于 $E(R_w)-R_0$；

γ_{i1}到γ_{ik}是货币风险，即资产 i 的本币收益对货币 1 到 k 的汇率敏感度；

SRP_1到SRP_k是货币 1 到 k 的外汇风险溢价。

式（16－14）表明，以本币表示的国外投资收益率等于国内无风险利率加上世界风险溢价乘以资产对世界市场的敏感度，加上外汇风险溢价乘以投资的货币风险。

案例分析

国际资本资产定价模型

由此可以看出，国际 CAPM 和国内 CAPM 有以下不同：第一，相关市场风险是世界市场风险，而不是国内市场风险；第二，风险溢价与资产对货币变动的敏感度有关，各种证券的不同货币风险将会反映在不同的预期收益率中。

16.3　国际资本预算模型

对于财务管理而言，最重要的任务就是对资本项目做出投资决策，从而保证企业的价值获得增值。如何对各种资本项目做出合理的可行性分析，从而选择最优项目做出投资决策，是国际资本预算的主要任务和工作。常用的资本预算方法有：净现值分析法、内部收益率法、回收期法、平均会计收益率法、盈利指数法。

16.3.1　净现值分析法

净现值分析法的基本思想是公司估算某个投资项目在未来每年能够给公司带来的现金流量，然后按照某一合适的贴现率将其贴现为现值，与当前的初始投资成本进行比较，得到该投资项目的净现值。因此，基本的净现值（net present value）公式可以表示为：

$$\mathrm{NPV}=-C_0+\sum_{t=1}^{T}\frac{C_t}{(1+r)^t}$$

其中，C_0为初始投资成本；

C_t为第 t 期的现金流量；

r 为该资本项目的贴现率；

T 为该项目涉及的年限。

案例分析

净现值分析

可以看出，资本项目的净现值等于该项目预期所有现金流入的现值减去初始投资成本的差额。如果项目的 NPV≥0，则该项目可以被接受；如果项目的 NPV<0，则该项目应该被拒绝。我们将其称为净现值法则。

使用净现值分析法做出投资决策的优势在于该方法考虑了与项目相关的所有现金流，并且对现金流进行了合理贴现，同时，该方法符合使股东财富最大化这一财务管理的最终目标。总体上看，国外投资项目的资本预算过程与评价国内投资项目时的基本框架和决策标准是一样的，但是国外资本项目本身具有跨国性特点，因此，在对国外项目做出投资决策时，需要考虑一些额外的因素，如外汇风险和政治风险等对项目价值的影响。

16.3.2 内部收益率法

净现值分析法是在做资本预算时所广泛使用的方法，但是，贴现率的选择具有一定的主观性，因而受到一些质疑。因而，在实践中，是否可以找到一个仅仅体现项目内在价值的数值，其本身不受资本市场利率的影响，而是取决于项目本身的现金流量，是每个项目的完全内生变量？该变量为内部收益率（internal rate of return，IRR），这种方法被称为内部收益率法。

让我们来看一个简单的例子，如图 16－1 所示。设贴现率为 R，那么项目的净现值可以表示为：

$$\text{NPV}=-100+\frac{110}{1+R}$$

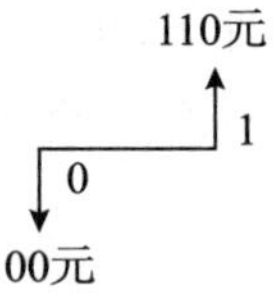

图 16－1　一个简单项目的现金流量

那么，贴现率为多少时，项目净现值为 0 呢？

通过计算可以发现，当贴现率为 10%时，项目的净现值为 0。这样，我们称 10%为项目的内部收益率。概括而言，内部收益率是使得项目净现值为 0 的贴现率。这个例子说明，如果市场贴现率为 10%，公司接受或是拒绝该项目没有任何差别；如果市场贴现率低于 10%，公司就可以接受该项目；若是高于 10%，公司就应该拒绝该项目。

因此，项目投资的内部收益率法基本原则可以概括为：

若内部收益率大于贴现率，项目可以接受；

若内部收益率小于贴现率，项目则应被拒绝。

当然，在使用内部收益率法进行投资决策时，应该注意以下几个问题：

第一，以上内部收益率法原则只适用于投资型项目（即先有现金流流出，再发生现金流流入）。对于融资型项目（即先有现金流流入，再发生现金流流出）而言，内部收益率法的应用原则恰好与投资型项目相反，即：

若内部收益率大于贴现率，项目应该被拒绝；

若内部收益率小于贴现率，项目则应被接受。

第二，如果项目的现金流符号改变两次，则会出现多重内部收益率问题。假设一个项目的现金流量为（－100，230，－132），即初始投资支出 100 元之后，获得了现金流入 230 元，然后追加投资 132 元。因此，使得该项目净现值为 0 的利率有两个，分别是 10%和 20%，此时内部收益率法就不再适用。

第三，当面对两个互斥项目时，内部收益率往往容易忽视规模问题，这时需要采用增量内部收益率来解决此类问题。同时，在使用内部收益率法时，也应该注意现金流的时间价值问题。

16.3.3　回收期法

现实中经常用来替代净现值分析的方法还有回收期法。

假设有一个项目的初始投资是 50 000 元，接下来的三年现金流量分别为 30 000 元、20 000 元和 10 000 元，该现金流可以表示如下：

（－50 000，30 000，20 000，10 000）

公司在项目运行的前两年分别收到 30 000 元和 20 000 元，加起来相当于初始投资的 50 000 元，这意味着公司在第 2 年就可以回收初始投资，因此 2 年就是该项目的“回收期”。

回收期法的决策过程很简单。选择一个具体的回收期决策标准，比如 2 年，所以回收期等于或是小于 2 年的项目都可行，而那些回收期在 2 年以上的项目则不可行。

使用回收期法，需要注意以下三个问题。考虑表 16－1 中所列明的三个投资项目：项目 A、项目 B 和项目 C。

表 16－1　项目 A、B、C 的预期现金流（单位：元）

年份	项目 A	项目 B	项目 C
0	－1 000	－1 000	－1 000
1	200	500	500
2	300	300	300
3	500	200	200
4	600	600	60 000
回收期（年）	3	3	3

问题 1：回收期内现金流量的时间序列问题。比较项目 A 和项目 B，它们的回收期都是 3 年。然而，项目 A 的现金流量从 200 元增加到 500 元，与此同时，项目 B 的现金流量从 500 元降至 200 元。由于项目 B 的大额现金流量 500 元发生的时间早于项目 A，净现值就相对较高。然而，二者具有相同的回收期，无法体现回收期内现金流量的序列。

问题 2：回收期后的现金流量问题。比较项目 B 和项目 C，二者回收期内的现金流量完全相同，然而项目 C 明显优于项目 B，因为在回收期后的第 4 年，项目 C 拥有 60 000 元的现金流入。因此，回收期法只关注短期现金流量，而忽视了回收期以后的现金流，一些有价值的长期项目往往会被拒绝。

问题 3：回收期法决策依据的主观性问题。如何确定合理的回收期，不存在客观的标准，因此，回收期的选择具有很强的主观性，在现实中，有可能做出较为武断的判断。因此，那些富有经验的大公司只有在做出规模较小的投资决策时，才会采用回收期法。

16.3.4 平均会计收益率法

平均会计收益率（average accounting return，AAR）是指扣除所得税和折旧后的项目平均收益除以整个项目存续期间内的平均账面投资额。

$$\text{平均会计收益率(AAR)} = \frac{\text{扣除所得税和折旧后的项目平均收益}}{\text{项目存续期间内的平均账面投资额}}$$

例：东方海岸公司正在考虑在海边度假村新建一个商店，预计投资成本为 500 000 元。该商店的经营期限为 5 年，期末就完全报废，没有残余价值。预期每年的经营收入和费用如表 16－2 所示。

表 16－2　平均会计收益率计算表　　单位：元

	第 1 年	第 2 年	第 3 年	第 4 年	第 5 年
收入	433 333	450 000	266 667	200 000	133 333
费用	200 000	150 000	100 000	100 000	100 000
税前现金流量	233 333	300 000	166 667	100 000	33 333
折旧	100 000	100 000	100 000	100 000	100 000
税前利润	133 333	200 000	66 667	0	－66 667
所得税	33 333	50 000	16 667	0	－16 667
净收益	100 000	150 000	50 000	0	－50 000

在该案例中，计算项目的平均会计收益率可以分为三个步骤进行：

第一步：计算项目的平均净收益。净收益为扣除所得税和折旧后的净现金流量。项目的生命周期为 5 年，初始投资额为 500 000 万元，采用直线折旧法，每年的折旧为 100 000 元。扣除所得税和折旧，可以计算出每年的净收益分别为 100 000 元、150 000 元、50 000 元、0 元和－50 000 元。计算可得，项目的平均净收益为：

$$\frac{100\ 000+150\ 000+50\ 000+0+(-50\ 000)}{5}=50\ 000(\text{元})$$

第二步：计算平均投资额。如上分析，采用直线折旧法，每年折旧费用为 100 000 元，因此，第 0 年末的投资额为 500 000 元，第 1 年末投资余额就是 400 000 元，往后每年递减 100 000 元。因此，在投资期间内，该项目的平均投资额为：

$$\frac{500\ 000+400\ 000+300\ 000+200\ 000+100\ 000+0}{6}=250\ 000(\text{元})$$

在此计算过程中，需要注意的是，分母是 6，而不是 5，因为 500 000 元发生在投资的第 1 年初，而 0 元发生在第 6 年初。

第三步：计算平均会计收益率。

$$\text{AAR}=\frac{50\ 000}{250\ 000}=20\%$$

如果企业的目标是平均会计收益率大于 20%，则企业应该放弃该项目；如果企业的目标收益率小于 20%，则企业应该接受该项目。

16.3.5　盈利指数法

盈利指数（profitability index，PI）是指初始投资后所得的预期未来现金流的现值之和与初始投资额的比值，可以用公式表示为：

$$\text{盈利指数(PI)}=\frac{\text{初始投资后预期现金流现值}}{\text{初始投资额}}$$

例：东方海岸游艇公司面临两个投资项目，假设贴现率为 12%，预期现金流如表 16－3 所示。

表 16－3　盈利指数法计算结果

项目	现金流量（百万元）			初始投资后预期现金流现值（百万元）	盈利指数（PI）	净现值（百万元）
	C0	C1	C2			
A	－20	70	10	70.5	3.53	50.5
B	－10	15	40	45.3	4.53	35.3

第一步：计算初始投资后预期现金流的现值。

$$PV_A=\frac{70}{1.12}+\frac{10}{1.12^2}=70.5(\text{百万元})$$

$$PV_B=\frac{15}{1.12}+\frac{40}{1.12^2}=45.3(\text{百万元})$$

第二步：计算盈利指数。

$$PI_A=\frac{70.5}{20}=3.53$$

$$PI_B=\frac{45.3}{10}=4.53$$

如果项目 A 和项目 B 是两个独立项目，根据净现值法则，只要项目净现值为正，也就是盈利指数大于 1，项目即可接受。因此，盈利指数法则为：对于独立项目，如果 $PI>1$，则项目可接受；如果 $PI<1$，则项目被拒绝。

16.4 国际税收

16.4.1 国际税收的概念

国际税收是指在两个或者两个以上国家从事跨国经济活动的纳税人之间形成的征纳关系，以及国家间关于税收收益分配的关系。其本质是税收收益的跨国分配，促进国际贸易和投资的正常发展。

16.4.2 国际税收的目的

16.4.2.1 税收中性

税收中性的理论基础是经济学的效率和公平理论。判断税收中性的标准主要体现在以下三个方面：

第一，资本输出中性，是指理想的税收既能够有效增加政府收入，同时又不会对纳税人产生任何经济决策方面的负面影响。也就是说，一个有效率的税收，既能够提高政府收入，又能够保证资源的有效配置。显然，资本输出中性是建立在全球经济效率视角上的。

第二，国别中性，是指无论在世界上哪个国家获取的应税所得，均应该按照同样的方式征税，可见，在理论上，国别中性建立在平等的基础上。

第三，资本输入中性，是指无论对于来自哪个国家的跨国公司，东道国税收机构对跨国公司的子公司所征收的税收都应该一视同仁，与本国的企业相同。

16.4.2.2 税收公平

税收公平是指处于相似位置的纳税人应该依据相同规则分担政府运作的成本。这意味着，无论跨国公司的子公司从哪个国家取得应税所得，都应该适用相同的税率和纳税日期。而实际上，现代国家对待本国纳税人和外国纳税人在税收待遇上往往并不公平，尤其是在许多发展中国家，多采用涉外税收优惠的政策来吸引外国的资本和技术，从而弥补本国在资本和技术上的不足。所以，国际税法的公平原则并不是万能的，其所创造和提倡的税收公平环境的作用条件也是有限的。

16.4.3　国际税收的种类

16.4.3.1　公司所得税

所得税是一种直接税，是由纳税人直接支付的税收，以自然人和法人的收入所得为征税对象。所得税来源于企业或个人提供的产品或服务所得，是国家税收收入的重要组成部分。

一些发展中国家为吸引外资而给予外国投资者一定的免税期，在免税期内，对外国投资企业免征所得税。也有的国家给予外商投资企业加速折旧的税收优惠。加速折旧可以使纳税企业在固定资产使用初期比后期缴纳较少的所得税税款。这样，企业在此期间可以自由使用相当于缓缴税额的那部分资金，等于给纳税企业一笔无息贷款。

16.4.3.2　预提税

预提税是一国对其企业和个人在他国税收管辖权内取得的被动所得所课征的税收。被动所得包括纳税人所得的股息和利息收入以及因特许权、专利权或版权所取得的收入。预提税是一种间接税，即一项由纳税人以消极所得产生的税，该税从企业支付的纳税款项中扣除并由当地税收部门征收，即在企业的投资者支付回报时扣缴。

许多国家之间都签订有税收条约，明确规定各种类型的被动所得的具体税率。通过税收条约而课征的预提税具有双边性，即两个国家通过谈判达成一致，就各种被动收入分别征收相同的税率。

16.4.3.3　增值税

增值税是一项对商品或劳务在不同生产环节转移时价值增加部分课征的间接税。增值税最常用的征收方法是“扣除法”。

章末案例

五部门发文规范校外培训机构财务管理

财务问题一直是关系企业是否能够正常运营的重要因素。因此，就校外培训机构经常因财务运营管理不当而出现爆雷的问题，2023 年 3 月，教育部办公厅、财政部办公厅、科技部办公厅、文化和旅游部办公厅、体育总局办公厅联合印发《校外培训机构财务管理暂行办法》，从财务管理体制、资金筹集、资金营运、资产和负债管理、收益分配、财务清算、财务监督等多方面做出规定，旨在全面规范校外培训机构财务管理活动，有效防控经济活动风险，提升行业治理能力和治理水平，保障学生、家长、从业人员等利益相关方的合法权益。

为了对校外培训机构的财务进行更加有效的监管，五部门在多方面对其提出了全面规范要求。

在资金筹集方面，明确了举办者的出资义务和不得抽逃出资的要求；在资金营运方面，对校外培训机构收入归口、预收费监管、合同签订和退费做出规定；在资产和负债管理方面，强调要维护资产安全与完整，禁止非营利性培训机构对外提供担保，明确培训机构申请贷款的使用方向，建立债务风险预警机制；在收益分配方面，明确了培训机构净资产（利润）的使用与分配方式，强调非营利性培训机构举办者不得分红或取得其他投资收益；在财务清算方面，规定了培训机构的清算情形、清算主体、剩余财产清偿顺序和支配，要求首先清偿应退学生培训费。

资料来源：五部门发文规范校外培训机构财务管理. 人民日报，2023-03-28.

本章小结

1. 从企业契约理论来看，财务管理的目标是股东财富的最大化或每股股票价值最大化，也就是说，在考虑资金的时间价值和风险报酬的情况下，不断增加企业财富，使企业总价值达到最大。

2. 资产价格取决于其未来预期收益和贴现率。在均衡市场中，资产的期望收益率等于无风险利率与风险溢价之和。基于此，现代资产组合理论提出了完全市场的资本资产定价模型，并引入汇率风险，将其拓展为国际资本资产定价模型。

3. 如何对各种资本项目做出合理的可行性分析，从而选择最优项目做出投资决策，是国际资本预算的主要任务和工作。常用的资本预算方法有：净现值分析法、内部收益率法、回收期法、平均会计收益率法、盈利指数法。

4. 国际税收是指两个或者两个以上国家从事跨国经济活动的纳税人之间形成的征纳关系以及国家间关于税收收益分配的关系。

关键词和术语

资本资产定价	净现值	内部收益率	回收期
平均会计收益率	盈利指数	税收中性	税收公平

思考题

1. 股东权益是一种剩余索取权，它与债权有何区别与联系？
2. 根据国际资本资产定价模型的原理，如何处理国际投资中的外汇风险？
3. 合理的避税与逃税有何区别？

延伸阅读

[1] 张文春. 麦当劳公司国际避税研究. 中国人民大学财政金融学院中国财政金融案例中心.

[2] 向东. 成也萧何，败也萧何：东方园林的 PPP 之路. 中国人民大学财政金融学院中国财政金融案例中心.

参考文献

［1］白东蕊，岳云康. 电子商务概论. 5版. 北京：人民邮电出版社，2021.

［2］蔡晓月. 国际贸易实务的新发展：数字贸易与贸易金融. 上海：复旦大学出版社，2021.

［3］蔡晓月. 国际贸易实务的新发展：数字贸易与贸易金融. 上海：复旦大学出版社，2021.

［4］查尔斯·希尔. 国际商务：第13版. 北京：中国人民大学出版社，2014.

［5］陈靓. 数字贸易自由化的国际谈判进展及其对中国的启示. 世界贸易组织动态与研究（上海对外经贸大学学报），2015（3）：28－35.

［6］方慧，赵甜. 中国企业对"一带一路"国家国际化经营方式研究：基于国家距离视角的考察. 管理世界，2017（7）：17－23.

［7］菲利普·凯特奥拉，布鲁斯·莫尼，玛丽·吉利，等. 国际营销：英文版·第18版. 北京：中国人民大学出版社，2020.

［8］冯碧梅. 数字贸易学. 北京：经济科学出版社，2023.

［9］符正平. 国际企业战略管理. 北京：高等教育出版社，2019.

［10］管涛，刘立品. 汇率的逻辑. 北京：中译出版社，2022.

［11］郭海玲. 数字经济时代的电子商务. 北京：科学出版社，2023.

［12］韩玉军. 国际商务. 4版. 北京：中国人民大学出版社，2023.

［13］杰夫·马杜拉. 国际财务管理：第11版. 北京：北京大学出版社，2013.

［14］林新奇. 国际人力资源管理. 4版. 上海：复旦大学出版社，2023.

［15］刘斌，王杰，魏倩. 对外直接投资与价值链参与：分工地位与升级模式. 数量经济技术经济研究，2015（12）：39－56.

［16］刘斌，甄洋，李小帆. 规制融合对数字贸易的影响：基于WIOD数字内容行业的检验. 世界经济，2021（7）：3－28.

［17］刘东升，蒋先玲. 国际服务贸易：原理、政策与产业. 北京：对外经济贸易大学出版社，2012.

［18］苗润生. 国际财务管理. 北京：清华大学出版社，2011.

［19］倪红福，王晓星，王欠欠. 贸易限制指数的动态演变及增加值贸易效应. 中国工业经济，2020（12）：140－158.

[20] 切奥尔·S. 尤恩，布鲁斯·G. 雷斯尼克. 国际财务管理：原书第 8 版. 北京：机械工业出版社，2018.

[21] 王海文. 国际商务·数字教材版. 北京：中国人民大学出版社，2021.

[22] 王炜瀚. 国际商务. 5 版. 北京：中国人民大学出版社，2023.

[23] 王钰，刘夏明. 国际商务：理论及应用. 北京：机械工业出版社，2018.

[24] 肖龙阶. 国际金融学. 北京：科学出版社，2023.

[25] 张辉. 全球价值链动力机制与产业发展策略. 中国工业经济，2006 (1)：40－48.

[26] 张明. 穿越周期：人民币汇率改革与人民币国际化. 北京：东方出版社，2020.

[27] 张为付. 影响我国企业对外直接投资因素研究. 中国工业经济，2008 (11)：130－140.

[28] 赵春明. 国际商务. 北京：北京大学出版社，2016.

教学支持说明

1. 教辅资源获取方式

为秉承中国人民大学出版社对教材类产品一贯的教学支持，我们将向采纳本书作为教材的教师免费提供丰富的教辅资源。您可直接到中国人民大学出版社官网的教师服务中心注册下载——http://www.crup.com.cn/Teacher。

如遇到注册、搜索等技术问题，可咨询网页右下角在线 QQ 客服，周一到周五工作时间有专人负责处理。

注册成为我社教师会员后，您可长期根据您所属的课程类别申请纸质样书、电子样书和教辅资源，自行完成免费下载。您也可登录我社官网的"教师服务中心"，我们经常举办赠送纸质样书、赠送电子样书、线上直播、资源下载、全国各专业培训及会议信息共享等网上教材进校园活动，期待您的积极参与！

2. 高校教师可加入下述学科教师 QQ 交流群，获取更多教学服务

经济类教师交流群：809471792

财政金融教师交流群：766895628

国际贸易教师交流群：162921240

税收教师交流群：119667851

3. 购书联系方式

网上书店咨询电话：010－82501766

邮购咨询电话：010－62515351

团购咨询电话：010－62513136

中国人民大学出版社经济分社

地址：北京市海淀区中关村大街甲 59 号文化大厦 1506 室　100872

电话：010－62513572　010－62515803

传真：010－62514775

E-mail：jjfs@crup.com.cn